海洋石油平台轻型工业燃机故障分析汇编

HAIYANG SHIYOU PINGTAI
QINGXING GONGYE RANJI GUZHANG
FENXI HUIBIAN

主　编　◎　王增国

副主编　◎　潘志刚

大连海事大学出版社

Ⓒ 王增国　2020

图书在版编目(CIP)数据

海洋石油平台轻型工业燃机故障分析汇编／王增国
主编. — 大连：大连海事大学出版社，2020.12
ISBN 978-7-5632-4029-6

Ⅰ.①海… Ⅱ.①王… Ⅲ.①海上油气田—海上平台
—燃气轮机—故障诊断—汇编 Ⅳ.①U664.131

中国版本图书馆 CIP 数据核字(2020)第 220591 号

大连海事大学出版社出版

地址:大连市凌海路1号　邮编:116026　电话:0411-84728394　传真:0411-84727996
http://press.dlmu.edu.cn　E-mail:dmupress@dlmu.edu.cn

大连海大印刷有限公司印装　　　　　　　大连海事大学出版社发行

2020 年 12 月第 1 版　　　　　　　　　　2020 年 12 月第 1 次印刷
幅面尺寸:184 mm×260 mm　　　　印张:15　　　　字数:369 千
出版人:余锡荣

责任编辑:董洪英　　　　　　　　　　　　责任校对:宋彩霞
封面设计:解瑶瑶　　　　　　　　　　　　版式设计:解瑶瑶

ISBN 978-7-5632-4029-6　　定价:75.00 元

内容简介

本书总结了近几年来中国海洋石油总公司的燃气轮机运行和维护的经验,较全面、详细地介绍了燃气轮机的原理和结构;通过对多年来各海上平台燃气轮机故障记录的收集、分类、汇总和分析,总结出了影响燃气轮机可靠运行的主要因素,并从管理和技术的角度提出了针对性的预防措施。本书主要依据 Solar 公司生产的轻型工业燃气轮机的有关资料编写,对其他公司生产的工业燃气轮机的运行和维护来说也有较重要的借鉴意义。

前　言

我国是一个海洋大国,拥有300万平方千米左右的管辖海域和18 000多千米的海岸线,海洋资源十分丰富。海洋开发关系到国家的安全和权益,随着国际形势的变化和我国综合国力的增强,发展海洋事业、建设海洋强国的重要性和迫切性日益凸显,海洋工程科技已被列入国家中长期科学和技术发展规划。

海上平台是一种高出海面且具有水平台面的桁架构筑物,为海上生产作业和其他活动提供场地,是海洋资源开发和科学研究的重大装备。

1965年,我国第一台自制"浮筒式"钻井装置研制成功,标志着我国拉开了海洋石油开采的序幕。为了加快海洋石油开采技术的发展,中国海洋石油集团有限公司(简称"中海油")于1982年成立。中海油积极参与近海石油开发,并于2002年成立了集勘探、开发业务于一体的中海油田服务股份有限公司(简称"中海油服")。自此,我国的海上平台设计和制造技术步入了迅猛发展的快车道。

随着我国海上平台设计和制造技术的提高,海上平台逐步向深海化、大型化、自动化的方向发展,海上平台的动力需求量迅速增加,对环保的要求也日益提高。海上平台作为高技术含量的重大装备,其造价极高,根据水深和海床的承载能力,海上平台的造价为8 602~16 130美元/平方米,堪称寸土尺金。

内燃机作为海上平台的传统原动机,其体积大、结构笨重、功率密度低、辅助设备复杂、振动大、转速调节迟缓等劣势日渐凸显。燃气轮机,尤其是轻型燃气轮机,凭借其结构紧凑、重量小、功率密度高、振动小、转速调节快、启停快、自动化程度高、综合热效率高、污染物排放低,以及安装、维修快捷等优点,迅速得到了海上平台用户的认可。近年来,随着平台所需动力的增加,燃气轮机作为原动机的应用越来越广泛,截至2015年,中海油海上平台及处理厂在用的燃气轮机已达到174台,较2005年增加了98台,增长率约为128.95%,其中轻型燃气轮机165台,占比约为94.83%。由此可见,海上平台对燃气轮机的需求增长迅速。

燃气轮机是一项集多种尖端技术为一体的高技术产品,被形象地喻为"工业皇冠上的明珠"。世界工业燃气轮机制造业经过80多年的研制、发展和竞争,目前已形成了高度垄断的局面,即以GE、西门子、三菱、Solar、R&R等主导公司为核心,其他制造公司多与主导公司结成伙伴关系,合作开发或生产。燃气轮机的核心部件制造技术和核心部件维修技术、核心控制技术均被国外制造厂商垄断,造成了燃气轮机核心备件及其技术服务价格高昂,且呈逐年上涨的趋势。以中海油天津分公司为例,用于设备方面的操作费总体不变(除新油田投产外),但设备费中用于透平的维保费用每年上涨15%,透平维护费用已超过其余各类设备费用的总和。

由于目前我国所使用的工业燃气轮机的核心技术均被国外燃气轮机厂商所垄断,我们无法掌握核心备件及其技术服务价格的话语权,进而无法从根本上解决燃气轮机维护成本高的问题。但是,各海上平台燃气轮机的故障率和维护成本的差异给了我们一个启示,即提高燃气

1

轮机运行、日常维护的管理和技术水平可以大大降低燃气轮机的故障率,减少燃气轮机非计划性停机的次数,进而降低故障停机对燃气轮机核心部件的影响,延长燃气轮机核心部件的维修时间间隔,从而大大降低燃气轮机的维护成本。

另外,燃气轮机作为整个海上平台的原动机,担负着为整个平台供电、供热或者工艺流体介质增压的重任,是整个平台生产流程的源头。燃气轮机故障造成的非计划性停机可能会导致整个平台的生产中断,其带来的经济损失是非常巨大的。因此,提高燃气轮机运行的稳定性和可靠性对于提高海上平台的生产稳定性、连续性和生产效率有着至关重要的作用。

为此,我们组织了各海上平台的燃气轮机管理和技术人员对近几年发生的燃气轮机故障处理记录进行收集、整理和分析。希望通过对中海油海上平台燃气轮机所发生的故障原因进行分析、总结,探索出一些提高燃气轮机运行、日常维护的管理和技术水平的措施,并将这些措施在各个海上平台进行推广。

通过这次燃气轮机故障记录的收集、整理、分析和总结,我们发现,由于核心设备或部件故障而导致的非计划性停机的案例并不多,绝大多数非计划性停机是由仪表、电气及其他辅助性设备故障导致的,而大多数仪表、电气及其他辅助性设备故障是可以通过提高燃气轮机运行、维护的管理和技术水平来预防的。

为了让更多的燃气轮机从业人员能够分享和借鉴我们这次燃气轮机故障分析的成果,编者萌生了将这些故障分析整理成书的想法,以期对我国燃气轮机的运行与维护有所裨益。

本书在编辑出版的过程中,得到了中国海洋石油集团有限公司和中海油田服务股份有限公司的大力支持,在此一并表示感谢!

分享实现共赢,交流促进发展,编者力求本书具有较高的学术水平,然而受时间、经验和能力水平所限,疏漏、不当之处在所难免,恳请读者批评指正。

编者
2020 年 3 月

目 录

第一章
燃气轮机介绍

第一节 ◉ 燃气轮机的发展史

一、世界工业燃气轮机发展历程综述

自 1939 年瑞士 BBC 公司研制出世界上第一台工业燃气轮机以来,经过 80 多年的发展,燃气轮机在发电动力、管线动力、舰船动力、坦克动力和机车动力等领域获得了广泛应用。

根据结构的不同,工业燃气轮机分为重型燃气轮机和轻型燃气轮机(包括航机改型燃气轮机)。

20 世纪 80 年代以来,燃气轮机及其联合循环技术日臻成熟。由于其热效率高、污染程度低、工程总投资低、建设周期短、占地和用水量少、启停灵活、自动化程度高等,燃气轮机逐步成为继汽轮机后的主要动力装置。为此,美国、日本、欧洲等国家/地区政府制定了扶持燃气轮机产业的政策和发展计划,投入了大量研究资金,使燃气轮机技术得到了更快的发展。20 世纪80 年代末到 90 年代中期,重型燃气轮机普遍采用了航空发动机的先进技术,发展了一批大功率、高效率的燃气轮机,既具有重型燃气轮机的单轴结构、寿命长等特点,又具有航机的高燃气初温、高压比、高效率的特点,透平进口温度达 1 300 ℃以上,简单循环发电效率达 36%~38%,单机功率达 200 MW 以上。

20 世纪 90 年代后期,大型燃气轮机开始应用蒸汽冷却技术,使燃气初温和循环效率进一步提高,单机功率进一步增大,透平进口温度达 1 400 ℃以上,简单循环发电效率达 37.0%~39.5%,单机功率达 300 MW 以上。

这些大功率、高效率的燃气轮机,主要用来组成高效率的燃气-蒸汽联合循环发电机组,由一台燃气轮机组成的燃气-蒸汽联合循环发电机组最大功率等级接近 500 MW,供电效率达55%~58%,最高达 60%,远高于超临界汽轮发电机组的效率(40%~45%)。此外,其初始投资、占地面积和耗水量等都比同功率等级的汽轮机电厂少得多,已经成为使用天然气和石油制品燃料的电厂的主要选择方案。由于天然气供应充足、价格低廉,所以在最近几年世界上新增加的发电机组中,燃气-蒸汽联合循环机组在美国和西欧已占大多数,在亚洲的平均占比也达到 36%,世界市场上已出现了燃气轮机供不应求的局面。

目前,美国、英国、俄罗斯等国的水面舰艇已基本上实现了燃气轮机化,现代化的坦克应用

了燃气轮机,输气输油管线增压和海上采油平台动力也普遍应用了轻型燃气轮机。先进的轻型燃气轮机简单循环热效率达41.6%。采用间冷-回热循环的燃气轮机在30%工况下,热效率下降很少,可保持在41%。已开发出功率大于40 MW,涡轮前温度为1 427~1 480 ℃,简单循环热效率达45%~50%的轻型燃气轮机。微型燃气轮机作为分布式电源也取得了显著进展。

世界重型燃气轮机制造业经过80多年的研制、发展和竞争,目前已形成了高度垄断的局面,即以GE、西门子、三菱等主导公司为核心,其他制造公司多与主导公司结成伙伴关系,合作生产或购买制造技术生产。日本的三菱公司发展最为迅猛,它最初应用西屋的技术生产燃气轮机,后来发展为与西屋联合开发新型燃气轮机;1998年,三菱与西屋分开,现在在重型燃气轮机制造领域与GE、西门子形成三足鼎立之势。

与内燃机相比,燃气轮机具有重量小、体积小、单机功率大、运行平稳、寿命长和维修方便等优点,它早已在飞机发动机领域中取得了近乎独占的地位。由于美国、英国、俄罗斯等国高度重视航空技术,投入了大量研究开发资金,因此,航空的燃气轮机技术比工业燃气轮机发展更迅速。目前,世界的轻型燃气轮机制造业也形成了GE、R&R(罗尔斯·罗伊斯)、P&W(普惠)三大企业主导的局面。近年来,俄罗斯、乌克兰等国借助苏联强大的航空工业基础,也在加紧进行航机改型工作,推出了一批轻型燃气轮机。

二、工业燃气轮机技术的发展

1939年,世界上第一台发电用重型燃气轮机在瑞士BBC公司诞生,标志着发电行业由汽轮机进入了燃气轮机时代。80多年来世界重型燃气轮机的发展大致可分为五个阶段:

诞生阶段(1939年—20世纪50年代末期):重型燃气轮机刚刚诞生,仅BBC公司进行研发,产品功率小(不超过4 MW)、燃气温度低(不超过800 ℃)、热效率低于20%。在第二次世界大战期间发展停滞。

早期阶段(20世纪50年代—70年代末期):第二次世界大战结束后,美国GE公司、德国西门子公司先后开始研制重型燃气轮机,走的是原始创新的技术路线。三菱公司从20世纪60年代开始研制重型燃气轮机,走的是引进技术消化吸收再创新的路线。三家公司在20世纪70年代后期都完成了原型燃机(功率在25 MW以下)的研制,燃气温度达到1 000 ℃,效率约为26%。研制原型燃机的主要目的是突破并掌握核心技术、选定燃机主机基本结构(特别是转子结构)、建立试验设备和培养人才。

全球市场第一阶段(20世纪80年代—90年代中期):E级技术发展和成熟期。20世纪80年代初推出的E级基本型号单机功率为31~105 MW(50 Hz,下同),燃气温度达到1 100 ℃,效率约为30%;到20世纪90年代中期,单机功率增加到37~130 MW,燃气温度达到1 200 ℃,效率约为32%,成为全球重型燃气轮机市场主流产品。1978—1995年,全球1 MW级以上发电燃气轮机共销售近9 000台,总功率为7.3亿千瓦,世界燃气轮机市场开始形成。

全球市场第二阶段(20世纪90年代中期—2010年):F级技术发展和成熟期。20世纪90年代中期推出的基本型号单机功率为225~235 MW,燃气温度为1 320~1 350 ℃,效率约为34%;到2010年,单机功率增加到285~300 MW,效率为36%~37%,F级燃机取代E级成为全球市场主流产品。1996—2010年,全球1 MW级以上发电燃气轮机共销售近1.3万台,总功率突破10亿千瓦。2010年,燃气轮机发电接近全球发电总量的20%,成为全球发电行业不可或缺的重要组成部分。

全球市场第三阶段(2010年至今):H/J级技术出现并投入使用。目前,市场上H/J级燃机单机功率达到400~520 MW,燃气温度达到1 550~1 600 ℃,热效率达到40%~41%。2015年,H/J燃机在北美市场的占有率接近50%,标志着全球H/J级时代正在到来。天然气发电量在全球发电总量中的占比超过20%且稳步上升,世界能源组织预测到2030年这一比例将达到25%以上。

三、我国重型燃气轮机工业的现状

我国重型燃气轮机制造业始于20世纪50年代末。20世纪60年代—70年代初,上海汽轮机有限公司(原上汽厂)、哈尔滨汽轮机厂有限责任公司(原哈汽厂)、东方汽轮机有限公司(原东汽厂)和南京汽轮电机(集团)有限责任公司(原南汽厂)都曾以厂、所、校联合的方式,自行设计和生产过燃气轮机,透平燃气初温为700 ℃等级,与当时的世界水平差距不大。典型机型有1 MW、1.5 MW、3 MW、6 MW发电机组,6 MW船用机组,3 500 hp、4 500 hp机车用机组。

20世纪70年代中期,为了配合川沪输气管线的建设,由国家计划委员会批准,以南汽厂为基础,投资1.4亿,并将各地200余名燃机专业人员调入南汽厂,建设了我国重型燃气轮机科研生产基地。由第一机械工业部(现工业和信息化部)负责,在南汽厂组织了由全国近百个单位参加的"23 000千瓦燃机大会战",透平进气初温990 ℃等级,于1978年成功完成第一台全国产化样机的试制工作并通过了国家鉴定,这是我国当时最大功率的燃气轮机,之后总共生产了3套同型号机组用于发电。"23 000千瓦燃机大会战"的成果充实和壮大了重型燃气轮机的设计和科研队伍,到目前为止,该队伍仍是我国重型燃气轮机工业的技术基础。

20世纪70年代后期,哈汽厂、上汽厂、东汽厂和南汽厂按国家川沪输气管线计划,联合设计了17.8 MW驱动用燃气轮机。由于国家能源政策的调整,未能投入生产。

20世纪80年代,南汽厂在机械电子工业部(现工业和信息化部)的主持下,与美国GE公司合作生产透平进气初温1 100 ℃等级的MS6001B型燃气轮机,单机功率为40 MW,效率为32%,是世界上该功率等级的主力机型,国产化率为60%~70%。该产品于1988年通过国家鉴定,其合作生产的方式是:(1)燃机核心部件由美国GE公司提供,如:压气机~透平转子、燃机控制系统、燃烧室和喷嘴、静叶及压气机可转导叶。(2)国内生产有困难的配套件可向GE公司采购。(3)由南汽厂生产的燃机的其余部分部件和零件按GE公司提供的图纸、标准进行生产、组装和试车。(4)整机性能参数经GE公司认可后出厂。(5)技术改进、产品更新与GE公司同步。由此保证了合作生产产品的质量和性能与美国GE公司产品相当。

近年来,为解决冶金企业高炉煤气的利用问题,南汽厂与美国GE公司合作,在MS6001B型燃气轮机的基础上,开发了以高炉煤气为主要燃料的低热值6B-L型燃气轮机,可以烧1 300大卡/标准立方米热值燃料。

在科研能力方面,南京燃气轮机研究所、上海发电设备成套设计研究院、西安热工研究院、中国船舶工业总公司703研究所(以下简称703所)、中科院工程热物理研究所、清华大学、西安交通大学、上海交通大学、哈尔滨工业大学等单位都有一定数量的科研人员和试验研究设备并取得了一些科研成果,如东风Ⅰ型、红旗Ⅰ型机叶型、低热值煤气燃烧室等。虽然取得了一些成果,但成果较为分散,多数性能现已较落后,要形成设计先进燃机的完整资料,还需要进行大量的工作。

在制造能力方面，机械系统的企业以南汽厂为代表，经"八五""九五"改造，拥有大型制造厂房、大型数控加工设备和精密测试设备，除高温合金叶片、燃烧室、特殊涂层等少数关键设备、工艺外，生产大型燃气轮机的能力缺口不大。

20世纪60—70年代，我国自行研制燃气轮机取得了一些成功的经验，主要有：国家相关部门的支持，产学研联合科研和设计，许多单位的联合攻关和协作等。这些都可为今后自主开发燃气轮机提供借鉴。

四、我国轻型燃气轮机工业的现状

我国轻型燃气轮机工业主要集中在航空系统，60多年来航空发动机工业已经建成了7个制造厂和4个研究设计所，拥有14万职工的航空发动机产业，研制生产了20多个型号的航空发动机，共计5万多台。自20世纪70年代开始，410厂、331厂、120厂等在航空发动机的基础上改型生产了100多台套WJ-5G、WJ-6G、WP-6G、WZ-6G等型号的工业燃气轮机，应用于油田、石化、邮电等领域。

1983年，国家计划委员会、经济委员会等下达了由703所与航空部614所、430厂跨部联合，承担斯贝航机舰改的任务，并确定今后轻型燃气轮机走航改道路。1985年，国家计划委员会、经济委员会批准在航空工业部（1993年已撤销）成立"中国轻型燃气轮机开发中心"，统一归口轻型燃气轮机的规划、研制、生产、成套和引进工作。

1986年，国家计划委员会、经济委员会批准航空工业部与美国普惠公司合作开发FT-8型燃气轮机，功率为25 MW，效率为38.4%，是世界上同功率等级中效率最高的。我国负责制造低压压气机、动力涡轮、燃烧室、机匣、成套件等零部件，约占整机工作量的30%。截至2010年，该机组在国内销售9套，国外销售的100多台机组中也有我国生产的零部件，主要用于发电和管输驱动。

20世纪90年代，国家决定引进乌克兰的GT25000舰用燃气轮机，由430厂负责燃气发生器国产化，哈汽厂制造动力透平，703所负责成套，2003年装舰试用，目前GT25000舰用燃气轮机已成为我国大型军用舰艇的主要动力装置。

1996年，606所与410厂合作，在先进航空发动机的基础上，改型研制功率为7 MW、热效率为31%的轻型燃气轮机，并于2002年投入使用。

在研究开发能力方面，航空发动机工业有1个部件预研所、2个型号设计所和1个电子调节监控系统研究设计所，有全套的部件性能、强度和整机试验设备，可以满足航空及轻型燃气轮机的试验需要。2个型号设计所具备开发现代航空燃气轮机的能力，正在研制的有A型、WPX和40号等先进航空发动机和燃气轮机。

在制造方面，自2000年以来经过近20年的技术改造，我国已经掌握了制造先进燃气轮机的工艺技术，除有成套的精密机加设备外，还配齐了现代燃气轮机制造的特种工艺设备，可以制造各种压气机和内腔较复杂的定向结晶、单晶等气冷涡轮叶片，还可制造先进的燃烧室、火焰筒、内外套及喷嘴等零部件，以及重型燃气轮机的部分核心零部件。我国航空和轻型燃气轮机系统的制造能力是比较强大的。

第二节 ● 燃气轮机的工作原理

燃气轮机(Gas Turbine)是以连续流动的气体为工质,把热能转换为机械功的旋转式动力机械。空气中的氧气是助燃剂,燃料燃烧使空气膨胀做功,也就是使燃料的化学能转变成机械能。图 1-1 所示为燃气轮机的原理模型剖面,可以通过它来了解燃气轮机的工作原理。从外观看燃气轮机模型:整个外壳是个大气缸,前端是空气入口,中部有燃料入口,后端是排气口(燃气出口)。

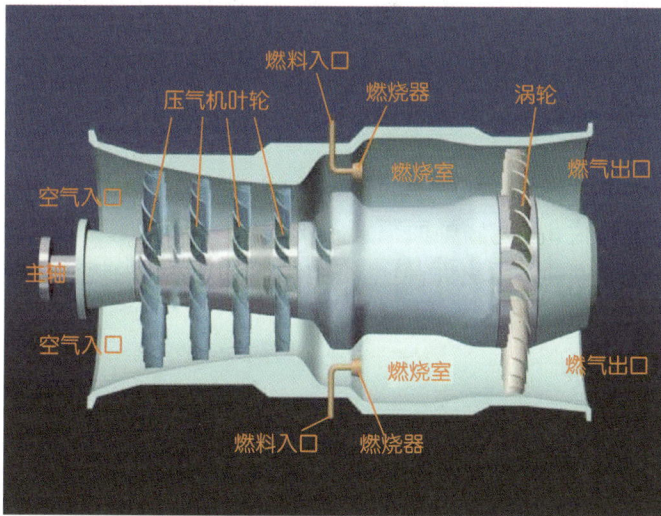

图 1-1　燃气轮机的原理模型剖面

燃气轮机工作时,工质顺序经过吸气压缩、燃烧加热、膨胀做功和排气放热等四个工作过程完成一个由热能向机械能转化的热力循环。图 1-2 所示为开式简单循环燃气轮机工作原理图。压气机从外界大气环境吸入空气,并逐级压缩(空气的温度与压力也将逐级升高);压缩空气被送到燃烧室与喷入的燃料混合燃烧,产生高温高压的燃气;燃气进入透平膨胀做功,推动透平叶片高速旋转,使转子旋转做功。转子旋转做的大部分功(约为 2/3)用于驱动压气机,剩下约 1/3 的功被输出用于驱动机械设备,如发电机、泵、压缩机等;最后,透平排气可直接排入大气,自然放热给外界环境,也可通过各种换热设备放热,以回收利用部分余热。在连续重复完成上述循环过程的同时,发动机也就把燃料的化学能连续地部分转化为有用功。

燃气轮机区别于活塞式内燃机的两大特征是:一是发动机部件的运动方式,它为高速旋转且工质气流朝一个方向流动(不必来回吞吐),这使它摆脱了往复式动力机械功率受活塞体积与运动速度的制约,因此同样体积的燃气轮机比活塞式内燃机在单位时间内通过的工质要多得多,产生的功率也大得多,且结构简单、运行平稳、润滑油耗少;二是主要部件的功能,其工质经历的各热力过程是在不同的部件中进行的,故可方便地对它们加以组合,以满足各种用途的要求。

燃气轮机区别于汽轮机的三大特征是:一是工质,它采用的工质是空气而不是水,故可不

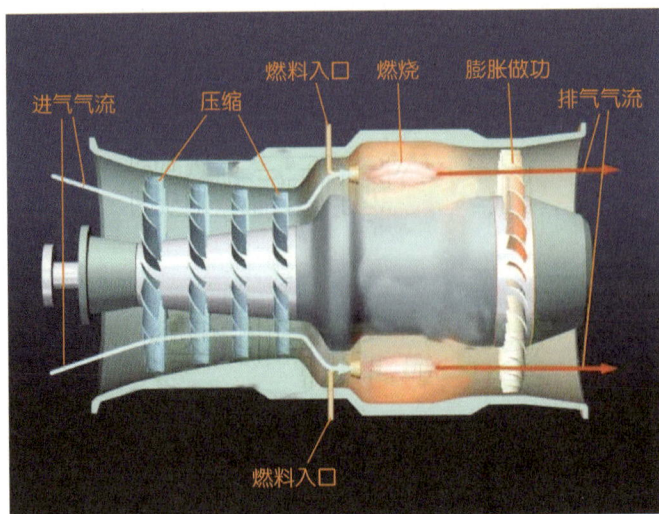

图 1-2　开式简单循环燃气轮机工作原理图

用或少用水;二是多为内燃方式,使其免除了庞大的传热与冷凝设备,因而设备简单,启动和加载时间短,装置金属消耗量和厂房占地面积大大减小,安装周期大大缩短;三是高温加热、高温放热,使其提高系统热效率的潜力更大,但也使其在简单循环时的热效率较低,且高温部件对镍、铬、钴等高温合金材料的使用量大,设备价格高昂。

第三节 ◉ 燃气轮机的分类与结构

一、燃气轮机的分类

燃气轮机主要有以下几种分类方式。

(1)按用途分

燃气轮机按用途可分为地面燃气轮机、船(车辆)用燃气轮机和航空燃气轮机。其中,地面燃气轮机可分为工业用燃气轮机和发电用燃气轮机。

(2)按热力循环特点分

燃气轮机按热力循环特点可分为简单循环、中间冷却循环、再热循环和回热循环燃气轮机。

(3)按转子结构分

燃气轮机按转子结构可分为单轴、双轴和三轴燃气轮机装置。

单轴燃气轮机的压气机和透平共用一根转子,其主要用于驱动转速较为恒定的设备,如发电机、工况较为稳定的压缩机等。约2/3的透平做功用于驱动燃气轮机的压气机,约1/3的透平做功用于驱动负载设备。单轴燃气轮机转子结构如图1-3所示。

双轴燃气轮机主要分为两种。第一种是高压压气机与高压透平共用一根转子,且高压转

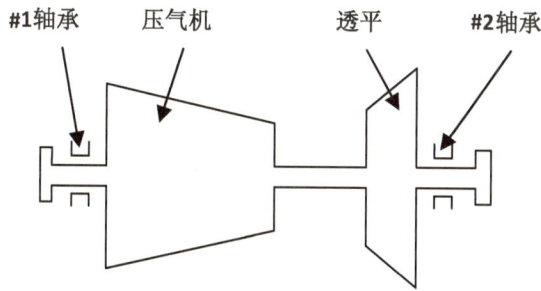

图 1-3 单轴燃气轮机转子结构

子为中空轴；低压压气机与低压透平共用一根转子，且低压转子轴穿过高压转子安装。高压透平做的功完全用于驱动高压压气机；低压透平做的功部分用于驱动低压压气机，剩余部分用于驱动负载，其转子结构如图 1-4 所示。此类燃气轮机多为航改型燃气轮机，即轻型燃气轮机，如 GE 公司的 LM6000 燃气轮机。第二种是高压透平与压气机共用一根转子，高压透平做的功主要用来驱动压气机；低压透平安装在高压透平后端，低压透平做的功用于驱动负载设备，其转子结构如图 1-5 所示，如 GE O&G 公司的 MS1002D、MS5002E 等燃气轮机。

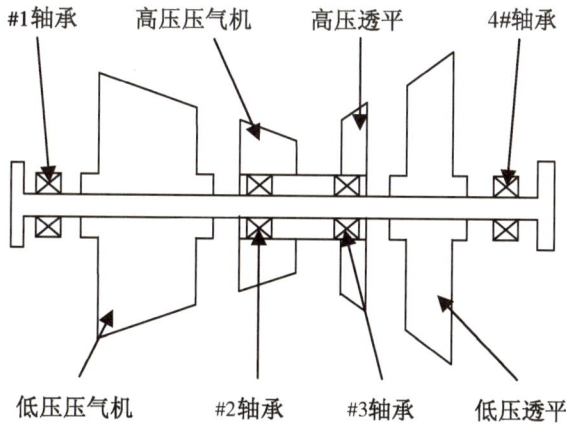

图 1-4 双轴燃气轮机转子结构（一）

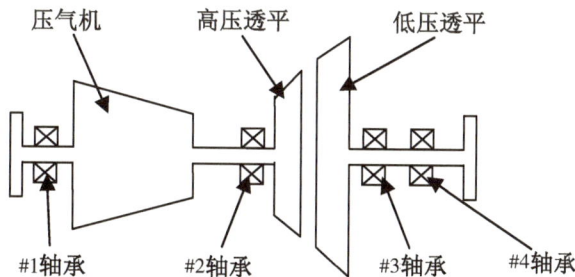

图 1-5 双轴燃气轮机转子结构（二）

三轴燃气轮机主要分为两种。第一种是高压压气机与高压透平共用一根转子，且高压转子为中空轴，高压透平做的功全部用于驱动高压压气机；中压压气机与中压透平共用一根转子，中压透平做的功全部用于驱动中压压气机，中压转子也是中空轴，且中压转子穿过高压转

7

子安装;低压压气机与低压透平共用一根轴,低压透平做的功全部用于驱动低压压气机,且低压转子穿过中压转子安装,其转子结构如图1-6所示。该结构主要用于涡轮喷气式和涡轮风扇式航空燃气轮机。第二种是高压压气机与高压透平共用一根轴,高压透平做的功全部用于驱动高压压气机,且高压转子为中空轴;低压压气机与低压透平共用一根轴,低压透平做的功全部用于驱动低压压气机,且低压转子穿过高压转子安装;动力透平安装在低压透平后端,动力透平做的功用于驱动负载设备,其转子结构如图1-7所示,如普惠公司的FT8型燃气轮机。

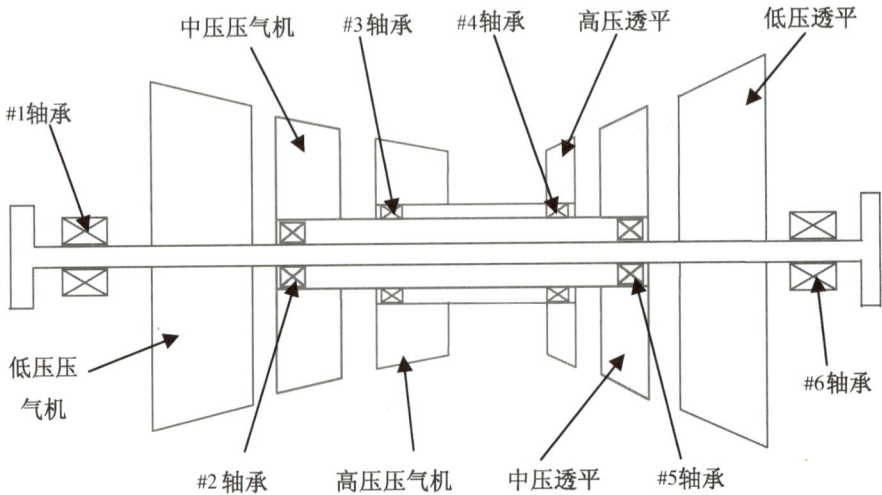

图1-6　三转子燃气轮机转子结构(一)

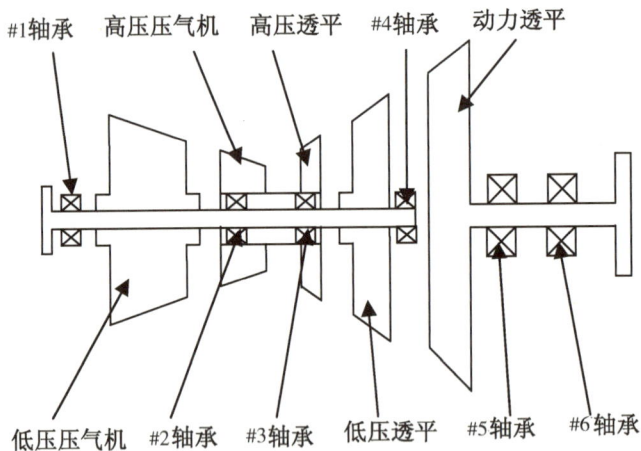

图1-7　三转子燃气轮机转子结构(二)

(4)按结构分

燃气轮机按结构可分为重型燃气轮机和轻型燃气轮机两类。重型燃气轮机零件较为厚重,大修周期长,寿命可达10万小时以上。轻型燃气轮机结构紧凑而轻,所用材料一般较好,其中航机的结构为最紧凑、最轻,但寿命较短。

重型燃气轮机的主要生产厂商及代表机型如表1-1所示。

表 1-1　重型燃气轮机的主要生产厂商及代表机型

序号	燃机型号	生产厂商	功率/MW	热耗率/[kJ/(kW·h)]
1	MS5001	GE	25.80	12 730
2	PG6581B	GE	42.10	11 225
3	PG9171E	GE	123.40	10 650
4	MS9001F	GE	255.60	9 728
5	MS9001H	GE	519.00	8 000
6	GE10-1/2	GE O&G	11.16	11 481
7	Nova LT^{TM}5	GE O&G	5.62	11 740
8	Nova LT^{TM}16	GE O&G	16.16	9 999
9	V94.2	Siemens	121.09	11 766
10	V94.3	Siemens	265.90	9 323
11	SGT100	Siemens	5.40	11 613
12	SGT200	Siemens	6.75	11 418
13	SGT300	Siemens	7.90	11 532
14	SGT400	Siemens	12.90	10 355
15	SGT500	Siemens	18.47	10 946
16	SGT600	Siemens	24.77	10 533
17	SGT700	Siemens	31.21	9 882
18	SGT800	Siemens	47.00	9 597
19	SGT5-2000E	Siemens	187.00	9 945
20	SGT5-4000F	Siemens	329.00	8 846
21	M251S	Mitsubishi	30.00	12 000
22	M701F	Mitsubishi	270.00	9 424
23	H15	HITACHI	16.90	10 496
24	H25	HITACHI	31.00	10 345
25	AE64.3A	上海电气	75.37	10 028
26	AE94.2	上海电气	170.00	10 315
27	AE94.3A	上海电气	266.00	9 350

轻型燃气轮机的主要生产厂商及代表机型如表 1-2 所示。

表 1-2　轻型燃气轮机的主要生产厂商及代表机型

序号	燃机型号	生产厂商	功率/MW	热耗率/[kJ/(kW·h)]
1	LM2500+G4	GE	33.40	9 160
2	LM5000	GE	33.00	10 400
3	LM6000	GE	42.39	8 679
4	FT8−3	PWPS	26.10	9 184
5	Solar Centaur 20	Solar	1.20	14 795
6	Solar Centaur 40	Solar	3.50	12 910
7	Solar Centaur 50	Solar	4.60	12 270
8	Solar Taurus 60	Solar	5.70	11 465
9	Solar Taurus 70	Solar	8.00	10 505
10	Mars 90	Solar	9.50	11 300
11	Mars 100	Solar	11.40	10 935
12	Solar Titan 130	Solar	15.00	10 232
13	Solar Titan 250	Solar	21.70	9 260
14	RB211	R&R	44.00	8 679
15	MT30	R&R	40.00	8 571
16	MT50	R&R	50.00	8 571
17	QD16	中国航发	1.60	18 947
18	QDR20	中国航发	2.00	15 650
19	QD70	中国航发	7.00	11 691
20	QD128	中国航发	11.50	13 337

二、燃气轮机的主要部件

现代燃气轮机的发动机主要由压气机、燃烧室和透平（也称涡轮）三大部件组成。同时，为了保证整个装置的正常运行，根据不同情况配置控制调节系统、启动系统、润滑油系统、燃料系统等。另外，轴承也是燃气轮机的重要部件。

1.压气机

压气机是燃气轮机三大核心部件之一，其作用是从周围大气中吸入空气，经过压缩后供给燃烧室。

从工作原理上讲，压气机主要分为离心式和轴流式。离心式压气机的工作原理与离心式鼓风机相同，主要用于涡轮轴式燃气轮机和微型燃气轮机，尚未应用于大型工业燃气轮机。下面主要介绍轴流式压气机。轴流式压气机的转子由叶片与叶盘组成，工作原理与电风扇的叶片类似，电风扇的叶片旋转时拨动空气流动产生风，压气机的叶轮旋转把空气推进气缸压缩。

为了生成高压空气,压气机在主轴轴向装有多级叶轮,若干叶轮固定在压气机的转轴上构成压气机转子,图1-8所示是一个12级压气机的转子,转子上的叶片与主轴一同旋转,称为动叶。

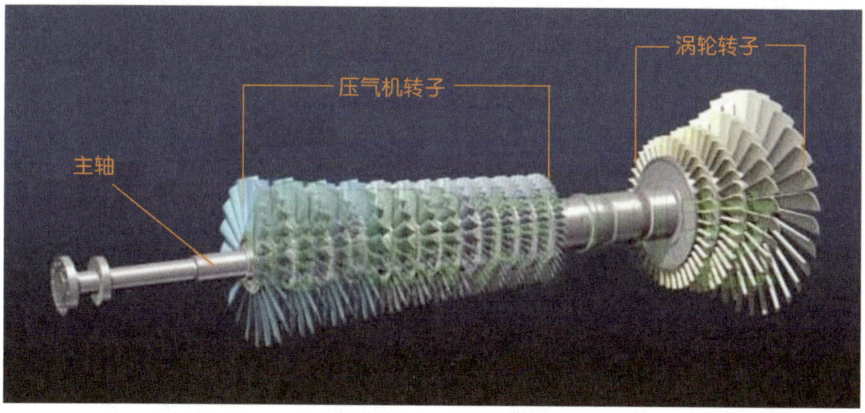

图1-8 12级压气机的转子

光有动叶还不能有效地压缩空气,简单来说,空气经过动叶后不仅轴向前进,还沿着动叶旋转的方向运动。这会使下级动叶的压缩效率大大降低。这样一级一级下去,压气机内的空气变成跟着转子旋转的气团,根本无法正常压缩空气。为了改善这种状况,在每级动叶后插入一级静止的叶片(静叶)。

图1-9所示为运动的动叶与静叶的相对位置及气流走向示意图(仅演示两级动叶和一级静叶)。图中蓝色叶片是静叶,绿色叶片是动叶,橙红色箭头表示被压缩空气的气流走向。转子旋转时,空气从轴向进入,经过一级动叶后空气运动角度转向右下方,这个角度的空气如果直接进入下级动叶,压缩效果则会很差。但通过静叶整流后,空气运动方向转回轴向,再进入二级动叶压缩,压缩效果可大大改善。

转子安装在压气机的气缸内(见图1-10),压气机静叶固定在气缸的内壁上。

多数燃气轮机的压气机有十几级,图1-10所示为一个12级压气机的剖面图。高速旋转的动叶把空气从压气机进气口吸入压气机,经过一级又一级的压缩,变成高压空气。压气机内的气体流动方向与旋转轴平行,故称为轴流式压气机。

压气机的主要参数是增压比,即压气机出口空气压力与进口空气压力之比。理论上进入燃烧室的空气压力越大越好,实际上综合各种因素,增压比多为12~20。

燃气轮机的压气机由本身的涡轮机带动,燃气轮机启动时,先使用外动力带动压气机旋转,把空气压入燃烧室;燃气轮机点火后进入运转状态,逐渐转变至由涡轮带动压气机旋转压气。

◆ 2.燃烧室

燃气轮机的燃烧室是将燃料的化学能转变为热能的部件,对压气机压入的高压空气加热,使其进入涡轮膨胀做功,燃料为液体燃料(如柴油、重油)或气体燃料(如天然气、瓦斯气)。图1-11是一个管式燃烧室的结构示意图。燃烧室外壳前面是通往压气机的空气入口,后面是通往涡轮的高温气体出口。

燃烧室内有燃烧器。对于液体燃料,燃烧器对进入的燃料进行雾化,然后从喷嘴喷出;对

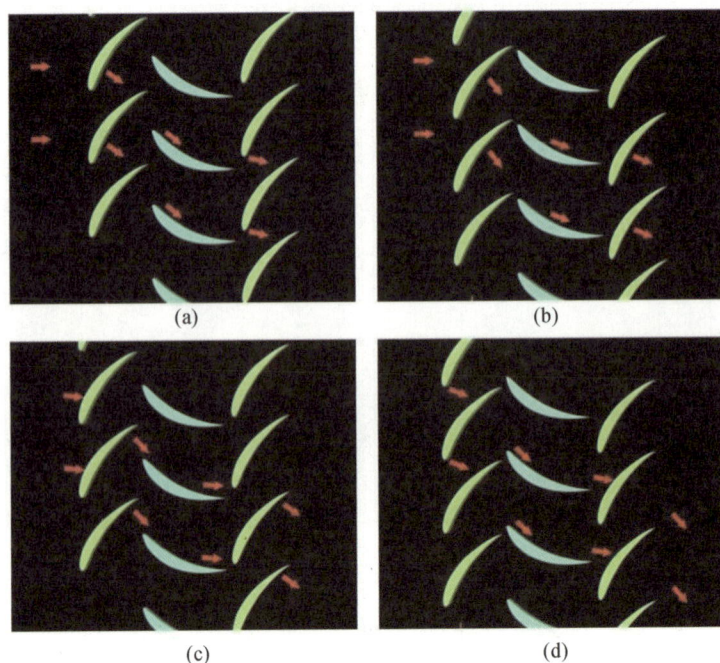

(a)　　　　　　　　　　　(b)

(c)　　　　　　　　　　　(d)

图 1-9　压气机动叶与静叶气流走向示意图

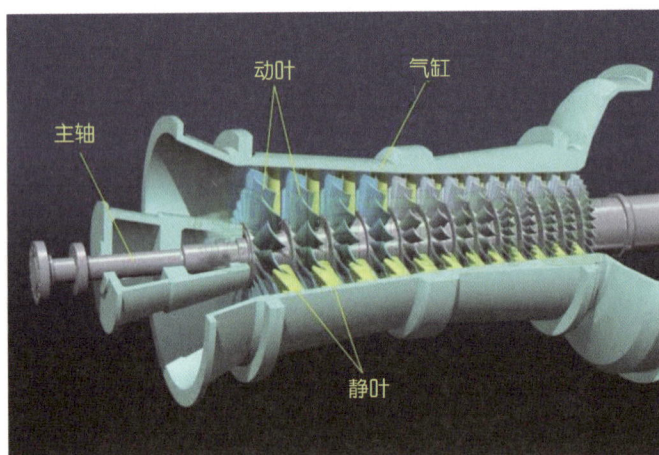

图 1-10　12 级压气机的剖面图

于气体燃料,燃烧器将进入的气体燃料扩散预混后从喷嘴喷出,与从压气机过来的空气充分混合后燃烧,产生高温高压气体,从过渡段出口喷出。燃烧室内有火焰筒,火焰在火焰筒内燃烧。火焰筒前段是主燃区,保证火焰正常燃烧;中段是补燃区,火焰筒壁上有许多进气孔,让空气进入补燃,保证完全燃烧;后段是通向涡轮叶片的燃气导管,也称为过渡段。图 1-11 中燃烧室内白色箭头线指示气流在燃烧室的流向。

　　目前,燃气轮机的燃烧室主要有四种类型:环管形燃烧室、环形燃烧室、分管形燃烧室和圆筒形燃烧室。大多数重形燃气轮机采用环管形燃烧室,如 GE 公司生产的 Frame 5、Frame 6、E 级、F 级、H 级燃气轮机;环形燃烧室主要应用于航改型燃气轮机,如 Solar 公司生产的 C40、

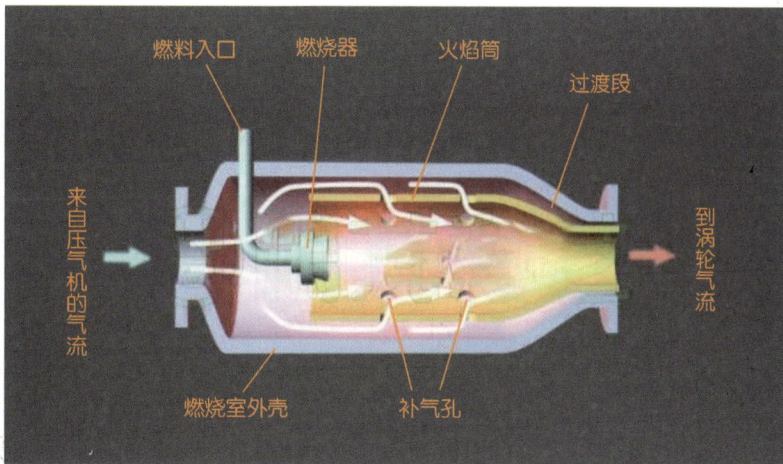

图 1-11　燃烧室结构示意图

T50、T60、C130 燃气轮机，GE 公司生产的 LM 系列燃气轮机；分管形燃烧室应用极少；圆筒形燃烧室的应用较少，应用机型有 GE O&G 公司生产的 MS1002D、GE10 型燃气轮机，SIMENS 公司生产的 V94.2 型燃气轮机。下面主要介绍环管形燃烧室和环形燃烧室。

（1）环管形燃烧室

环管形燃烧室只有一个整体的燃烧室，燃烧室环绕在燃气轮机的腰部，燃烧室内有若干个火焰筒（包括过渡段）。图 1-12 是由 12 个火焰筒组成的燃烧室剖面图，12 个火焰筒共用的空间就是燃烧室的空间，也就是燃烧段气缸内环绕主轴的空间。火焰筒环绕燃气轮机主轴一周排列，过渡段的出口与涡轮导向器叶片入口相连。

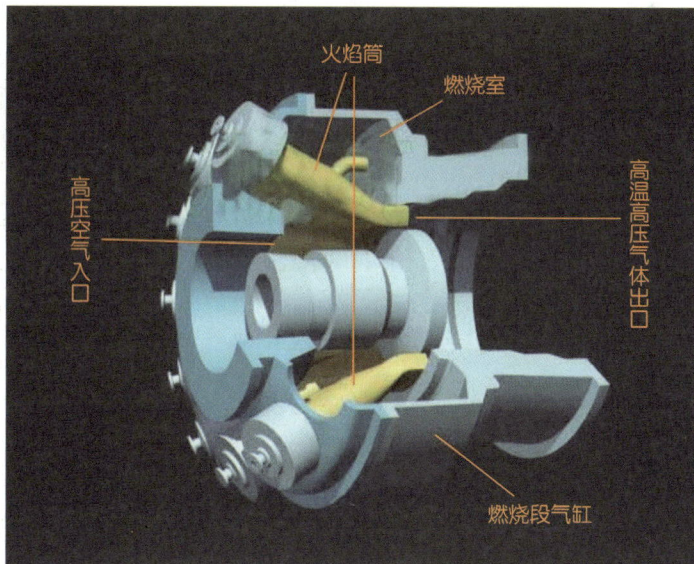

图 1-12　环管形燃烧室剖面图

图 1-13 所示是一个环管形燃烧室火焰筒剖面模型。燃烧室由外壳和火焰筒组成，燃烧室外壳端部为燃料（燃油或天然气）入口，燃烧室内装有燃烧器，其燃料喷嘴在火焰筒前端内部。

火焰筒尾部连接过渡段,过渡段上装有可控流量的补气口。

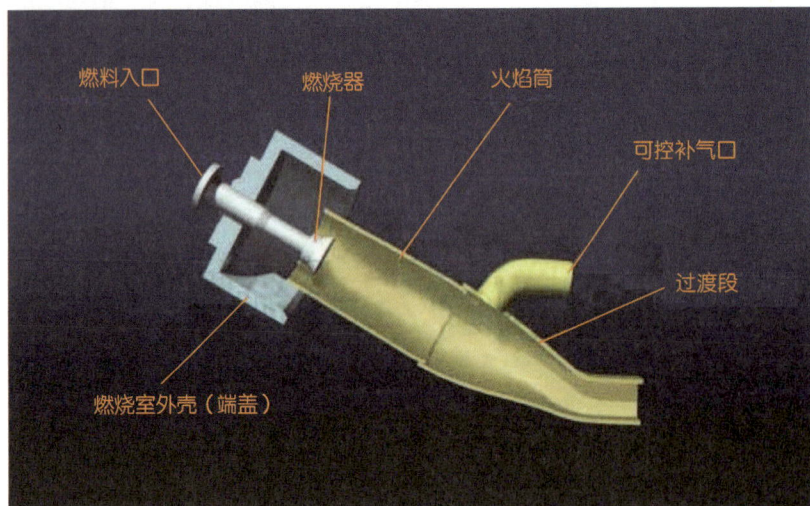

图 1-13　环管形燃烧室火焰筒剖面模型

燃料(燃油或天然气)通过燃烧室端部燃料入口进入,由燃烧器喷嘴喷入火焰筒,喷入的燃料与压气机压入的高压空气在燃烧室内的火焰筒里混合燃烧。燃烧使气体温度剧烈上升,膨胀的高温高压燃气从过渡段喷出,进入透平做功。

图 1-14 中的白色箭头代表由压气机进入燃烧室的气流走向;黄色箭头代表由燃烧室喷向涡轮叶片的气流走向。

一般燃气轮机有六至十几个火焰筒组件,在一个环形燃烧室内安装多个火焰筒组件,故称为环管形燃烧室。

图 1-14　环管形燃烧室气流走向

(2)环形燃烧室

燃气轮机环形燃烧室由环形燃烧室空间与安装在内部的环形火焰筒组成,分为全环形燃烧室和带单独头部的环形燃烧室。燃料与压气机压入的空气在燃烧室火焰筒混合燃烧,实现膨胀做功。

全环形燃烧室只有一个整体的环形燃烧室空间,也只有一个环形火焰筒,其结构如图1-15所示,截面示意图如图1-16所示。

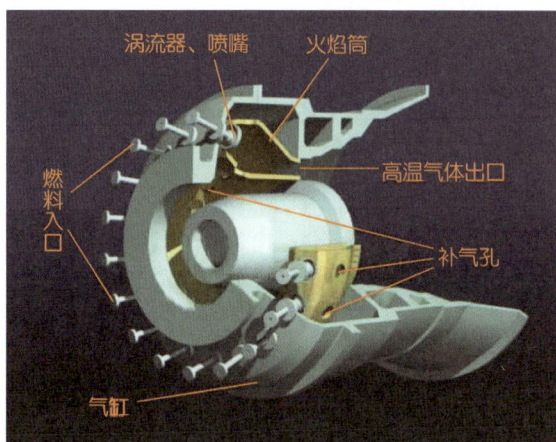

图 1-15　全环形燃烧室结构

图 1-16　全环形燃烧室的截面示意图

图1-17是环形燃烧室与火焰筒的结构示意剖面图。其环形燃烧室空间类似于环管形燃烧室空间,是在气缸(机壳)内环绕主轴的一个空间。环形燃烧室空间内有火焰筒,火焰筒也是环形结构,火焰筒前方圆周有多个孔是空气入口(安装涡流器位置),火焰筒环形出口对向涡轮叶片。

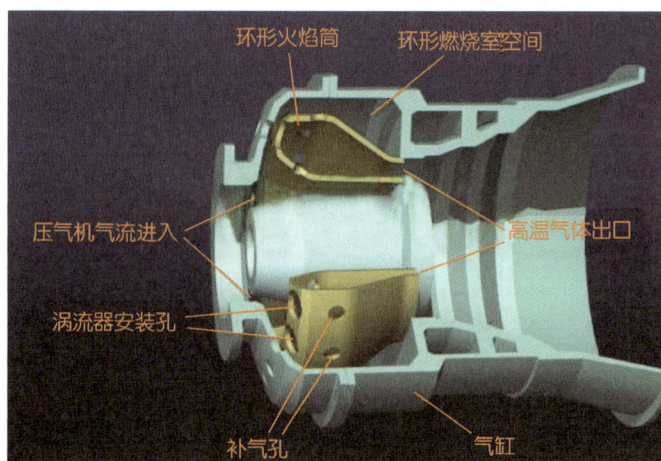

图 1-17　环形燃烧室与火焰筒的结构示意剖面图

图1-18是装有燃烧器的环形燃烧室剖面图。燃料(燃油或天然气)由燃料入口进入,由燃烧器喷嘴喷入火焰筒,喷入的雾化燃料与压气机压入的高压空气在燃烧室火焰筒里混合燃烧。燃烧使气体温度剧烈上升,膨胀的高温高压燃气从火焰筒尾端出口喷出,进入透平做功。图1-19中的白色箭头代表由压气机进入燃烧室火焰筒的气流走向;红色箭头代表由燃烧室喷向涡轮叶片的气流走向。

带单独头部的环形燃烧室与全环形燃烧室仅火焰筒不同,其结构相当于一个短全环形燃

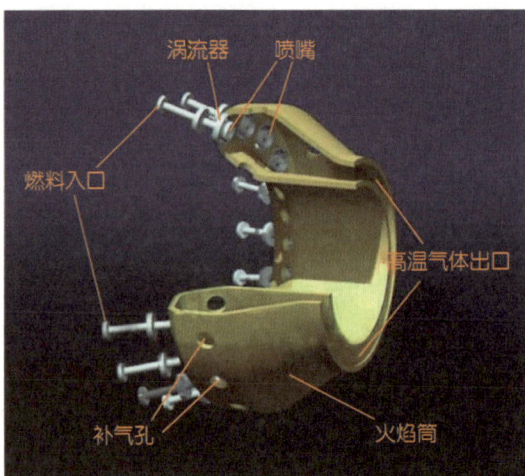

图 1-18　装有燃烧器的环形燃烧室剖面图

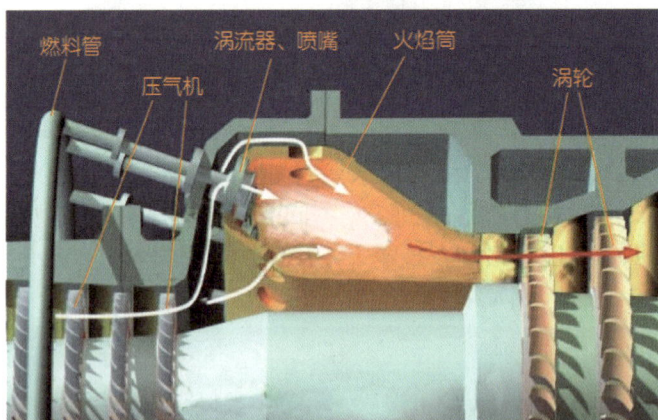

图 1-19　环形燃烧室气流走向

烧室前端接数个单管火焰筒的头部,图 1-20 所示为带 10 个单独头部的环形燃烧室火焰筒,这种结构也称为混合式燃烧室。

图 1-21 是带单独头部的环形火焰筒剖面图,每个单独头部安装有涡流器与喷嘴,单独的火焰筒头部有利于火焰筒头部的燃烧。

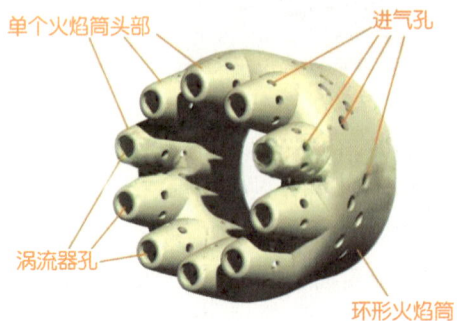

图 1-20　带 10 个单独头部的环形燃烧室火焰筒

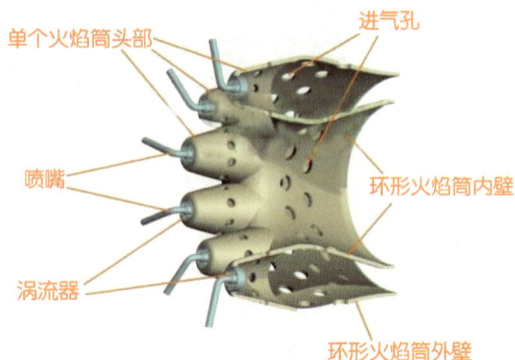

图 1-21　带单独头部的环形燃烧室火焰筒剖面图

图 1-22 是带单独头部的环形燃烧室工作时的气流走向图，白色箭头代表从压气机来的气流进入火焰筒的气流线；黄色箭头代表从火焰筒喷出的气流线。

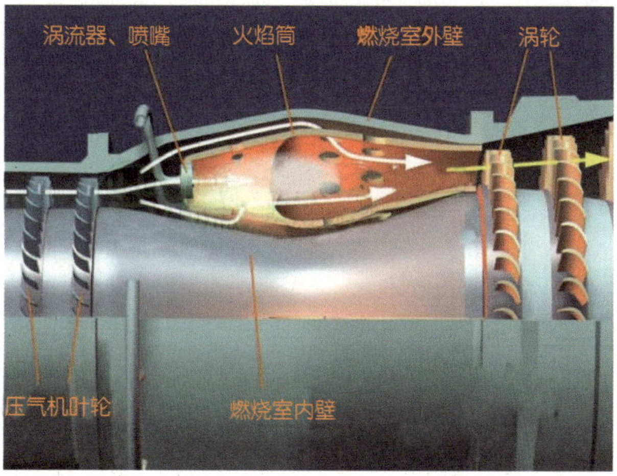

图 1-22　带单独头部的环形燃烧工作时的室气流走向图

环形燃烧室是较先进的结构，具有燃烧质量高、温度均匀、结构简单、重量小等优点，但由于大型的环形燃烧室需要大型实验设备，不像分管形燃烧室与环管形燃烧室可单管进行实验。随着技术发展，近年来已有许多大型燃气轮机开始采用环形燃烧室。带单独头部的环形燃烧室主要用于航空发动机。

▶ 3. 涡轮

涡轮也称透平，分为轴流式涡轮与径向式涡轮两类。燃气轮机大多采用轴流式涡轮，下文介绍轴流式涡轮。

从燃烧室喷出的高温高压燃气推动涡轮旋转，将燃气的热能转化为涡轮的机械能。简单来说，轴流式涡轮的工作原理是靠燃气气流对涡轮上的叶片做功使其旋转，就像风吹动风车旋转一样，由于气流主方向与涡轮轴平行，故称为轴流式涡轮。

涡轮主要由涡轮叶片、涡轮盘（叶盘）和涡轮轴构成，涡轮上的叶片称为动叶，也就是带动涡轮轴旋转的叶片。单轴燃气轮机的涡轮通常由 1~4 级涡轮盘组成，各级涡轮安装在同一个转轴上。双轴、三轴燃气轮机根据其转子结构的差异，涡轮结构也相应改变。

在涡轮每级动叶的前方还安装一组静止的叶片（静叶），静叶是燃气的导向器，也称为喷嘴，其作用是使燃气气流以最佳方向喷向动叶。一组静叶加一组动叶组成一级涡轮。图 1-23 为涡轮叶片的气流走向图，图中蓝色叶片是静叶，绿色叶片是动叶，橙红色箭头表示燃气气流的走向。

为了充分利用燃气的热能使其膨胀做功，获得最大的机械能，大型燃气轮机一般为 3 级或 4 级涡轮，图 1-24 是一个单轴四级涡轮的涡轮机正视剖面图，图 1-25 是其侧视剖面图。

(a)　　　　　　　　　　(b)　　　　　　　　　　(c)

(d)　　　　　　　　　　(e)　　　　　　　　　　(f)

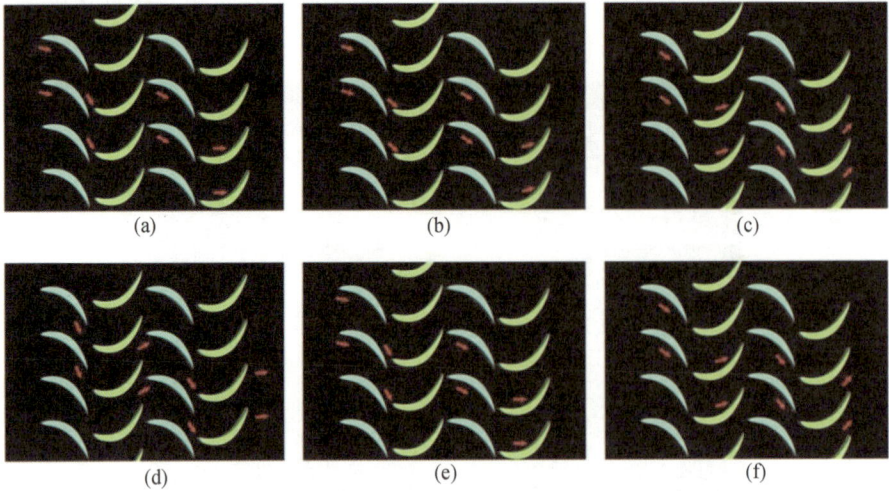

图 1-23　透平叶片气流走向图

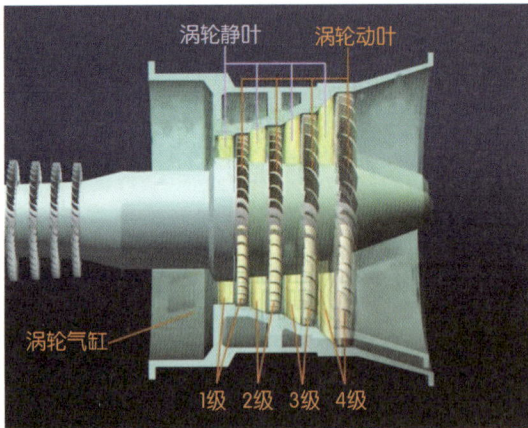

图 1-24　单轴四级涡轮的涡轮机正视剖面图

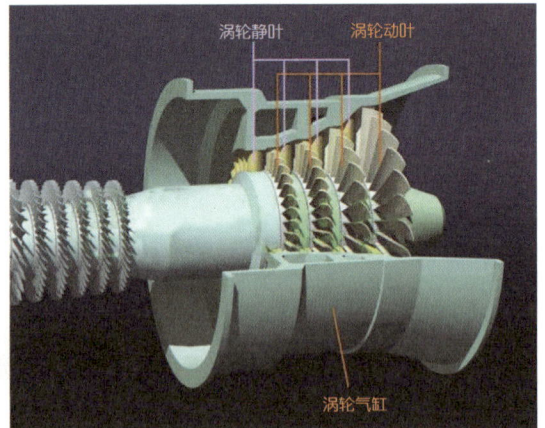

图 1-25　单轴四级涡轮的涡轮机侧视剖面图

图 1-26 所示为双转子燃气轮机的转子结构,图 1-27 所示为双转子的 Solar 透平结构;图 1-28 所示为三转子航空涡扇燃气轮机的转子结构,图 1-29 所示为三转子机构的 FT8 燃气轮机。

图 1-26　双转子燃气轮机的转子结构

高压透平和压气机转子段　　低压透平（动力涡轮）段

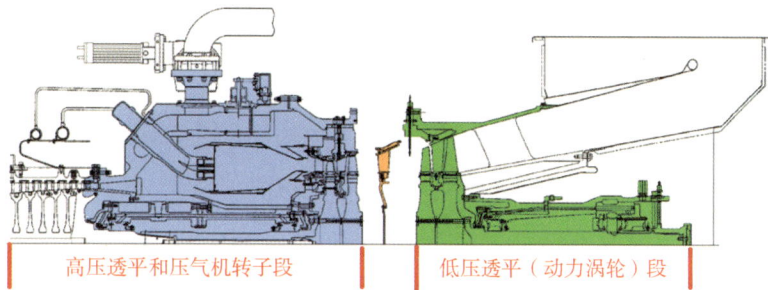

图 1-27　双转子的 Solar 透平结构

低压转子

中压转子

高压转子

图 1-28　三转子航空涡扇燃气轮机的转子结构

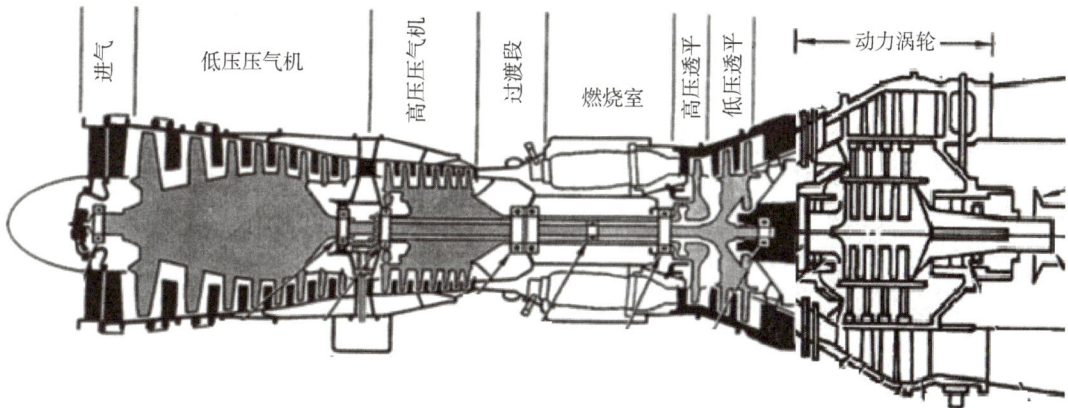

进气　低压压气机　高压气机　过渡段　燃烧室　高压透平　低压透平　动力涡轮

图 1-29　三转子结构的 FT8 燃气轮机

▶ 4.燃气轮机的轴承

燃气轮机的轴承按照结构可分为滚动轴承和滑动轴承。其中,滚动轴承凭借其摩擦阻力小、启动灵敏、效率高、润滑简便和易于更换等优点,被广泛应用于航空燃气轮机和部分航改型燃气轮机,如普惠公司的 FT8-3 型燃气轮机,中国航发集团生产的 QD16、QD20、QD70、QD128

等航改型燃气轮机;滑动轴承凭借其精度高、承载能力强、使用寿命长、维修方便等优点,被广泛地应用于工业燃气轮机,目前所有的重型燃气轮机均采用了滑动轴承,主流的航改型工业燃气轮机也采用了滑动轴,如 Solar 公司生产的工业燃气轮机。下文将主要介绍滑动轴承。

滑动轴承按轴承的作用可以分为径向轴承和推力轴承。径向轴承也称为支撑轴承、主轴承,用于承担转子重量及剩余不平衡重量产生的离心力;推力轴承用于固定转子在气缸中的轴向位置,其承受的是转子的轴向推力。

（1）径向轴承

径向轴承的工作原理是借助具有一定压力的润滑油在轴颈与轴瓦之间形成油膜,建立液体摩擦,使燃气轮机安全、平稳地工作。径向轴承又分为:圆柱形轴承、椭圆形轴承、多油楔轴承和可倾瓦轴承。

圆柱形轴承的工作面和与之相匹配的转子轴颈为一个圆柱体,其配合形式如图 1-30 所示。圆柱形轴承具有结构简单、设计加工成本低的优点,但是其高速稳定性差,当转子的工作转速超过转子一阶临界转速的两倍时,圆柱形轴承的油膜振荡将变为共振振荡,振幅较大,因而不能使用。

椭圆形轴承的工作面呈椭圆柱体,轴承的界面为椭圆形,与之匹配的转子轴颈为圆柱形,其与转子轴颈的配合形式如图 1-31 所示。在转子运转时,椭圆形轴承的椭圆形内表面与转子轴颈之间会形成一个油楔,轴承的润滑效果更好,转子运转具有较好的稳定性,特别是垂直方向的抗震性显著改善,因而高速稳定性较好,在燃气轮机中应用较为广泛。

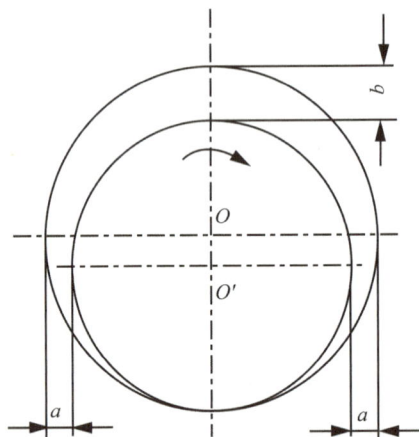

图 1-30　圆柱形轴承

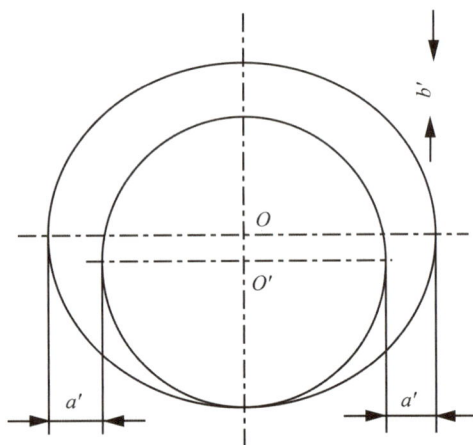

图 1-31　椭圆形轴承

多油楔轴承就是具有多个油楔的滑动轴承,通过增加轴承油楔的数目来形成更多的油膜,其结构如图 1-32 所示。多油楔轴承可以进一步提高轴承的高速稳定性,目前常用的有三、四、五油楔轴承,其缺点是承载能力降低。

可倾瓦轴承是在多油楔轴承的基础上,把各个油楔部分的轴瓦分割开来,分别支承在能活动的支点上,成为能自由倾斜的瓦块,可倾瓦轴承的结构示意图如图 1-33 所示。随着轴承工作状况的变化,可倾瓦轴承的瓦面倾斜度和油膜厚度都会发生变化,但间隙比不变,始终保持设计状态,这是可倾瓦轴承优于其他多油楔轴承之处。因此,可倾瓦轴承不仅具有更好的润滑效果,还具有更好的高速稳定性。

在径向轴承中,可倾瓦轴承在稳定性、承载力和功耗等性能方面均居各种径向轴承之首,

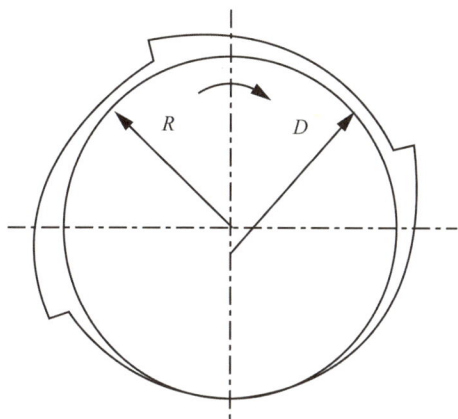

图 1-32　多油楔轴承

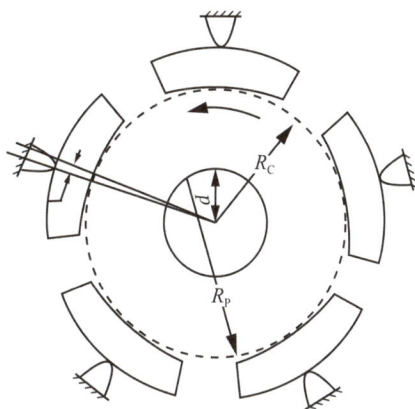

图 1-33　可倾瓦轴承

三油楔轴承、椭圆形轴承次之,圆柱形轴承最差。在通常的载荷范围内,当椭圆比稍大时,椭圆形轴承的稳定性稍优于三油楔轴承;在小比压(轻载)下,三油楔轴承的稳定性则稍优于椭圆形轴承;圆柱形轴承的特点是在低转速下承载力较好。

(2)推力轴承

推力轴承的工作原理也是借助具有一定压力的润滑油在轴颈与轴瓦之间形成油膜,建立液体摩擦,使燃气轮机安全、平稳地工作。燃气轮机的推力轴承主要采用可倾瓦块推力轴承,可倾瓦块推力轴承主要分为:密切尔式可倾瓦块推力轴承和金斯伯里式可倾瓦块推力轴承。

密切尔式可倾瓦块推力轴承主要由挡油板处座环、推力块处座环、推力块支脚、推力块、推力块的巴氏合金表面和挡油环组成(如图 1-34 所示)。这种推力轴承的瓦块背面为线支撑,运转时能自动倾斜,形成油楔,使瓦块表面与推力盘平面之间建立动压油膜,保证推力轴承在液体润滑状态下工作并支撑转子的轴向载荷。这种推力轴承的瓦块形式通常有两种:带摆动线和弹性均衡式。

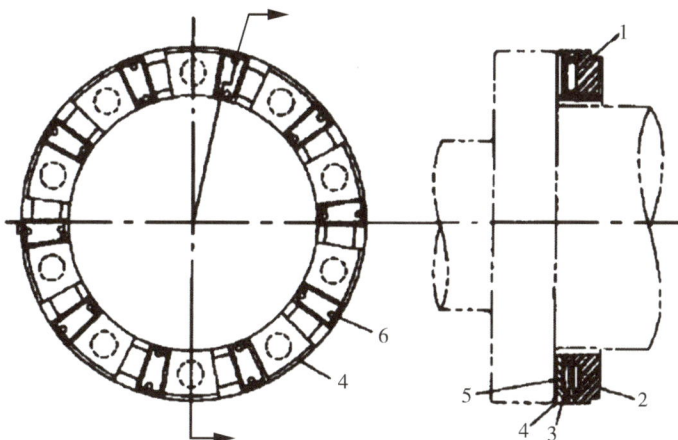

图 1-34　可倾瓦推力轴承

1—挡油板处座环;2—推力块处座环;3—推力块支脚;4—推力块;5—推力块的巴氏合金表面;6—挡油环

金斯伯里式可倾瓦块推力轴承又称为自动均载式可倾瓦块推力轴承(如图 1-35、图 1-36 所示),主要由推力块、推力块的巴氏合金表面、推力块支脚、座环、上均衡杠杆、下均衡杠杆和防转销构成。

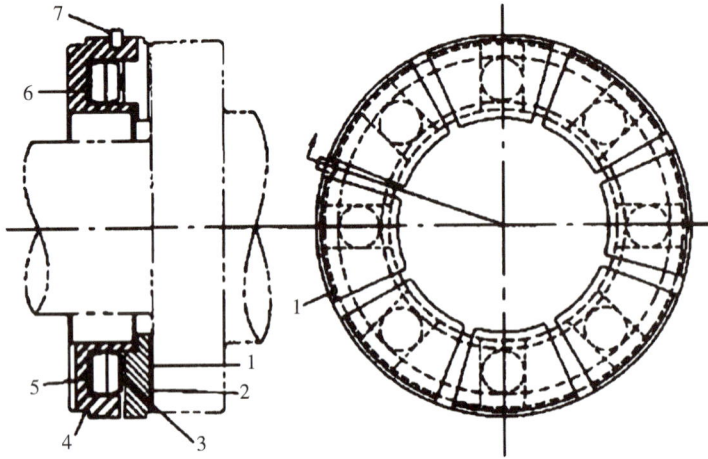

图 1-35 金斯伯里式可倾瓦块推力轴承(一)

1—推力块;2—推力块的巴氏合金表面;3—推力块支脚;4—座环;5—上均衡杠杆;6—下均衡杠杆;7—防转销

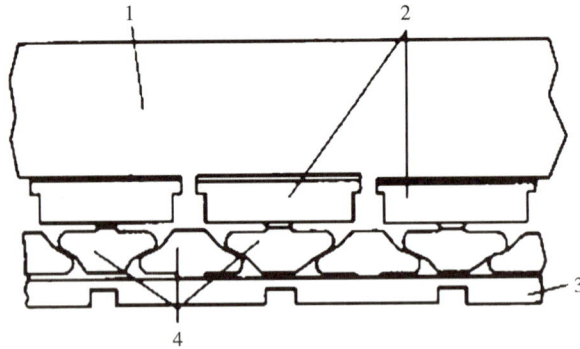

图 1-36 金斯伯里式可倾瓦块推力轴承(二)

1—推力盘;2—推力瓦块;3—支承块;4—底座圈

  这种推力轴承的摆动瓦为点支承,它支承在杠杆均衡系统上。当个别瓦块高出其他瓦块且载荷增大时,中间垫块可围绕摇摆中心摆动而下降,并向邻近瓦块分载。

  这种推力轴承的优点在于能对由于瓦面高低不齐而导致的不均匀载荷进行自动调整,以达到各瓦块均匀承载的目的。

第四节 ⬤ 燃气轮机在陆地的应用

　　自 1939 年瑞士 BBC 公司成功研制出世界上第一台工业燃气轮机以来,经过 80 多年的发展,燃气轮机及其联合循环技术日臻成熟。由于热效率高、污染低、工程总投资低、建设周期短、占地和用水量少、启停灵活和自动化程度高等,燃气轮机逐步成为继汽轮机后的主要动力装置,在发电、管线动力、舰船动力、坦克和机车动力等领域获得了广泛应用。

一、燃气轮机在电力行业的应用

　　由于结构简单、功率密度大、效率高、建设周期短、启停快、耗水量低、污染物排放少等优点,近年来,燃气轮机发电技术取得了很大的进展,特别是燃气轮机热电冷三联供技术日趋成熟,大大提高了机组的整体热效率,同时随着人们环保意识的日趋增强,能源结构多元化调整加快,加之天然气资源的进一步开发,燃气轮机天然气发电的应用越来越广泛。燃气轮机在电力行业的应用方式主要有:燃气轮机简单循环发电、燃气-蒸汽联合循环发电、燃气轮机热电联产和燃气轮机热电冷三联供等。

▶ 1.简单循环发电

　　简单循环发电就是单纯的燃气轮机发电机组。此种发电方式除燃气轮机机组外,辅助设备很少,具有系统设备简单、占地少、建设周期短、厂用电率低、耗水少、运行人员少、可用率高、投资少、启动快等优点,在电网中作为调峰或事故备用电源较为理想。但其缺点是发电效率低,仅为 32%~35%,比目前先进的 300 MW 级燃煤火电机组的效率还低。

▶ 2.燃气-蒸汽联合循环发电

　　燃气-蒸汽联合循环发电将燃气轮机的高温烟气送入余热锅炉制备蒸汽,再推动汽轮机发电,从而对燃气轮机高温烟气的部分热能进行回收利用,具有能源利用充分和发电效率高的特点。目前,GE 公司生产的 9HA.01 型燃气轮机联合循环发电的全厂热效率已达到 61%。

▶ 3.燃气轮机热电联产

　　燃气轮机热电联产主要有以下四种工艺方式:

　　(1)燃气轮机-蒸汽轮机联合循环热电联产

　　首先由燃气轮机对燃料进行首次能源利用,燃料燃烧产生的热膨胀功推动动力透平涡轮叶片驱动发电机发电。其高温烟气通过余热锅炉转换成中温中压以上参数的蒸汽,再推动蒸汽轮机做功发电,并将做功后的乏汽用于供热。这种工艺发电比率高,有效能量转换率高,烟的热转换率高,因此经济效益较好。后置的蒸汽轮机可以是抽凝式汽轮机,也可以是背压式汽轮机,但背压式汽轮机受热负荷的制约比较大,不利于电网、热网和天然气管网的调节,除非是企业自备的热电厂,且汽电负荷稳定,因此一般在世界上极少被采用。燃气轮机-蒸汽轮机联合循环热电厂往往采用 2 套以上的燃气轮机和余热锅炉拖带 1~2 台抽凝式汽轮机,或采用补燃式余热锅炉,以及双燃料系统,以提高对电网、热网和天然气管网的调节能力和供能可靠性。

（2）燃气轮机-余热锅炉直供热电联产

它与前一工艺方式的区别为只有燃气轮机和余热锅炉,省略了蒸汽轮机。因此,也将其称为"前置循环"。由于余热锅炉不需要生产能够推动蒸汽轮机的高品位蒸汽,因而工艺系统投资较低。为提高供能可靠性和热网、电网、天然气管网的调节能力,国际上往往采用2套以上机组同时加补燃工艺,以及蒸汽回注等技术,所采用的机组一般功率也比较小。与前一工艺方式相比,该工艺方式的燃气轮机更像一个燃烧器。燃气轮机实现了对天然气的预热,使之燃烧更充分,因此其效率远高于燃气锅炉。其热效率比前一工艺方式高,但发电比率低,且对烟气余热的利用率明显降低,因此经济效益也不及前一工艺方式。

（3）煤气-燃气轮机-蒸汽轮机整体化联合循环热电联产(ICCC)

它将原煤在煤气发生装置中转换为高温煤气,并在煤气降温时转换一部分蒸气,将经过净化、脱硫的煤气供给燃气轮机燃烧发电,再将燃气轮机的烟气通过余热锅炉转换成高品位蒸汽,与煤气发生器的蒸气共同推动蒸汽轮机发电、供热。

（4）燃气轮机辅助循环热电联产

该工艺将较小的燃气轮机加入传统的燃煤或燃油后置循环热电联产系统中,将燃气轮机的动力用于驱动给水泵或发电,将高温烟气注入余热锅炉以改善燃烧,提高锅炉效率,稳定低功况条件下的系统运行状况。

◆ 4.燃气轮机热电冷三联供

燃气轮机热电冷三联供系统(CCHP 或 DES),是指利用燃气轮机将燃料同时转换成电力、热或蒸汽、冷水三种产品,是一体化的多联产供能系统,也是分布式能源的重要表现形式之一。热电冷三联供的供能模式较传统的分布式供能模式而言,其能源综合利用效率高,可达80%以上。燃料燃烧后的高品位能量在三联供的动力系统中用于发电,动力系统排放的热量品位相对次之,可用于提供冷、热等中低品位产能,进而形成冷、热、电三种能量的联合供应。具体来讲,就是以"分配得当,各得所需,温度对口,梯级利用"为原则将小型化、模块化的发电系统布置在用户附近,利用城市管道天然气为燃料发电供用户使用,同时把发电过程中发电机组产生的冷却水和排气中的余热用热交换系统回收生产热水或蒸汽供用户采暖、洗浴或制冷,以此实现能量的梯级利用,使能源的综合利用效率大大提高。

二、燃气轮机在管输行业的应用

进入21世纪以来,我国天然气工业步入高速发展的阶段。天然气开发的长足进步和市场需求的扩大,带动了骨干输气管道建设的迅速发展,近几年,我国长输天然气管道以年均6 000 km的建设速度在发展。

与国外相比,我国现代意义的长输天然气管道发展较晚。国内新建的长输天然气管道主干线的建设遵循国际上高压、大口径的趋势,目前干线天然气管道的增压机功率主要为20 MW和30 MW级,如西一线、西二线、陕京二线、陕京三线等。大功率燃气轮机由于ISO效率较高,因此成为长输管道增压机组的首选动力,随着运行水平和机组可靠性的提高,其运行经济性将获得进一步的提高。

用于驱动管道增压机组的燃气轮机主要是航改型燃气轮机及一部分中小功率的重型燃气轮机。目前,管道增压应用较多的燃气轮机主要有 GE、R&R 公司的航改型燃气轮机,Solar、Siemens 等公司的中小型工业燃气轮机,以及乌克兰、俄罗斯等国家生产的燃气轮机。

目前,我国管道增压用燃气轮机全部为进口机组,市场被 GE、R&R、Solar 三家公司所瓜分,GE 公司的 PGT25+和 R&R 公司的 RB211 两款航改型燃气轮机分享了 30 MW 级燃气轮机市场,Solar 公司则垄断了 20 MW 以下量级的燃气轮机市场。因此,国内长输管道增压用燃气轮机主要为 PGT25+、RB211 和 Titan 130 三个型号的燃气轮机。

三、燃气轮机在石油化工领域的应用

燃气轮机在石油化工领域的用途很广,石油化工企业是燃气轮机的主要用户之一。石油化工企业应用燃气轮机的方式主要有以下几种:

(1)在自备电站(或动力站)与原有发电设备组成联合循环系统,提高供电效率;

(2)与锅炉组成联合系统,供电、供汽;

(3)与各种加热炉组成联合系统,既保证供应用热,又多发电;

(4)对回收工艺过程中排放的难以利用的可燃气体,实现能源充分利用,并净化环境;

(5)用作压缩机和各种泵的驱动机。

1.燃气轮机在炼油乙烯装置中的应用

炼油厂中以炼厂气为燃料的燃气轮机可以与蒸汽轮机联用,也可以将燃气轮机的高温尾气用于预热加热炉的空气。

大型裂解装置可以选用燃气轮机作为乙烯压缩机和丙烯压缩机的驱动装置,燃气轮机的富氧高温尾气可作为裂解炉的助燃空气。串联一台辅助蒸汽透平,可大大节省乙烯装置的总燃料消耗量和冷却水用量。

2.燃气轮机在化肥厂的应用

化肥厂一般都会产生可燃混合气,这些混合气中一般都含有一氧化碳、氢气等可燃气体,其热值约为 8 300 千焦/标准立方米,可作为燃气轮机的燃料。

化肥厂可以选用燃气轮机作为工艺空气、工艺天然气压缩机的驱动机,也可与辅助锅炉和余热锅炉联合配置构成化肥厂的动力站。在节能胺工艺技术中采用燃气轮机与辅助锅炉联合配置,可使开工锅炉、辅助锅炉、废热锅炉三功能一体化,燃气轮机的废热得到充分利用,一段炉的独立性、稳定性大大提高,蒸汽管网的操作弹性也得到提高。

3.燃气轮机在石油化工装置中的其他用途

燃气轮机与余热锅炉构成自备电站,可为工厂提供电力和工艺蒸汽;用燃气轮机驱动大型离心式水泵,可供油田注水用;用燃气轮机驱动压裂泵,可用于页岩气开采。

第二章
燃气轮机在中海油的应用

第一节 ◉ 燃气轮机在海洋石油平台的应用简史

　　中海油是中国国务院国有资产监督管理委员会直属的特大型国有企业,是中国最大的海上油气生产商。自成立以来,中海油成功实施改革重组、资本运营、海外并购、上下游一体化等重大举措,实现了跨越式发展,综合竞争实力不断增强,保持了良好的发展态势,由一家单纯从事油气开采的上游公司,发展为主业突出、产业链完整的综合型能源集团,形成了油气勘探开发、专业技术服务、炼化销售及化肥、天然气及发电、金融服务、新能源等业务板块。

　　在油气勘探开发领域,中海油在中国海上拥有四个主要产油地区:渤海(天津)、南海西部(湛江)、南海东部(深圳)和东海(上海)。中海油还是印度尼西亚最大的海上原油生产商之一,同时,中海油还在尼日利亚、澳大利亚和其他国家拥有上游资产。

　　海上平台是海洋油气勘探开发的核心装备,中海油自成立以来,便加大了海上平台及FPSO 船的研发投入,截至 2017 年,国内已拥有 169 个海上平台。作为"大国重器"之一的"海洋石油 981"半潜式钻井平台,是中国首座自主设计、建造的第六代深水半潜式钻井平台,由中海油全额投资建造,整合了全球一流的设计理念和一流的装备,是世界上首次按照南海恶劣海况设计的,能抵御 200 年一遇的台风;选用 DP3 动力定位系统,1 500 m 水深内锚泊定位,入级CCS(中国船级社)和 ABS(美国船级社)双船级。整个项目按照中海油的需求和设计理念引领完成,中海油拥有该船型自主知识产权。该平台的建成,标志着中国在海洋工程装备领域已经具备了自主研发能力和国际竞争能力。

　　海上平台作为一个远离陆地的综合性生产平台,其生产、生活用电量较大,电力系统是其重要的组成部分之一。"勘探 3 号"作为中国进入海洋石油开发工业发展阶段的第一座半潜式钻井平台,其用电负荷只有 3.3 MW,所以 5 组 660 kW 的柴油发电机组即可满足其供电需求。但是随着近年来海上平台朝着大型化方向发展,其动力需求急剧上升,目前海上平台的总功率等级大致可以分为 4 个级别:(1)小型平台,其总功率一般小于 7 MW;(2)中型平台,其总功率为 7~30 MW;(3)大型平台,其总功率为 60 MW 左右;(4)特大型平台,其总功率为 100~150 MW。因此,柴油发电机组单机功率小、功率密度低、振动大与平台空间狭小、建造成本高的矛盾日渐凸显。为此,燃气轮机凭借其单机功率大、功率密度大等优点得到了海上平台用户的青睐。

1990 年,中海油深圳"南海发现号"平台首次采用了燃气轮机作为其动力装置,开创了燃气轮机在海上平台应用的先河,标志着中国海上平台进入了燃气轮机动力时代。

第二节 ◉ 燃气轮机在海洋石油平台的应用优势

海上采油平台和大型浮动生产、储存、卸货油船(即 FPSO)等,由于远离陆地,因此其所采用的电力系统具有独立性和特殊性的特点。一般要求海上平台电力系统选用的发电机组调压动作时间短、调节速度快,发电机要有较强的励磁能力和过载能力。另外,海上平台空间狭小,平台单位面积建设成本高,平台上作业人工、机具设备成本高。

燃气轮机在油田中的应用比柴油机晚得多,在设计制造、使用经验方面远不如柴油机成熟,还存在着诸如单机热效率比较低,在部分负荷时效率下降较多,火焰筒、涡轮叶片等高温部件使用寿命较短、维护成本高等缺点。但是,燃气轮机凭借其优点在海上平台上得到了广泛使用。其优点归纳如下:

◢ 1.结构紧凑,可节约平台空间

根据水深和海床的承载能力,平台的造价为 8 602~16 130 美元/米^2。使用燃气轮机发电机组所允许的装机功率密度为 108~194 kW/m^2,而相应的内燃机发电机组为 43~86 kW/m^2。此外,燃气轮机不需要冷却水,因而还可以节省一部分空间。

◢ 2.重量小,可减轻甲板负荷

在一定的海床条件下,平台甲板负荷对结构造价影响很大,燃气轮机发电机组典型的重量功率比为 6.0~11.3 kg/kW(航机改型燃气轮机发电机组的比率一般都小于 2 kg/kW),相应的高速内燃机发电机组则为 13.6~27.2 kg/kW。

◢ 3.振动小

燃气轮机可在各种平台上平稳地运转,振动很小。高速内燃机的振动却给平台以严重的动摇力,为了正常运行,就必须采取加固措施,而目前所用的加固方法耗费钢材量大。

◢ 4.可利用废热以提高总效率

燃气轮机的热效率比不上柴油机,但是柴油机的废气只能推动废气涡轮以增加功率,废热无法利用。燃气轮机除能提供所需的功率外,还可以提供相当数量的热能,可用于采油过程的脱水与分离、原油加热、生活取暖、海水淡化等。通常一座小型生产平台对热能的需要量为 1.47~4.39 MW,而一台功率为 1 200 马力的土星燃气轮机可利用的热量就有 1.91 MW,它生产 98 066.5 Pa(表压)的蒸汽的速度为 2 954 kg/h,如安装废热蒸发器,每天可生产生活用水 27 900 L。这种机组如采用全能量系统,热效率可达 72%。生产平台越大,所需燃气轮机的功率就越大,可利用的废热量也就越大,这是采用全能量系统的有利因素。

◢ 5.污染物排放低

燃气轮机排气比较洁净,燃烧柴油的燃气轮机废气中所含的未燃烧烃只相当于往复式内燃机的 20%~50%(在满负荷时 ppm 比较)。

■ 6.机组安装、维修快捷，建设、维修时间短

燃气轮机基本上都采用"整体快装"型，即在工厂安装调试合格后，整体运输吊装，可大大缩短现场的安装、调试时间。例如，北海海域对时间要求很严格，很珍惜夏季三四个月的时间，在这段时间里要进行平台组装、拆装钻机，错过这段时间会影响全年的生产。因此对平台和动力设备的安装速度要求很高，拖延一周就意味着损失掉两千万美元。

在海洋平台上所选用的燃气轮机大多为轻型工业燃气轮机，其发动机结构极为紧凑，如发生故障可以整体更换，且更换发动机只需 3 h。

■ 7.机组启停快，故障响应时间短

燃气轮机，尤其是轻型工业燃气轮机具有启停快的优点，当运行机组因出现故障而停机时，备用机组可在 2~3 min 内投入使用，大大缩短了事故停机时间（对于一个典型的生产平台，事故停机一天相当于损失十万美元）。

第三节 ● 燃气轮机在海洋石油平台的应用现状

一、燃气轮机在海上平台的用途

燃气轮机在海上平台主要用于驱动发电机、工艺气体压缩机和大型注水泵。例如，燃气轮机发电机组向东方 DF1-1、渤南 BN26-2、蓬莱 PL19-3 等平台及其他设施上的设备及照明系统供电；惠州 HZ21-1B 平台选用燃气轮机带动燃气压缩机。

二、中海油的燃气轮机装机情况

截至 2015 年，中海油海上平台及处理厂总共装有燃气轮机 174 台。其机型组成情况如表 2-1 所示。

表 2-1 中海油燃气轮机机型表

序号	厂家	型号	功率/MW	数量/台
1	Solar Turbine	Titan 130	15.00	44
2	Solar Turbine	Titan 250	21.70	5
3	Solar Turbine	Mars 90	9.50	6
4	Solar Turbine	Mars 100	11.40	10
5	Solar Turbine	Taurus 60	5.70	22
6	Solar Turbine	Taurus 70	8.00	21
7	Solar Turbine	Centaur 40	3.50	22
8	Solar Turbine	Centaur 50	4.60	4

续表

序号	厂家	型号	功率/MW	数量/台
9	Solar Turbine	Saturn 20	1.20	2
10	Siemens Turbine	TB5000	3.83	7
11	Siemens Turbine	TYPHOON	4.55	14
12	R&R Turbine	501KB5	3.73	7
13	GE	LM2500+	33.40	5
14	GE	MS5001	25.80	2
15	曙光	UGT6000	7.30	3
合计				174

中海油的燃气轮机主要分布情况如表 2-2 所示。

表 2-2 中海油燃气轮机分布情况表

序号	机组所属单位	型号	数量/台
1	天津分公司	Titan 130	38
		Mars 100	5
		Taurus 60	11
		Taurus 70	8
		Centaur 40	7
		Centaur 50	1
		501KB5	3
		TB5000	2
		LM2500+	5
		MS5001	2
		合计	82
2	上海分公司	Mars 100	3
		Taurus 60	2
		Centaur 40	5
		TYPHOON	4
		Saturn 20	2
		合计	16

续表

序号	机组所属单位	型号	数量/台
3	湛江分公司	Titan 130	2
		Mars 90	4
		Mars 100	2
		Taurus 60	2
		Taurus 70	9
		Centaur 40	9
		Centaur 50	3
		501KB5	4
		TYPHOON	10
		UGT6000	3
		合计	48
4	深圳分公司	Titan 130	4
		Titan 250	5
		Mars 90	2
		Taurus 60	7
		Taurus 70	4
		Centaur 40	1
		TB5000	5
		合计	28
合计			174

中海油的燃气轮机功率等级分布情况如图 2-1 所示。

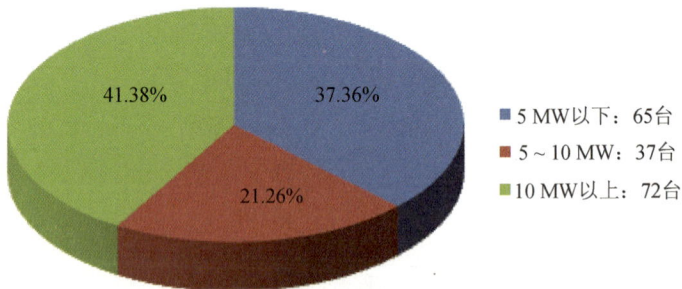

图 2-1　各功率等级燃气轮机分布情况

图例：
- 5 MW以下：65台（37.36%）
- 5~10 MW：37台（21.26%）
- 10 MW以上：72台（41.38%）

三、中海油的燃气轮机应用模式

1.简单循环发电或驱动模式

燃气轮机简单循环发电或驱动模式是指用燃气轮机驱动发电机或燃气压缩、注水泵等负载设备,燃气轮机排出的高温烟气未经余热回收就直接排入大气的应用模式。该模式多出现在早期的燃气轮机动力装置和热需求量较少的海上平台上。简单循环动力装置的系统简单,装置运行可靠性更高。例如,蓬莱 PL19-3 平台上的燃气轮机驱动发电机、惠州 HZ21-1B 选用燃气轮机驱动燃气压缩机。

▶ 2.联合循环发电或驱动模式

燃气轮机简单循环发电的热效率只有21%~38%,其排烟温度高达400~600 ℃,高温烟气中蕴含着大量热量,直接排入大气会造成极大的能源浪费。为了充分利用这些废热,中海油与设计院合作开发出多种废热回收装置,将燃气轮机高温烟气中的废热应用于采油过程的脱水与分离、原油加热、生活取暖、海水淡化等。通过这些废热回收装置可将能源的综合利用率提高至80%。这种燃气轮机应用模式称为联合循环发电或驱动模式。燃气轮机联合循环发电或驱动装置的综合热效率远远高于柴油机组。

燃气轮机联合循环发电或驱动模式根据燃气轮机烟气余热用途的不同又分为多种不同的联合循环形式,目前中海油海上平台余热回收后的用途主要分为4类:

(1)替代各类热站(含蒸汽锅炉、热水锅炉、热介质炉、加热炉等)

该燃气轮机联合循环系统主要由燃气轮机发电机组(压缩机组)和烟气型余热锅炉组成。燃气轮机的高温烟气排入余热锅炉产生蒸汽、热水、导热油或其他待加热介质,燃气轮机的高温烟气经过余热锅炉后温度可以降至200 ℃以下,从而节约大量的热站能源。例如,渤南BN26-2 平台为了充分利用燃气轮机高温烟气中的余热,在燃气轮机的排气烟道上加装了一套余热锅炉,与一套燃油/燃气锅炉组合成一套热油锅炉(如图2-2所示)。被加热的热油介质经过余热锅炉进行一次加热后进入燃油/燃气锅炉,进行二次加热后送至工艺设备使用。燃气轮机 450 ℃ 的高温烟气经过余热锅炉后降至200 ℃,燃油/燃气锅炉的燃料消耗量降低约31%,大大提高了燃料的利用率。

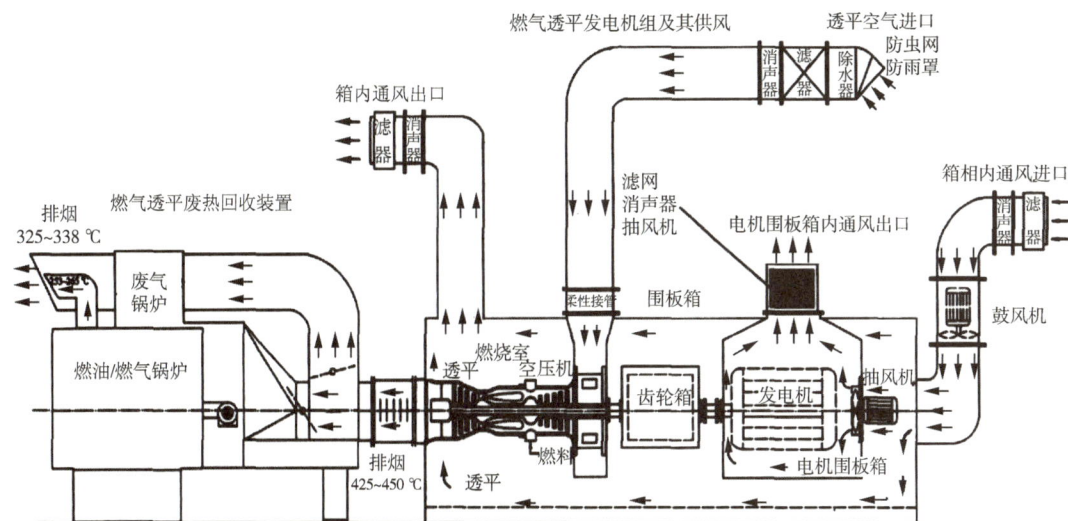

图 2-2 BN26-2 燃气轮机发电机组及其余热回收装置示意图

(2)替代电驱压缩机制冷和电加热空调的余热驱动溴化锂吸收式制热、制冷空调

该燃气轮机联合循环系统主要是由燃气轮机发电机组(或压缩机组)和烟气型双效溴化

锂空调组成。燃气轮机的高温烟气直接排入烟气型双效溴化锂空调实现制冷或制热,燃气轮机的高温烟气经过溴化锂空调后能降至180 ℃,从而大大降低平台上制冷或制热的电力消耗。例如,南海某高凝析气田开发项目利用燃气轮机的高温烟气驱动溴化锂制冷机组产生的冷量,代替部分J-T阀功能预先对天然气进行降温,减少了J-T阀节流过程因压降而引起的能量损失,从而降低天然气消耗,其系统如图2-3所示。

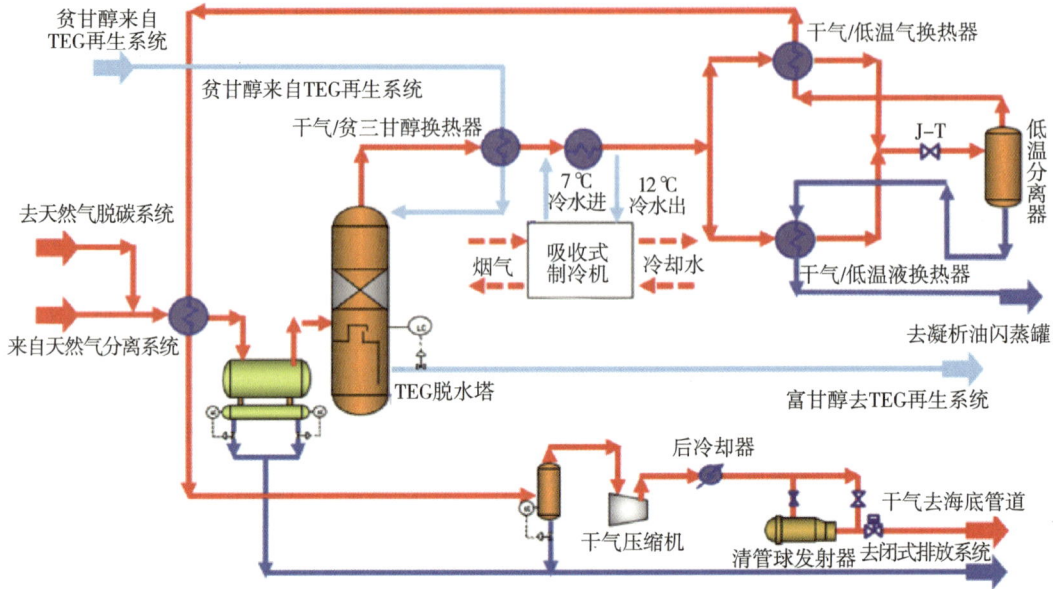

图2-3　溴化锂制冷技术用于烃露点控制系统改造流程图

（3）替代电加热生活热水系统

该燃气轮机联合循环系统主要是由燃气轮机发电机组（或压缩机组）和余热热水锅炉组成。燃气轮机的高温烟气直接排入烟气型余热热水锅炉制备热水,燃气轮机的高温烟气经过溴化锂空调后能降至180 ℃,大大降低燃气轮机烟气带走的热量,从而实现节能减排。

（4）余热驱动的蒸馏式海水淡化装置

蒸馏式海水淡化装置的工作原理是通过加热使海水汽化,再把蒸汽冷凝成淡水。蒸馏式海水淡化主要有多效蒸发法（如图2-4所示）和多级闪蒸法（如图2-5所示）。不论采用哪种蒸馏式海水淡化装置,都必须要有热源将海水加热至蒸汽状态。燃气轮机排出的高温烟气中蕴含着大量的热能,是蒸馏式海水淡化装置的一种优质热源。

利用燃气轮机排出的高温烟气进行海水淡化的方式有两种:

第一种:在现有蒸馏式海水淡化装置的基础上进行改造,在燃气轮机排烟管道上加装烟气型余热蒸汽锅炉,替代原有的加热蒸汽锅炉,将余热锅炉产生的蒸汽送入蒸馏式海水淡化装置,以实现节能减排。该方案适用于现有装置的改造,优点是改造范围小,改造成本低。

第二种:重新设计一套烟气加热型海水淡化装置,利用燃气轮机排出的高温烟气直接加热、蒸发海水,实现海水淡化,以实现燃气轮机高温烟气的余热回收。该方案适用于新设计、建设的平台。该方案的优点是装置整体结构紧凑,建设成本低。

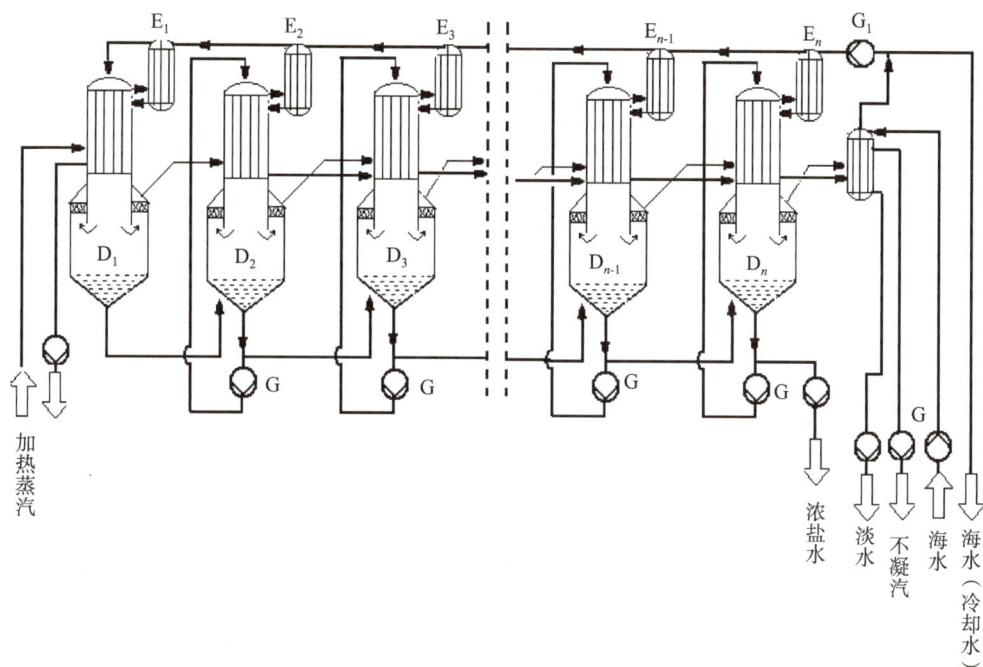

图 2-4 竖管降膜多效蒸发器流程图

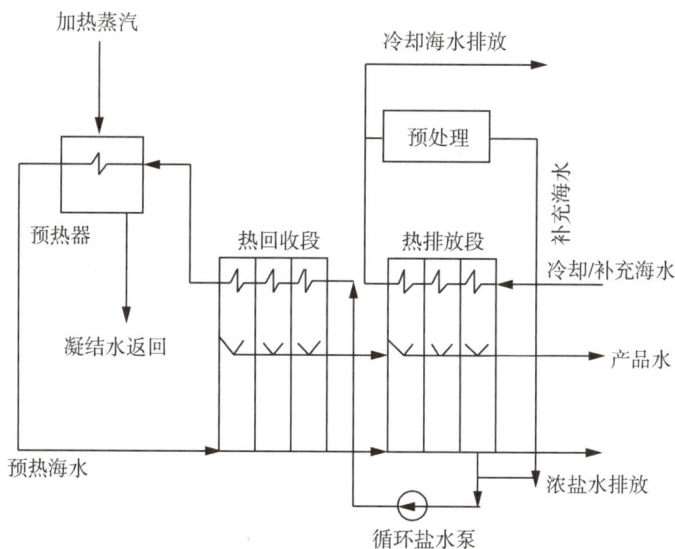

图 2-5 多级闪蒸海水淡化技术流程

四、中海油的燃气轮机故障汇总

为了更好地预防中海油海上平台燃气轮机机组的故障,我们对中海油天津分公司海上平台的 40 台燃气轮机机组连续 5 年内的故障报告进行了收集、汇总和统计。通过对中海油海上平台燃气轮机机组的故障按专业、机型进行分类,对各机组的故障预警起到指导作用,进而为集团后续机组的选型提供参考。

■ 1.按专业统计

表2-3和图2-6所示为按专业统计出来的燃气轮机机组故障统计表。从表2-3和图2-6中可以看出，一年多时间内中海油海上平台燃气轮机机组总共出现故障320次，其中电气类故障17次，占故障总数的5.31%；机械故障67次，占故障总数的20.94%；仪表故障129次，占故障总数的40.31%；控制故障107次，占故障总数的33.44%。其中，仪表故障和控制故障远远多于机械故障和电气故障，因此，做好仪表、控制故障预防对提高机组的可用率和运行稳定性有极大的意义。

表2-3　按专业燃气轮机故障统计表

序号	故障所属专业	故障次数/次	故障占比
1	电气故障	17	5.31%
2	机械故障	67	20.94%
3	仪表故障	129	40.31%
4	控制故障	107	33.44%
故障总数		320	

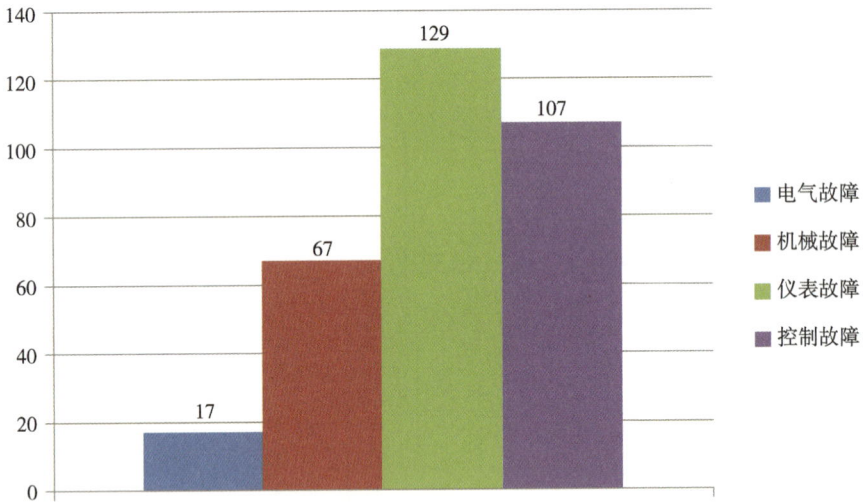

图2-6　燃气轮机各专业故障次数图

■ 2.按机型统计

表2-4所示为按机型统计得出的燃气轮机机组故障数据。从表2-4中可以看出，Solar公司生产的Taurus 70型燃气轮机的故障占比最高，达到32.50%。同时Taurus 70型燃气轮机的故障频次也是最高的(Mars 100型燃气轮机虽然故障频次高于Taurus 70燃气轮机，但由于只有一台机组，所以不具有代表性)。Simens公司生产的SGT-100-1S型燃机的故障频次为0.33次/台机组，故障占比为0.31%，是所有型号机组中故障频次最低的。

图2-7是各型号燃气轮机故障频次折线图，从图中可以看出，Taurus 70、Solar Titan 130、Mars 100、SGT400型燃气轮机的故障频次高于各型号燃气轮机的平均故障频次，其余型号的

燃气轮机的故障频次均低于各型号燃气轮机的平均故障频次。

表 2-4　按机型燃气轮机故障统计表

序号	机组型号	机组台数/台	故障次数/次	故障频次(次/台)	故障占比
1	Taurus 70	7	104	14.86	32.50%
2	Centaur 40	9	59	6.56	18.44%
3	Solar Titan 130	7	86	12.29	26.88%
4	MS5001PA	2	11	5.50	3.44%
5	Mars 100	1	15	15.00	4.69%
6	SGT400	1	10	10.00	3.13%
7	Centaur 50	1	1	1.00	0.31%
8	Taurus 60	2	13	6.50	4.06%
9	SGT-100-1S	3	1	0.33	0.31%
10	Mars 90	4	10	2.50	3.13%
11	TYPHOON	3	10	3.33	3.13%
合计		40	320		

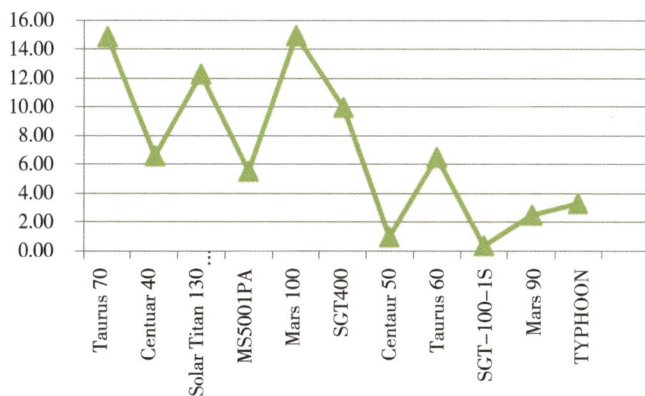

图 2-7　中海油海上平台燃机故障统计表故障频次(次/台)

3.分机型按专业统计

表 2-5 所示为分机型按专业统计中海油海上平台燃气轮机故障统计表,图 2-8 是各型号燃气轮机各专业故障次数对比图。从表 2-5 和图 2-8 中可以看出,电气故障次数最多的是 Centaur 40 型燃气轮机,机械故障次数最多的是 Taurus 70 型燃气轮机,仪表故障次数最多的是 Solar Titan 130 型燃气轮机,控制故障次数最多的是 Taurus 70 型燃气轮机。

从图 2-8 中可以看出,Taurus 70、Taurus 60、Mars 90、TYPHOON 型燃气轮机控制专业的故障率最高,Centaur 40、Solar Titan 130、MS5001PA 型燃气轮机仪表专业故障率最高,Mars 100 型燃气轮机机械专业故障率最高。Centaur 50、SGT-100-1S 型燃气轮机故障统计次数各只有 1 次,故没有代表性。

表 2-5　分机型按专业统计中海油海上平台燃气轮机故障统计表

序号	机型	故障总数/次	电气故障/次	占比	机械故障/次	占比	仪表故障/次	占比	控制故障/次	占比
1	Taurus 70	104	5	4.81%	18	17.31%	37	35.58%	44	42.31%
2	Centaur 40	59	9	15.25%	12	20.34%	34	57.63%	4	6.78%
3	Solar Titan 130	86	1	1.16%	15	17.44%	40	46.51%	30	34.88%
4	MS5001PA	11	0	0.00%	4	36.36%	6	54.55%	1	9.09%
5	Mars 100	15	0	0.00%	10	66.67%	5	33.33%	0	0.00%
6	SGT400	10	0	0.00%	4	40.00%	3	30.00%	3	30.00%
7	Centaur 50	1	1	100.00%	0	0.00%	0	0.00%	0	0.00%
8	Taurus 60	13	0	0.00	1	7.69%	1	7.69%	11	84.62%
9	SGT-100-1S	1	0	0.00%	0	0.00%	0	0.00	1	100.00%
10	Mars 90	10	1	10.00%	2	20.00%	2	20.00%	5	50.00%
11	TYPHOON	10	0	0.00%	1	10.00%	1	10.00%	8	80.00%
	共计	320	17	5.31%	67	20.94%	129	40.31%	107	33.44%

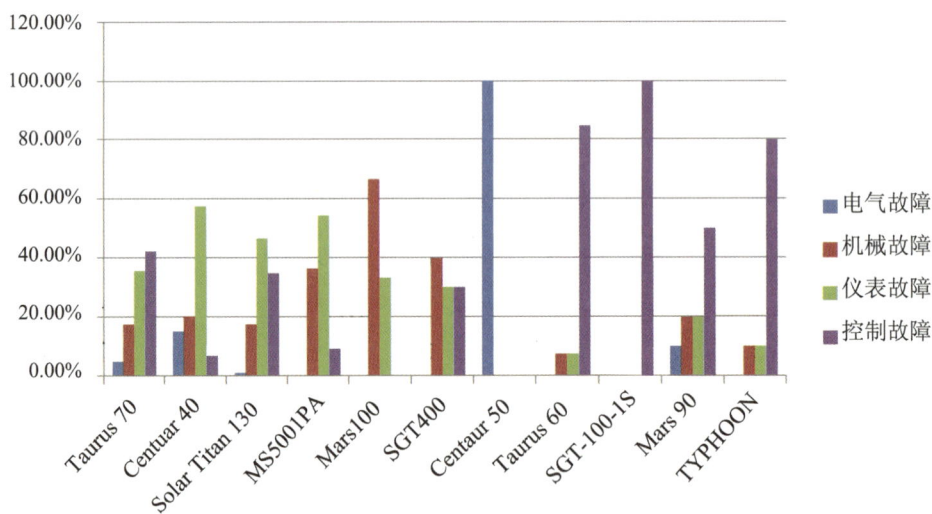

图 2-8　各型号燃气轮机各专业故障比例

第四节 ◉ 燃气轮机在海洋石油平台的发展方向

燃气轮机在海洋石油平台的发展方向可总结为以下几个：

一、提高燃气轮机运行的可靠性

燃气轮机是整个海上平台生产的动力源，一旦发生故障停机，就会导致整个平台大幅度减产，甚至停产，并可能造成其他严重后果。例如，如果突然停电，就有可能因泥浆停止循环，钻杆停转而造成卡钻事故。这种事故如果处理不好有可能导致钻好的井孔报废，从而造成高达几百万美元的经济损失。此外，如果故障维修时间较长，备用机组又启动不起来，或因其他原因不能快速恢复供电，则有可能导致原油处理装置和海底输油管道发生凝结事故。

因此，作为海上平台的动力源，燃气轮机的运行可靠性极为重要，只有稳定可靠的动力供应才能确保海上平台的生产安全、平稳、低耗地运行。

二、延长燃气轮机的大修时间间隔

目前，我国的海上油田大多属于"边际油田"，只有在较高水平的设计、采办、建造、安装、生产管理的前提下，又有较高的油价时，才能实现盈利。频繁的设备检修所带来的生产中断将会极大地增加生产成本，从而导致油田亏损。

另外，由于平台远离陆地，机组检修的人员调遣费用和工具、备件、燃气轮机运输费用也远远高于陆地电厂；且海上平台作业空间狭小，作业环境受天气影响大，作业安全隐患大，整个检修作业效率远远低于陆地电厂，机组检修施工成本高。

同时，燃气轮机是一种高技术含量、高价值的动力设备，其主机及备件主要依靠进口，价格高昂。燃气轮机检修的技术服务也被国外厂商所垄断，检修技术服务费用高昂。频繁的检修将会导致巨额的备品、备件和技术服务费用发生。

因此，燃气轮机的大修时间间隔的长短对客户的使用成本有很大的影响。

三、提高燃气轮机的可维修性

目前，燃气轮机的维修模式通常为置换式维修和现场解体维修两种。

置换式维修是指将燃气轮机动力模块整体拆除，并安装新的备用动力模块。拆下来的故障动力模块运回厂家的工厂进行维修，维修后可以在厂家的试车台上进行试车，检验其维修质量。这种模式的优点是燃气轮机的维修时间短，且维修时占用平台的资源较少，质量更可靠，机组的可用率高，但是其维修费用高昂。

现场解体维修的优点是维修成本低，设备及备品、备件的运输成本低，但维修时间比较长，且维修之后需要在平台上开车，以检验维修质量。

轻型工业燃气轮机由于其结构紧凑、装配精度高，因此现场解体维修时需要大量的专用维修工艺装备来保证其装配精度，这些专用的工艺装备造价高昂，解体维修占地面积大，而且对作业环境的要求高。海上平台或陆地发电厂无法配备这些专用维修工艺装备,也无法提供满足环境要求的检修场地。另外,轻型工业燃气轮机具有体积小、重量小的特点,其运输成本相对较低。因此,轻型工业燃气轮机通常采用置换维修模式。

重型工业燃气轮机体积大、重量大,运输困难。因此,在设计的时候就考虑到了重型工业燃气轮机现场解体维修的需求,其装配精度较低,能通过其装配结构来保证装配精度。因此,重型工业燃气轮机通常采用现场解体维修的模式。

轻型工业燃气轮机因其无法现场解体维修的特点,设备厂家对机组维修的垄断程度更高,因此,其维修费用居高不下,甚至出现逐年上涨的趋势。

重型工业燃气轮机由于维修耗时长,导致机组的可用率较低,对于海上平台这种对机组可用率要求高的场所来说是一个严重的弊端。但是随着平台耗能的日益增长,以及平台对功能可靠性的高要求,每个平台通常会有多台燃气轮机机组,而且设有备用机组,为此,可以考虑采用置换维修的模式,错开各机组的维修时间,对各机组进行逐台维修。在平台上设有备用燃气轮机的情况下,采用重型燃气轮机可以降低维护成本。当然,将重型燃气轮机的可维修性和轻型工业燃气轮机的结构紧凑有机地结合到一起才是最理想的状态。

提高燃气轮机可维修性的途径有以下几种:

(1)充分验证重型燃气轮机与轻型工业燃气轮机的综合建设、使用成本,择优选择机型;

(2)尽量选择可在国内完成大修的轻型工业燃气轮机,避免返回国外工厂维修带来的高额维修费用;

(3)促成与 Solar 的合作,在国内建立燃气轮机大修工厂。

四、提高燃气轮机的模块化水平

海上平台是一个大型的综合性作业平台,大型海上平台每天的产出高达 300 万美元,燃气轮机作为整个平台的动力源,直接影响了整个平台的生产进程。此外,海上平台作业环境恶劣,风险巨大,工程安装费用通常是陆地相应工程安装费用的 2.5 倍。因此,设备安装、故障维修的时效对整个平台的经济效益影响巨大。

提高燃气轮机的模块化水平可以减少平台上设备安装的工作量,缩短设备安装时间;便于设备吊装、运输,提高设备的完好率和作业安全;提高设备出厂前的试运检验水平,进而提高设备在海上试运、投产的成功率;便于设备搬迁和重复利用。

因此,提高燃气轮机动力装置的模块化水平对提高平台的经济效益有着至关重要的作用。

五、提高燃气轮机的热效率

由于海上平台整体耗能量极大,且随着燃料价格的上涨,燃气轮机的热效率在燃气轮机的使用成本中的占比日渐增加。因此,提高燃气轮机热效率对降低平台运营成本有着极大的促进作用。

六、提高燃气轮机的电控水平

采用先进的电控系统,是使燃气轮机运行平稳、提高燃气轮机运行可靠性的重要技术措施之一。要实现燃气轮机的启动、加载、运行、过载、超速、超温等一系列监控程序都由计算机自动控制,做到有效的安全保护。同时,还能节省运行、检查的人力资源。

七、提高燃气轮机的功率密度

由于海况环境和平台空间的限制,提高燃气轮机的功率密度是很有必要的。功率密度大的燃气轮机在平台上安装重量和安装面积明显减小。在珠江口中深海域,平台上设备的静载荷每增加 1 t,从水下到水上则需要增加 3.5 t 的支撑结构,其材料、建造、安装成本则需要增加约 3.6 万美元;平台每增加 1 m² 的安装面积,则需要增加造价约为 5.2 万美元的支撑结构。

八、提高燃气轮机的单机功率

2010 年中海油各功率的燃气轮机数量较 2005 年增加情况如图 2-9 所示。由图 2-9 可以看出,中海油对大功率燃气轮机的需求增速较快,机组趋向于大型化。此外,同类型的燃气轮机的功率与其体积和重量的比例关系是非线性的,通常同类型的燃气轮机功率越大,其功率密度越大,这样就可以利用同样的平台面积和载荷获得更大的动力供应,从而降低平台的建设成本。

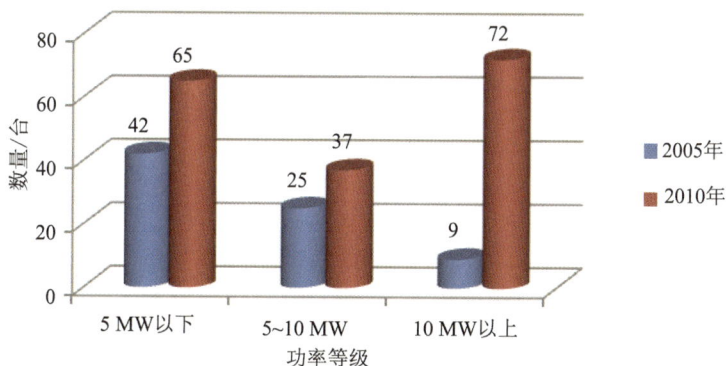

图 2-9　2010 年中海油各功率的燃气轮机数量较 2005 年增加情况

第三章
Solar Titan 130 燃气轮机常见故障

第一节 ● 启动系统常见故障

启动系统的常见故障有以下几种。

一、启动电动机电缆间歇性接地

1.故障现象

2012 年 2 月 22 日上午,透平 C 机按计划正常停机维保,手动停机后机组进入后盘车阶段。后盘车初始并未发生启动电动机变频器报故障停机的情况,下午机组自动跳机。巡检人员进入 MCC 后闻到房间内有异味,判断异味出自透平 C 机启动电动机电抗器,随即对透平 C 机电抗器进行检查。经检查,VFD 有故障报警信息,故障代码为 17,该故障代码的原文解释为"输入电源缺相"。该机组自 2011 年 11 月 11 日至故障当天曾多次出现由于启动电动机变频器(VFD)故障而停机,导致透平 C 机丧失了 4 h 转速为 NGP =10% 的冷拖(Slow Roll)功能。

2.故障可能原因分析

根据 Solar Titan 130 燃气轮机的报警代码知该故障为"输入电源缺相",结合启动系统的 PID 图(如图 3-1 所示)和 ELS 图(如图 3-2 所示)可以看出,启动电动机的电源来自用户的 380 V、50 Hz 厂用电,通过变频器控制启动电动机的转速。因此,可以判断导致启动电动机输入电源缺相的可能原因如下:

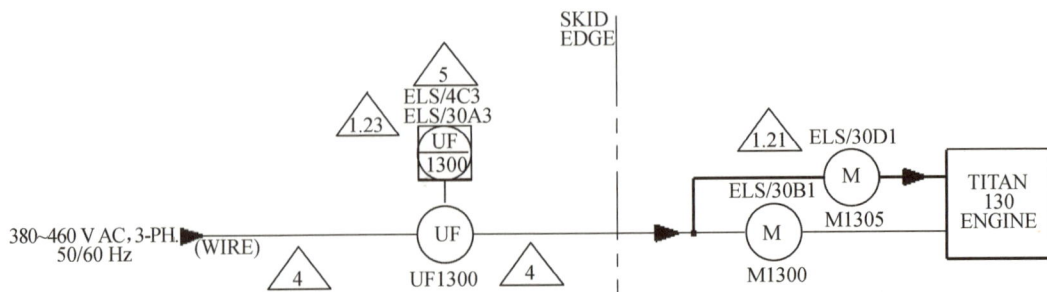

图 3-1 启动系统 PID 图

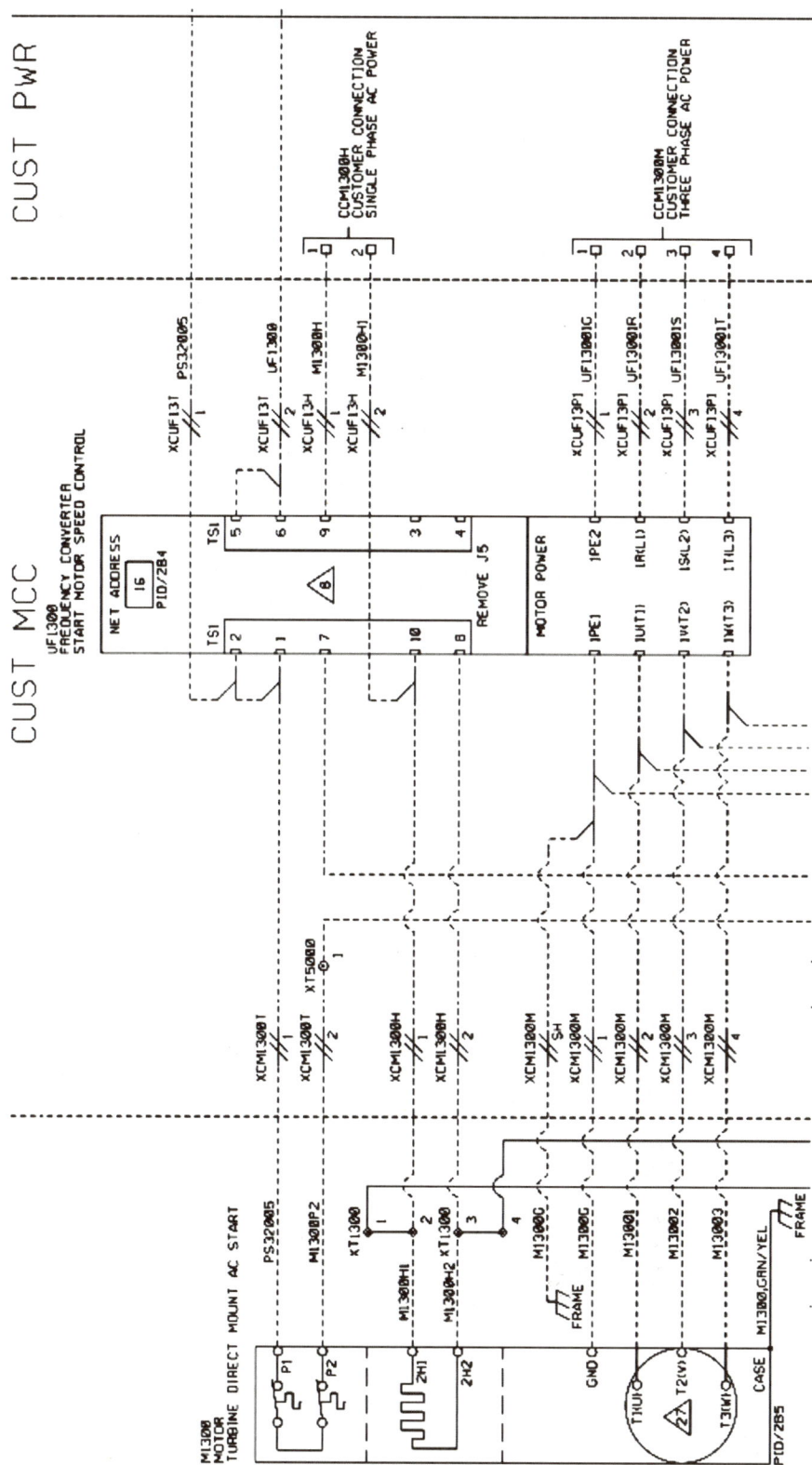

图 3-2 启动系统 ELS 图

（1）电缆绝缘破损,造成间歇性短路,导致温度上升;

（2）电缆接头松动,造成电阻增大,导致温度上升;

（3）电缆接头锈蚀,造成电阻增大,导致温度上升;

（4）电路中元器件绝缘破损或老化,造成间歇性短路,导致温度上升。

3.故障诊断与排除

故障诊断与排除流程如下:

（1）停机前检查变频器各相输出电流均为 30 A 左右,三相平衡。

（2）停机后拆除电抗器前、后端盖,对电抗器进行热成像,发现电抗器中间相温度较高(最高温度为 202 ℃,环境温度约为 20 ℃),如图 3-3 电抗器热成像照片所示。

图 3-3　电抗器热成像照片

（3）对电抗器输出、输入端子进行热成像,各端子温差不大,均在 96.2 ℃ 左右,如图 3-4 电抗器三相端子热成像照片所示。后经检查,并未发现端子有松动现象。

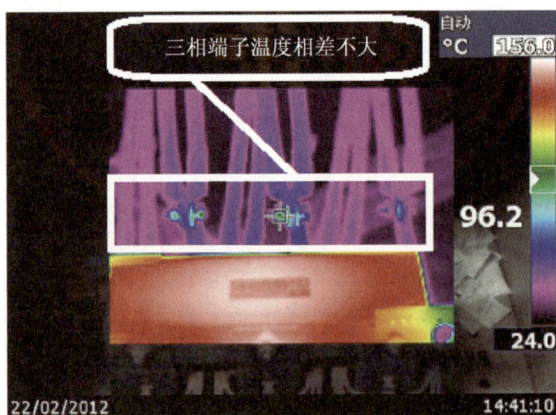

图 3-4　电抗器三相端子热成像照片

（4）对电抗器外观进行仔细检查,发现电抗器中间相铁芯与线圈间绝缘材料有轻微发黄现象,其他两相相同位置并不明显,如图 3-5 所示。

（5）查看透平 C 机 10Slogs 文件,从曲线图中可以看出,透平 C 机从手动停车至后盘车、润

铁芯与线圈间绝缘层有轻微发黄现象

图 3-5 电抗器中间相绝缘层发黄

滑阶段 VFD 各相关参数正常,并未发生前期后盘车过程中由于 VFD 故障而造成后盘车失败的情况,如图 3-6 所示。

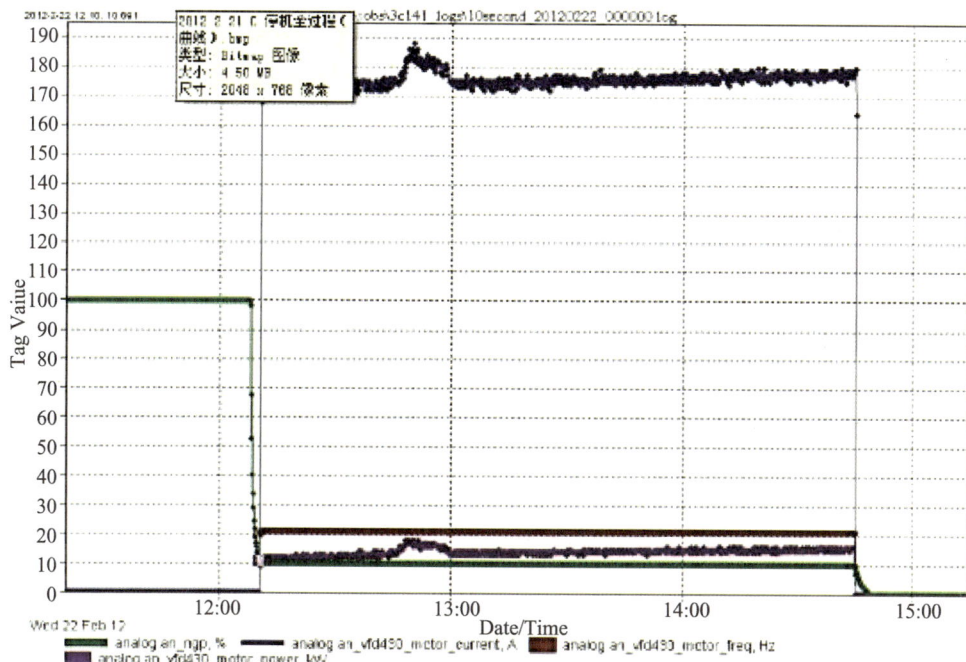

图 3-6 VFD 各相参数历史曲线

(6)根据透平厂家提供的资料,查看电抗器相关信息,该电抗器绝缘等级为 H 级,最大环境温度为 45 ℃。当时实测环境温度约为 15 ℃,符合厂家要求。UL 认证中规定,H 级的绝缘材料温度不能超过 180 ℃,从实际监测看到,该电抗器中间相最高温度已经超过 180 ℃。

(7)对电抗器外观进行检查,发现在电抗器进、出线侧中间相线圈下方有轻微破损现象(如图 3-7 所示)。后经仔细检查,并未发现较严重伤痕,只是漆包线外层有轻微破损,暂不影响使用。

(8)对该电抗器接地线进行检查,未发现明显伤痕、松动现象。

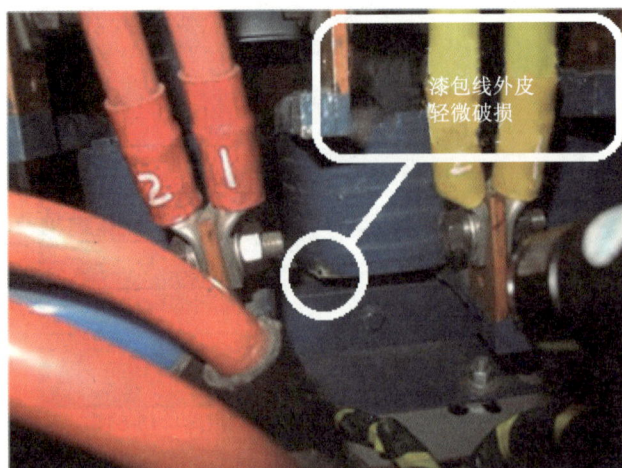

图 3-7　中间相线圈漆包线外皮轻微破损

（9）根据电抗器特性，低功率的时候电抗器压降大，电流大，如果铁芯没有压紧，噪声也会变大，温升相对平时上升较快。如电抗器有接地现象，则会产生比较大的环流，在电抗器磁场一定区域内的闭合导体会产生环流并发热。初步怀疑硅钢片上的穿心螺杆有松动现象，造成电抗器噪声大、温升快。对电抗器穿心螺杆进行紧固，拆除电抗器进、出线后，对其进行绝缘测试（详见图 3-8）。再次检查电机绝缘、阻值，均未发现较大变化。

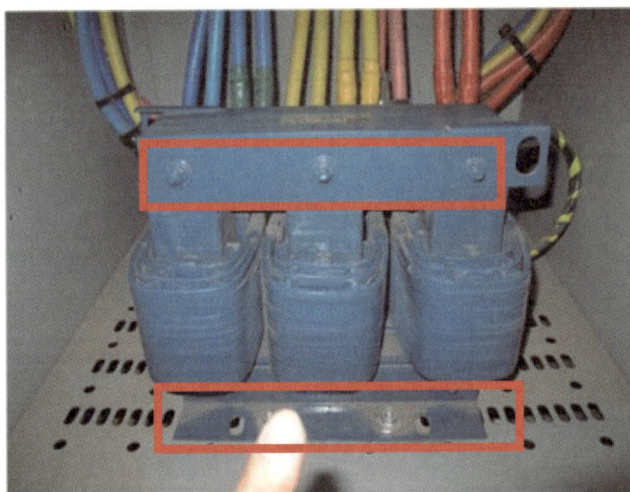

图 3-8　电抗器螺栓

（10）对该电抗器穿心螺杆进行绝缘测试，绝缘均大于 550 MΩ。

（11）相应工作检查完毕后，恢复电抗器进、出线，对机组进行手动测试盘车。透平控制盘各项参数显示正常，NGP 转速逐渐上升至 19.9% 时，电抗器声音明显变大，启机后对该电抗器进行实时热成像，前期电抗器各相温度上升比较均匀，从 23 ℃ 逐渐上升，几分钟后中间相温度上升较快，最高升至 70 ℃，明显高于其他两相；对电抗器输出端进行相电压检测，发现中间相对地电压波动较大，有跳变现象；由于温度上升较快，手动停止测试盘车，重新对启动电动机、电抗器进行检查。

（12）根据测试现象，怀疑电抗器出线侧中间相有间接接地现象，为从源头排除故障隐患，对启动电动机接线端进行开盖检查，开盖后发现端盖下方有电弧灼伤现象（如图 3-9 所示）。

端盖有电弧灼伤

图 3-9 电抗器端盖有电弧灼伤现象

（13）对电机接线端子进行拆解检查，发现其中一相接线端子外部绝缘层有击穿现象（如图 3-10 所示）。

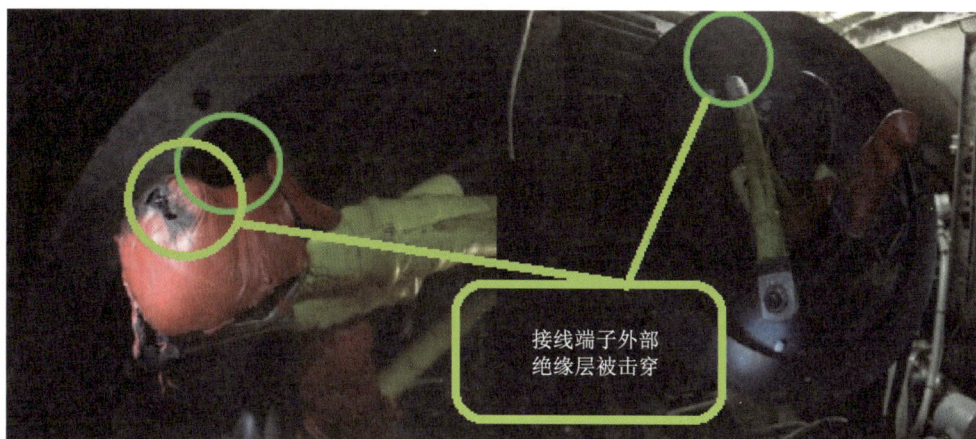

接线端子外部
绝缘层被击穿

图 3-10 接线端子外部绝缘层被击穿

（14）经拆解后发现，该相接线端子前期接线时施工方将连接端子螺杆朝外，致使该螺杆与电机端盖距离较近，造成绝缘层击穿。拆除该相端子，对电机进行绝缘、阻值检查，并未发现异常现象，排除电机故障，对其他端子进行检查，也未发现异常现象。

◢ 4.故障实际原因

透平启动电动机电缆较粗，接线盒内部空间有限，另外接线盒内部并没有接线柱，只能将进线电缆和电机侧电缆直接连接，导致启动电动机接线柱回装过程中与外壳距离较近，虽然进行了一定绝缘处理，但由于机组启机过程中的振动大，连接处与电机端盖间歇性碰撞，造成连接处绝缘层轻微破损，电机运行期间的运行电流较大，绝缘皮被击穿，致使其中一相电缆间歇性接地,产生比较大的环流,电抗器磁场一定区域内的闭合导体产生环流并发热,间接导致透平启动电动机变频器报故障停机。

二、变频器控制电路板故障

1.故障现象

2014年07月10日9:15,透平A机进行正常启车盘车,启动过程中突然发生关停,检查报警为"FN_UF1300_Fault/启动电动机故障"。仪表专业经初步检查,发现透平A机启动电动机变频器面板出现"IGBT OVERTEMP/IGBT模块超温"报警。

2.故障原因分析

查看启动系统部分电气回路原理图(如图3-11所示),结合透平机组的报警信息,可以判断该故障的可能原因为:

(1)启动电动机电机温度开关动作,造成系统高温报警。

(2)启动电动机电机温度开关至变频器回路出现断路,造成报警。

(3)变频器出现故障,误输出信号至PLC控制系统。

(4)变频器与透平PLC控制系统通信回路故障,造成报警。

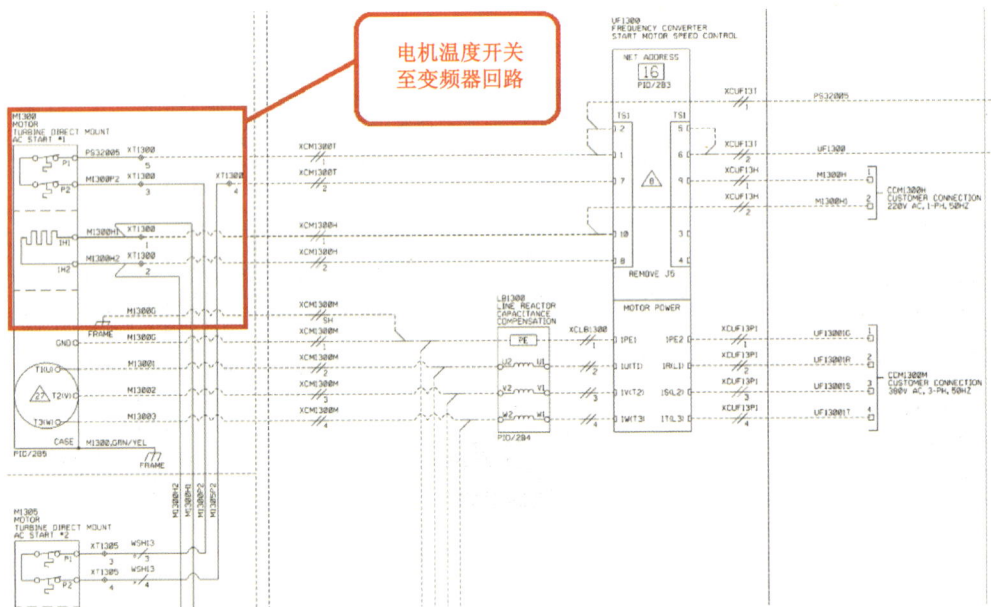

图3-11 启动系统部分电气回路原理图

3.故障诊断与排除

故障诊断与排除流程如下:

(1)检查启动电动机电机温度开关线路,温度开关传至变频器为闭点信号,属正常状态,温度开关动作排除。

(2)检查启动电动机电机温度开关至变频器回路,回路连接良好,无断路、短路现象,且将温度信号短接旁通后,故障现象依然存在,故排除回路故障。

(3)检查变频器信号与处理回路,无松动、虚接现象,并进行断路测试,测试结果与故障情况不符,故线路问题排除。

(4)检查变频器控制面板,对其进行断电、复位、重新配置等工作。

(5)对变频器 Fault Info 进行检查,出现错误“Error:Illegal 430E 0000 254”且透平控制盘报警“FN_M1300_Temp_HH”,始终无法复位。

(6)在线进入透平 PLC 控制系统,检查程序发现变频器给出开关量异常。

(7)更换透平 A 机变频器电路板,变频器 Fault Info 内的故障消除,透平 A 机能够复位,且测试正常。

(8)重新启机,启动电动机运行参数正常,机组顺利启动。

4.故障实际原因

对故障的变频器电路板进行反复故障检查测试,发现故障变频器电路板上的两块 I/O 电路板(如图 3-12 所示)和通信卡都能够正常使用,但是连接控制电路板后就会出现错误“Error:Illegal 430E 0000 254”,且透平控制盘报“FN_M1300_Temp_HH”,始终无法复位,故判断控制电路板出现故障导致启动电动机无法启动。

I/O Terminal Blocks & Jumpers

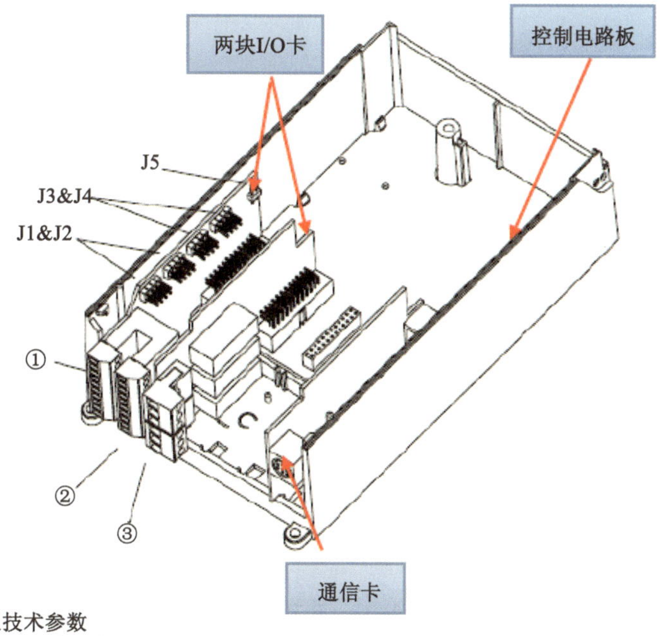

I/O电路板技术参数

I/O Terminal Block Specifications

序号 No.	名称 Name	描述 Description	Wire Size Range线径范围		Torque 拧紧力矩	
			Max	Min	Max	推荐值
①	Analog I/O 模拟接口	Analog I/O Signals 模拟 I/O 信号	2.5 mm² (14 AWG)	0.5 mm² (22 AWG)	0.2 N-m 1.8 lb.-in.	0.2 N-m 1.8 lb.-in.
②	Digital Inputs 数字输入	Digital Inputs Signals 数字输入信号	2.5 mm² (14 AWG)	0.5 mm² (22 AWG)	0.2 N-m 1.8 lb.-in.	0.2 N-m 1.8 lb.-in.
③	Digital Outputs 数定输出	Digital Out /relays 数字输出信号	2.5 mm² (14 AWG)	0.5 mm² (22 AWG)	0.5 N-m 4.5 lb.-in.	0.5 N-m 4.5 lb.-in.

❶ Maximum/minimum sizes that the terminal block will accept - these are not recommendations.

图 3-12 变频器电路板组成

第二节 ● 进气系统常见故障

进气系统常见故障有以下几种。

一、进气温度测量回路故障

▨ 1.故障现象

2017 年 11 月 8 日,透平 B 机故障停机,报警画面显示"CL_TE1110_Fail/入口空气电阻温度探头故障"。

▨ 2.故障原因分析

由图 3-13 可以看出,燃机入口空气温度测量系统主要由 TE1110 电阻温度探头、JB101 中间端子箱和 AF0083 快速输入卡件组成,因此可以判定导致"入口空气电阻温度探头故障"报警的可能原因为:

(1)TE1110 探头故障;

(2)AF0083 卡件故障;

(3)TE1110 回路接线故障。

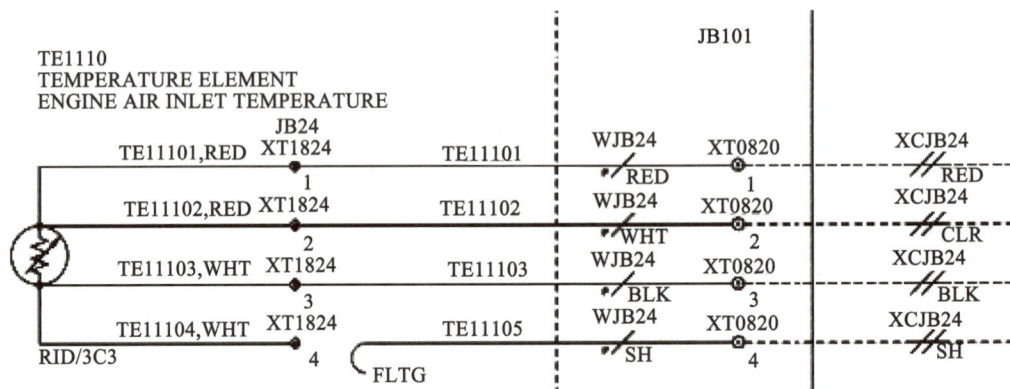

图 3-13 进气温度测量回路图

▨ 3.故障诊断与排除

故障诊断与排除流程如下:

(1)打开盘柜,检查探头对应的卡件的状态。AF0083 卡件工作状态正常,无报警。检查接线端子,接线牢固(如图 3-14 红色框内所示)。

(2)在机组内的齿轮箱上方的进气通道处检查 TE1110 探头,经测量,探头电阻为 109 Ω,正常,无断续现象,且接线端子接线紧固(如图 3-15 所示),因此判断探头功能正常。

(3)厂家图纸显示,TE1110 的中间接线箱为 JB101(如图 3-13 所示),对 JB101 接线箱的接线情况进行检查,发现第二端子有松动(如图 3-16 所示),重新进行接线后测试正常。

图 3-14 AF0083 卡件接线完好

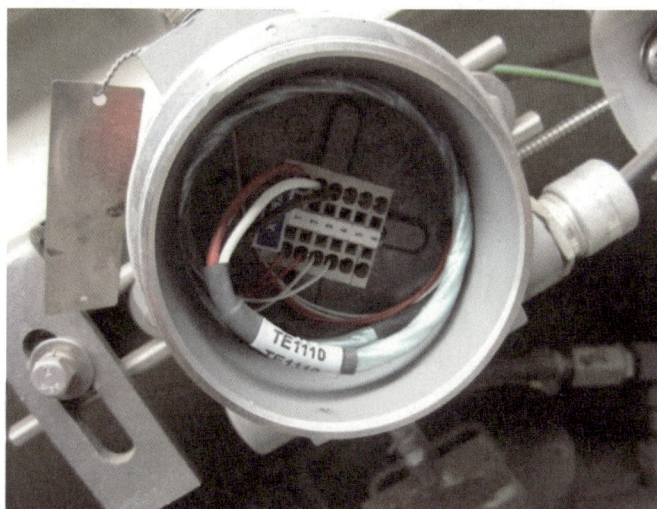

图 3-15 TE1100 接线完好

（4）对其他接线端子进行检查，没有发现问题。

◤ 4.故障实际原因

受机组振动影响，TE1110 线路中间接线箱中一个接线端子出现松动，导致故障停机。

二、进气温度传感器故障

◤ 1.故障现象

2016 年 4 月 22 日，透平 C 机故障停机，上位机显示"Turbine Air Inlet Temperature RTD Failure/进气温度探头故障"报警，报警信息如图 3-17 所示。

◤ 2.故障原因分析

查看燃气轮机入口温度测量系统的 PID 图，推断导致燃气轮机入口温度传感器故障的可

49

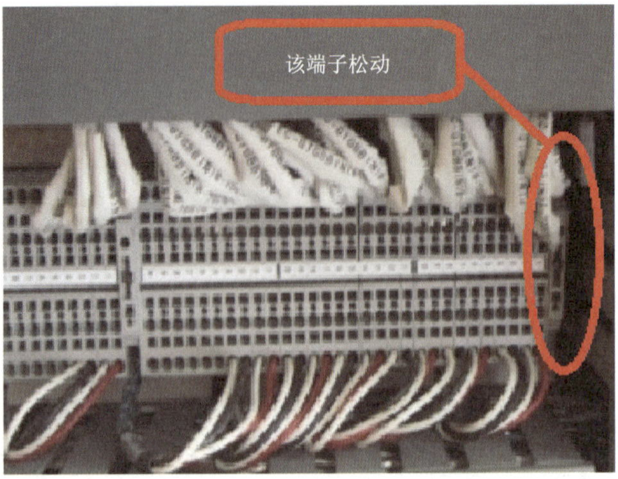

图 3-16　JB-101 接线端子有松动

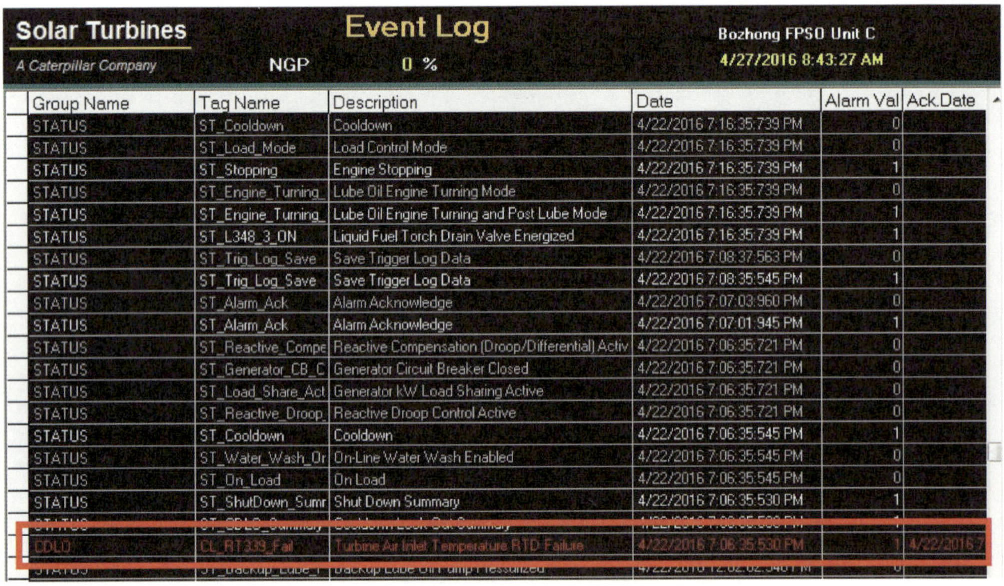

图 3-17　透平故障停机的报警信息

能原因主要包括：

（1）RT339 温度传感器本体故障；

（2）RT339 温度传感器电气回路故障；

（3）RT339 温度传感器信号回路受到干扰。

◆ 3.故障诊断与排除

故障诊断与排除流程如下：

（1）根据 PLC 程序分析，"Turbine Air Inlet Temperature RTD Failure"发生的原因为 RT339 值超出仪表量程（如图 3-18 所示）。

（2）使用数据分析功能，对 RT339（即 T1）测量的历史数值进行曲线分析（如图 3-19 所

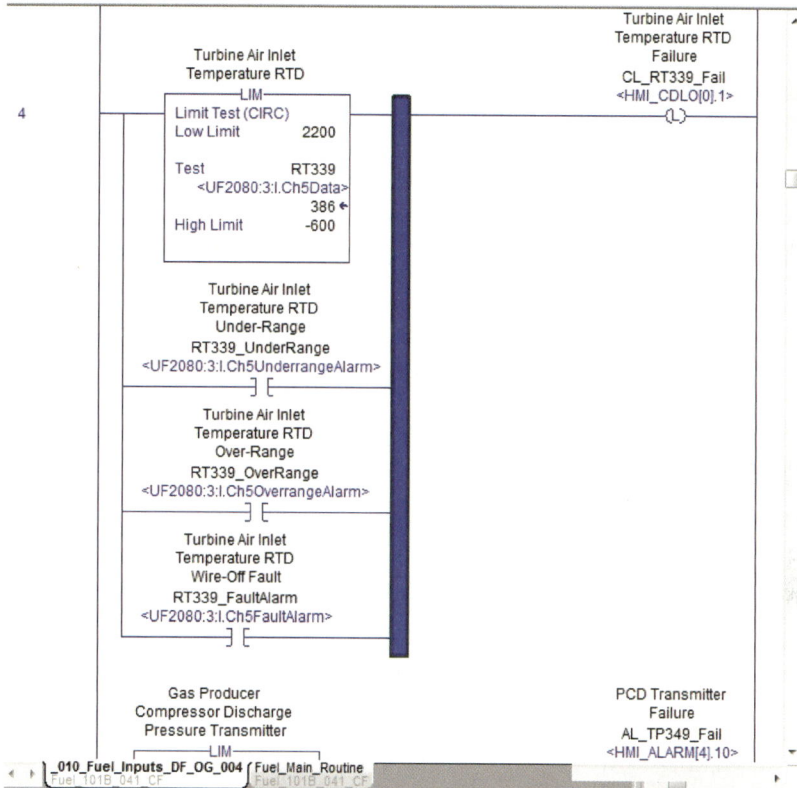

图 3-18 透平 RTD 关断逻辑图

示）。根据曲线可以看出，温度在 16.0～19.5 ℃波动，历史温度无异常。

图 3-19 RT339 历史曲线

（3）从历史曲线可以看出，历史温度测量值无异常，但历史曲线采集周期仅为 10 s，采集周期较短，无法作为故障原因的判断依据。

（4）由于故障为突发性的，因此造成此报警的原因可能为 RT339 回路接线松动、接线接地、信号干扰、传感器故障。

（5）检查 RT339 接线回路，信号回路接线端子为卡紧式端子，接线紧固，未出现松动情况，接线状态良好，未出现接线氧化、老化等情况。

（6）检查测量回路接线绝缘状态，绝缘良好，对地电阻无穷大。

（7）检查接线电缆护管状态，良好，现场未发现其他信号干扰。

（8）拆除 RT339 传感器，检查传感器外观状态，良好，无破损等，电阻值正常无波动。

（9）至此，外部原因均已排除，故障原因可能是在 RT339 传感器内部。更换新的 RT339 传感器，恢复接线，重新测试，测试结果显示 T1 正常。

4.故障实际原因

RT339 温度传感器内部故障，导致其测量得到的 T1 温度值出现跳变。

第三节 ● 润滑油系统常见故障

润滑油系统常见故障有以下几种。

一、润滑油冷却风扇故障

1.故障现象

2017 年 10 月 18 日，透平 B 机润滑油冷却风扇运转时出现异响，振动变大，风机底部轴承保持架损坏。

2.故障原因分析

故障原因有以下几种可能：

（1）润滑油冷却风扇轴承支架安装螺栓松动，导致润滑油冷却风扇运转不平稳。

（2）润滑油冷却风扇轴承损坏，导致润滑油冷却风扇运转不平稳。

（3）润滑油冷却风扇的动平衡被破坏，导致润滑油冷却风扇运转不平稳。

3.故障诊断与排除

故障诊断与排除流程如下：

（1）故障发生后，停机检查，发现轴承内部的保持架已损坏（如图 3-20 所示），由于轴承已损坏，尚无法确认轴承损坏与振动大之间的因果关系，即无法确认是轴承损坏导致振动大，还是振动大导致轴承损坏。

（2）由于该冷却风扇是电机驱动的，且为皮带传动方式，而皮带传动对驱动设备与从动设备之间的振动隔离效果较好，因此，基本可以排除因驱动电机振动大而导致冷却风扇运行振动大。

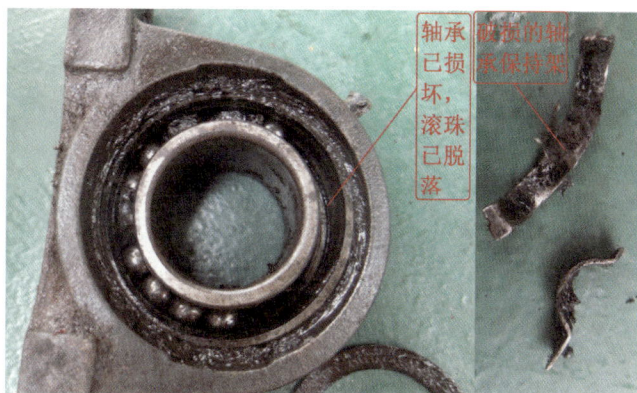

图 3-20　已损坏的冷却风扇轴承

（3）检查润滑油冷却风扇轴承支架,确认轴承支架结构完好、安装稳固,排除因轴承支架松动而导致冷却风扇运行振动大。

（4）检查冷却风扇叶轮,确认冷却风扇叶轮完好,无任何刮碰痕迹,排除因冷却风扇叶轮刮碰而导致冷却风扇运行振动大。

（5）检查冷却风扇的动平衡。受动平衡检测手段的限制,现场只能做静态动平衡,将冷却风扇水平放置在一个光滑的水平平台上,调整冷却风扇叶轮的圆周角度,叶轮未出现自动回位的现象,说明风扇叶轮动平衡状态良好。

（6）至此,基本可以确认该故障是由于冷却风扇轴承损坏而导致冷却风扇振动增大,冷却风扇振动增大进一步加剧了轴承的损坏,最终导致轴承破损。

（7）更换新的轴承后,回装润滑油冷却风扇,恢复电气接线。

（8）重新启动润滑油冷却风扇,冷却风扇运行平稳,无异响,振动合格,故障排除。

4.故障实际原因

该轴承属于开放式轴承,长期暴露在室外,海上潮湿、高盐的环境具有很强的腐蚀性,大大缩短了轴承的使用寿命,导致该轴承在远未达到其使用寿命时就出现了故障。

建议将该轴承更换为全封闭式轴承,并缩短轴承检查和维护时间间隔。

二、润滑油冷却风扇叶轮晃动

1.故障现象

2014 年 12 月 2 日 16:40,透平机组运行时,CEP-G-7002A 润滑油冷却风扇出现异响,且润滑油冷却风扇的叶轮有轻微晃动。

2.故障原因分析

润滑油冷却风扇转子是垂直安装的,转子轴穿过轴承的内孔,并通过轴承内圈上的顶丝固定;轴承为滚动球轴承,该轴承同时起到轴向止推和径向定位的作用,轴承座通过螺栓固定在冷却风扇支架上,如图 3-21 所示。

转子轴与轴承内圈为间隙配合,依靠顶丝紧固。转子沿轴向无止推结构,转子自重及叶轮旋转时产生的轴向推力均由该顶丝传递给轴承。据此可以判断导致叶轮晃动的可能原因为:

图 3-21　润滑油冷却风扇转子轴装配结构

（1）润滑油冷却风扇轴承故障，造成轴承间隙增大，导致风扇出现异响和晃动。

（2）风扇轴存在轻微弯曲，导致风扇叶轮出现晃动和异响。

（3）风扇的轴承座出现松动，导致风扇叶轮出现晃动和异响。

◆ 3.故障诊断与排除

故障诊断与排除流程如下：

（1）停机，检查润滑油冷却风扇轴承座，确认轴承座紧固螺栓未松动，轴承座稳固。

（2）拆除润滑油冷却风扇的皮带，手动盘动冷却风扇转子，转子转动顺畅，无卡滞、无刮碰、无明显晃动。

（3）拆除皮带轮及风扇转子下轴承。

（4）拆除转子轴承后，发现转子轴上有磨损的痕迹，经比对，确认该磨损位置应该为轴承与转子之间的定位顶丝作用的位置，如图 3-22 所示。

图 3-22　冷却风扇转子轴顶丝位置出现磨损痕迹

（5）旋出轴承上的顶丝，发现顶丝头部也有磨损的痕迹，判断故障可能是顶丝松动所致。

（6）检查转子轴承，确认轴承状态良好，无损坏。

（7）受作业现场检测条件所限，无法直接检测风扇轴的弯曲度。

（8）回装转子轴承，更换新的定位顶丝，重新给轴承加注润滑脂。

（9）手动盘动风扇，无卡阻，盘动灵活，测量全部风扇叶片与风扇保护罩间隙，顶部间隙均为 12 mm，底部间隙均为 15 mm。

（10）回装皮带轮与皮带，恢复电机供电。

（11）重新启动润滑油冷却风扇，冷却风扇运行平稳，风扇振动测试正常。

◢ 4.故障实际原因

（1）可能直接原因：

风扇立轴下轴承与立轴定位顶丝之间出现磨损，使风扇立轴与轴承内圈出现间隙，导致风扇在运行时晃动。

（2）可能间接原因：

①冷却风扇皮带调整过紧。冷却风扇皮带调整过紧，使风扇立轴受径向拉力影响，长期将造成风扇立轴磨损甚至变形。

②风扇立轴设计不合理。风扇立轴竖向安装，轴向无定位，仅靠顶丝予以紧固并消除轴向窜动力，在风扇运行期间受重力、气流背压等影响，存在轴向向下的窜动力，长期运行会使立轴产生磨损。

三、透平#2、#3 轴承回油温度持续升高

◢ 1.故障现象

自 2014 年 10 月 30 日透平 D 机洗车作业后，11 月 1 日机组重新启动，之后的 7 天内#2、#3 轴承回油温度以每天 1 ℃ 左右的幅度从启机时候的 97 ℃ 持续上升到最高 104 ℃，外输负载提高后，回油温度最高达到 107 ℃。另外，观察其他数据，滑油箱的压力也从 8.0 mbar 逐渐上升到 9.3 mbar，同时透平端三个轴承的振动都有轻微的上升趋势。虽然这些参数都没有达到报警值，且都在可接受范围内，但是异常的参数变化趋势说明机组内部存在隐患。

◢ 2.故障原因分析

滑油箱压力升高的最直接的原因是回油内气体含量上升，同时伴随轴承回油温度的升高。有两种原因可能造成这种现象，包括：

（1）轴承进油管线密封内漏，造成高温 PCD 气窜入滑油。

（2）轴承内部迷宫密封内部磨损，造成 7 级 PCD 气突破迷宫密封窜入滑油。

◢ 3.故障诊断与排除

故障诊断与排除流程如下：

（1）透平 D 机在 10 月 20 日停机前#2、#3 轴承回油温度和油箱压力和振动的参数一直非常稳定，10 月 30 日机组洗车后带负荷运行的一周内，各项参数变化趋势如图 3-23 所示。

（2）停机前，机组的轴承振动也有轻微的变化，变化数据如表 3-1 所示，变化趋势如图 3-24、图 3-25、图 3-26 所示。

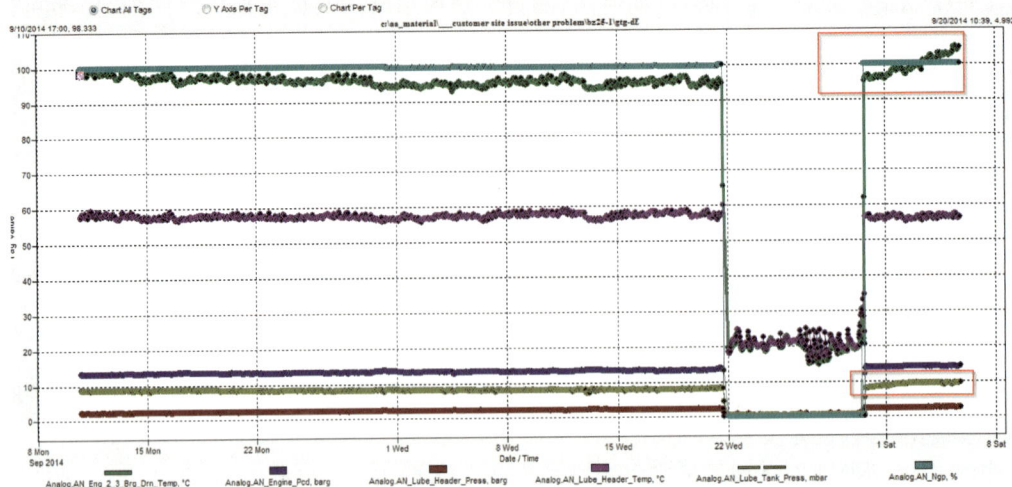

图 3-23　机组洗车后带负荷运行参数图

表 3-1　透平维修前、后轴承的振动变化数据　　　　　　（单位：μm）

时间	3Y	3X	2Y	2X	1Y	1X
10 月 20 日（洗车前）	21	20	14	17	21	22
10 月 31 日（洗车后）	20	19	13	17	20	21
11 月 5 日（外输负载提高后）	23	24	20	22	23	28

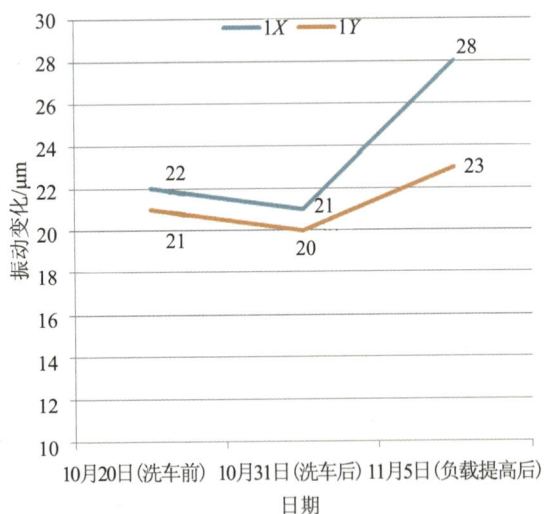

图 3-24　#1 轴承振动变化曲线图

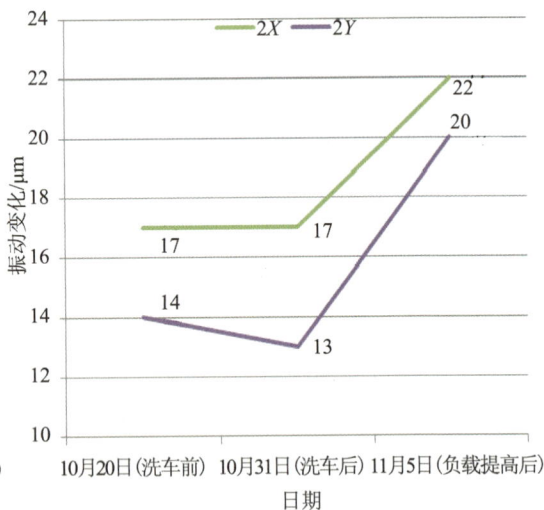

图 3-25　#2 轴承振动变化曲线图

（3）现场对透平 D 机的#2、#3 轴承的进油管线进行分解检查，透平内部的润滑油进油管的结构如图 3-27 所示，发现透平内部的润滑油进油管的外壁上有明显油迹，且结焦情况比较严重，如图 3-28 所示。

（4）拆下润滑油进油管的密封组件，发现最底部的第一道润滑油 O 形密封圈（如图 3-27 中 7 号零部件）存在非常严重的高温硬化现象，已经没有了任何弹性，且 O 形密封圈外壁有明

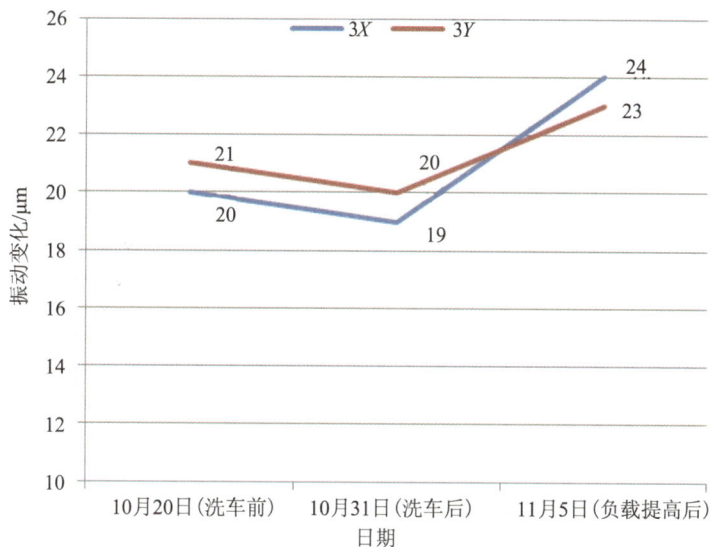

图 3-26　#3 轴承振动变化曲线图

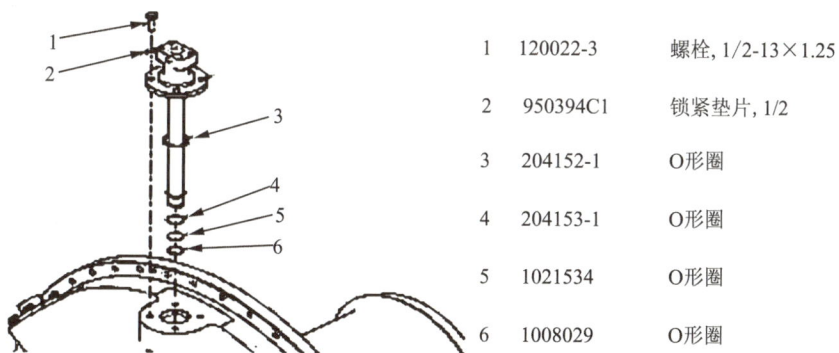

1	120022-3	螺栓, 1/2-13×1.25
2	950394C1	锁紧垫片, 1/2
3	204152-1	O形圈
4	204153-1	O形圈
5	1021534	O形圈
6	1008029	O形圈

图 3-27　透平内部的润滑油进油管的结构

图 3-28　透平内部拆卸出来的润滑油进油管

显油迹,说明该 O 形密封圈已经失去了密封作用。

(5)仔细清理润滑油进油管的内、外管壁,仔细清理透平内部密封位置的异物,更换一套新的润滑油进油管密封组件,回装后进行测试。持续一天的测试数据如图 3-29 所示。

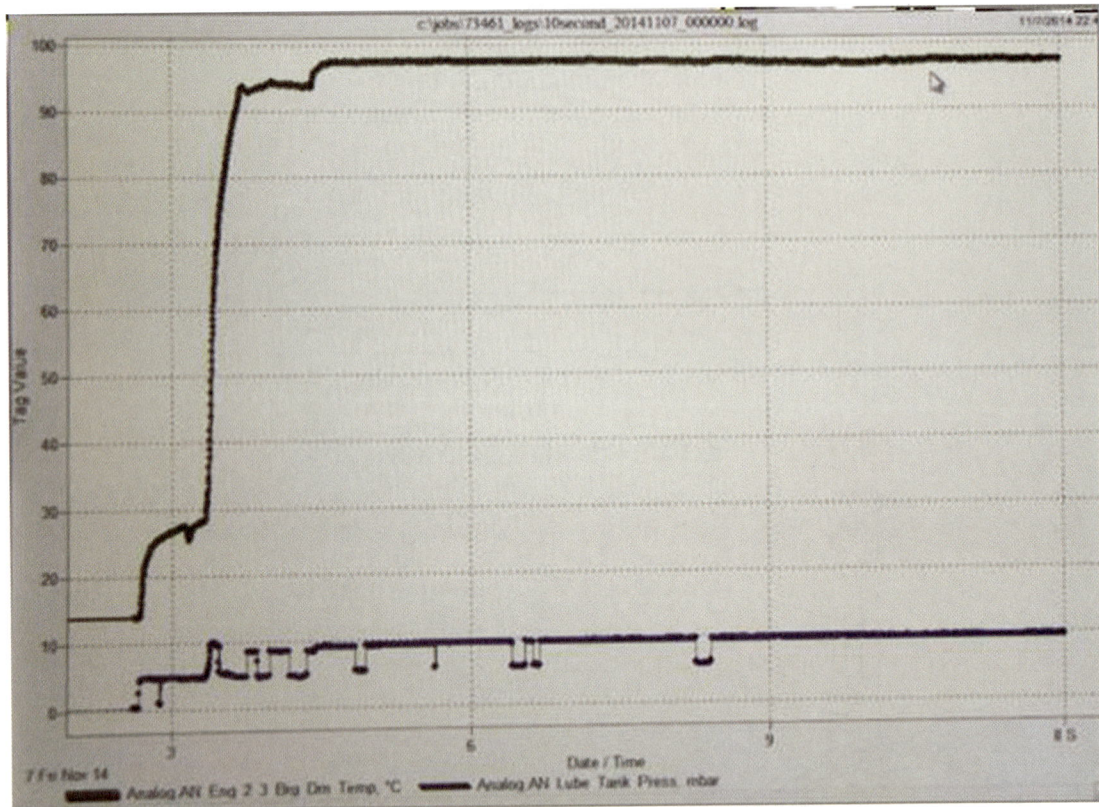

图 3-29 检修后的#2、#3 轴承回油温度和润滑油箱压力曲线

测试结果显示:

①#2、#3 轴承回油温度带负荷后稳定在 97 ℃;

②滑油箱的压力没有降低,还是持续在 9.5 mbar。

(6)维修前、后的机组各轴承振动数据如表 3-2 所示,各轴承振动变化曲线如图 3-30 所示。

表 3-2 透平维修前、后轴承的振动数据　　　　　　　　　　　（单位:μm）

时间	3Y	3X	2Y	2X	1Y	1X
10 月 20 日前(本次洗车前)	21	20	14	17	21	22
10 月 31 日(洗车启机后当天)	20	19	13	17	20	21
11 月 5 日(温度较高情况下)	23	24	20	22	23	28
11 月 8 日(更换完密封组件后)	21	20	15	16	21	22

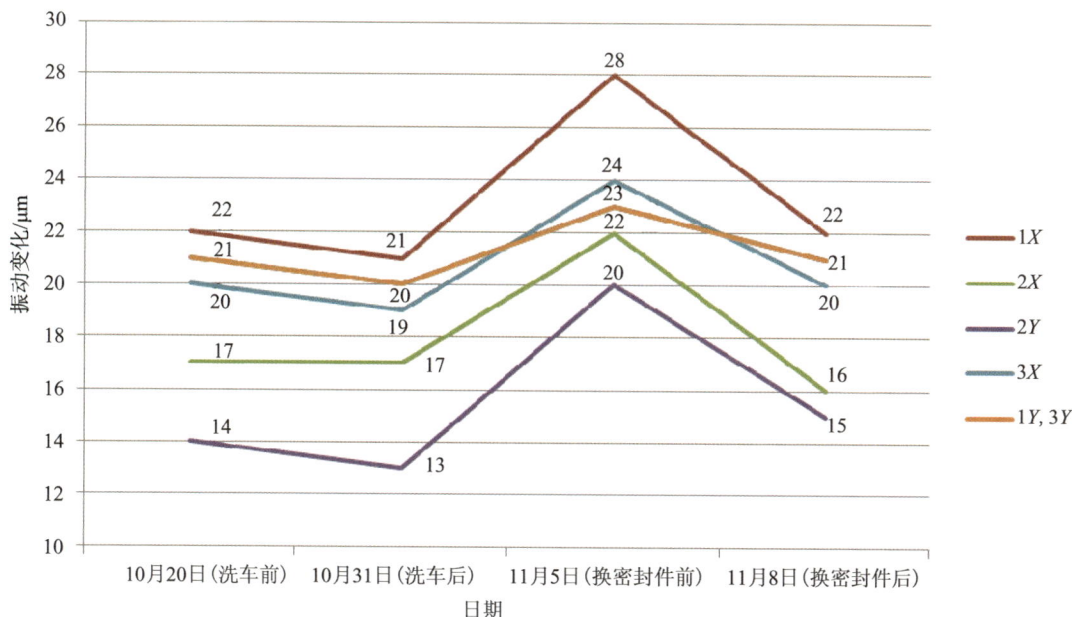

图 3-30　维修前、后燃机各轴承振动变化曲线

测试结果显示:机组换完密封后的振动值回归到正常运行时的标准,由此可判断振动的变化是因为润滑油里混合了少量的高温气体,造成滑动轴承的油膜稳定性被破坏而引起的。

4.故障实际原因

透平机体内部的#2、#3 轴承的进油管路的 O 形密封圈老化严重,造成润滑油泄漏。该润滑油进油管线处于高温环境下,造成泄漏出来的润滑油在管外壁处碳化结焦。

由于管线密封效果差,少量空气进入润滑油管道,并随着润滑油进入轴承,破坏了轴承润滑油油膜的稳定性,造成机组轴承振动值升高。

四、润滑油温控阀故障

1.故障现象

2017 年 3 月 7 日上午 9:43,透平 A 机出现滑油温度高报警;9:47,滑油温度达到关断值,机组甩掉电网负荷,机组进入冷却(cooldown)停机模式。

2.故障原因分析

根据润滑油母管温度变送器 TE3200 的电气回路原理图(如图 3-31 所示)和润滑油系统的 PID 图(如图 3-32、图 3-33 所示)可知,导致润滑油温度高报警、停机的可能原因如下:

(1)滑油温度变送器跳变,造成滑油温度达到关断值。

(2)滑油冷却器脏堵或者皮带断裂,冷却器失效。

(3)滑油滤器堵塞、滑油系统憋压,造成滑油供应不足,滑油高温。

(4)温控阀故障,系统内润滑油没有经过冷却器冷却,造成滑油高温。

3.故障诊断与排除

故障诊断与排除流程如下:

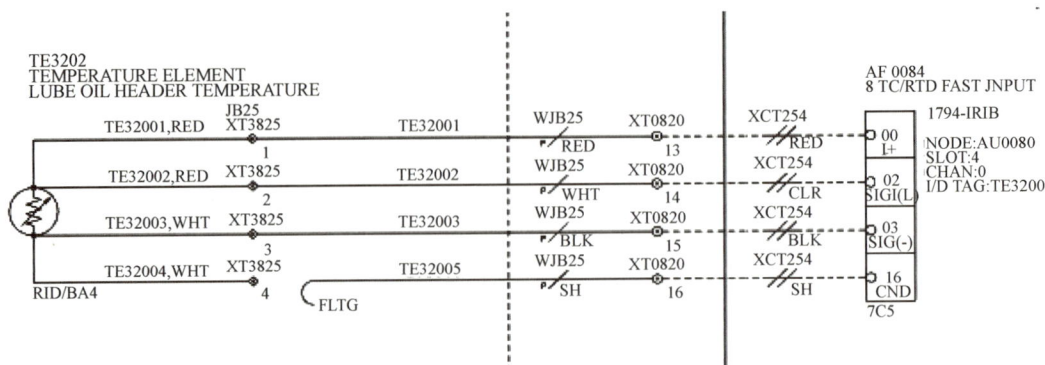

图 3-31　润滑油母管温度变送器回路原理图

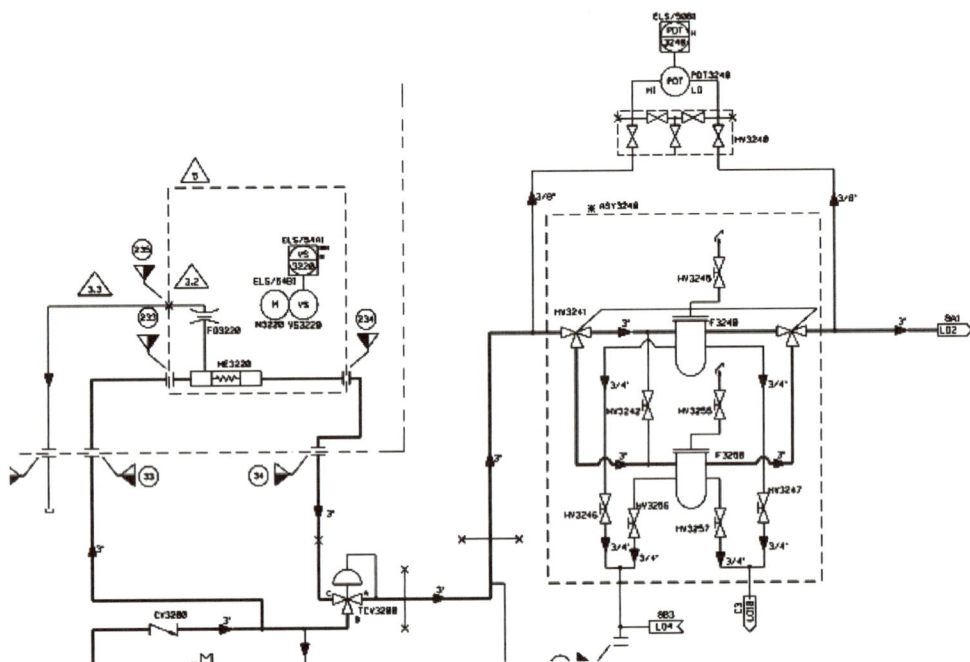

图 3-32　润滑油系统原理图(一)

(1)在冷却停机的 10 min 内,对滑油冷却器进行检查,滑油冷却器风机运转正常,散热器翅片无明显脏堵,滑油冷却器运行良好,滑油冷却器入口温度为 36 ℃,出口温度为 9.9 ℃,冷却效果良好。

(2)在冷却停机的 10 min 内,对滑油压力和滑油滤器参数进行检查,滑油压力和滤器压差正常,滑油压力为 340 kPa,滤器压差为 43 kPa,符合设计要求。

(3)机组冷却停机后,对滑油温度变送器进行检查标定,温度准确无异常,对变送器接线端子进行检查,没有发现有松动。

(4)通过对停机前滑油温度和轴承温度的变化情况进行分析,滑油温度高时轴承温度明显上升(滑油温度在 71 ℃时,#2、#3 轴承温度为 102 ℃),基于滑油温度和轴承温度变送器同时出现跳变的概率较小,由此判断滑油温度确实高,初步确定滑油高温是由于润滑油温控阀卡

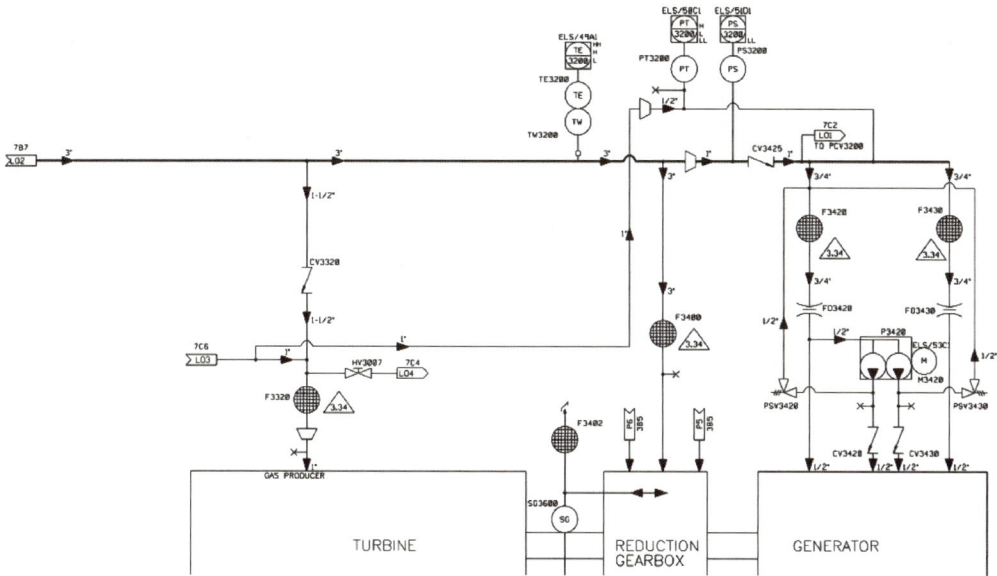

图 3-33　润滑油系统原理图(二)

滞而引起的。

(5)更换新的润滑油温控阀,启机试运行,润滑油温度恢复正常(温度控制在 56 ℃左右)。

(6)对拆卸下来的润滑油温控阀进行开水加热测试,润滑油温控阀内的两个阀芯在受热后均能关闭,但有一个阀芯动作缓慢,且明显存在不连贯现象,由此判断该润滑油温控阀的阀芯存在卡滞现象。

▓ 4.故障实际原因

经分析排查,确认造成润滑油母管温度高报警停机的原因是润滑油温控阀内的一个阀芯存在卡滞现象,导致其动作缓慢,未能及时实现对润滑油温度的调节。

第四节 ◉ 气体燃料系统常见故障

气体燃料系统的常见故障有以下几种。

▓▓ 一、天然气调节阀阀检失败

▓ 1.故障现象

2017 年 6 月 5 日,透平 B 机以燃气模式启动时,出现天然气调节阀阀检失败故障。

▓ 2.故障原因分析

Solar Titan 130 燃气轮机在每次启机前都要对天然气系统的各阀门的完好性进行检测,被检测的阀门主要包括一次关断阀、二次关断阀和天然气调节阀,主要检测阀门的严密性、位置状态和是否按指令动作。如果任何一个阀门出现故障,控制系统都会发出一个阀门校验错误的指令,然后退出启动。

查看停机时天然气调节阀的阀前、阀后压差情况(如图 3-34 所示),启机时阀前压力为 3 150 kPa,10 s 后压力降至 2 400 kPa,阀后因直接进入燃烧室,未发现明显异常,初步判断因天然气调节阀内漏,导致阀检失败。

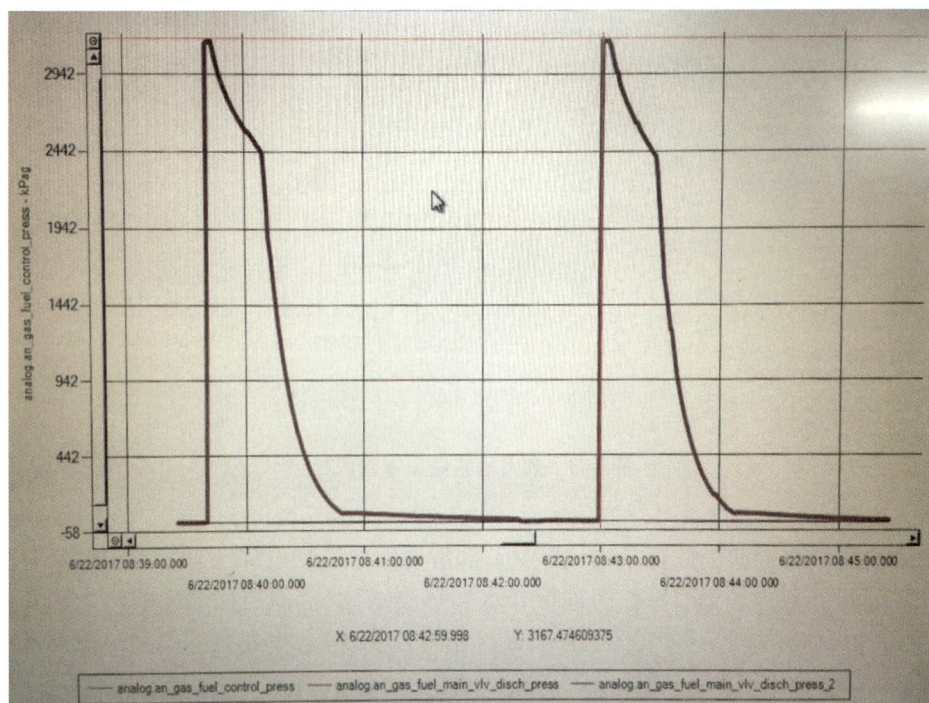

图 3-34　天然气调节阀的阀前、阀后压力变化曲线

该天然气调节阀为电动调节阀,其电气逻辑图如图 3-35 所示。造成该调节阀内漏的原因主要为机械故障或电气控制故障。

机械故障的原因主要有:

(1)阀门内部密封不严,导致阀门内漏。

(2)阀门卡涩,造成阀门关闭不严,导致阀门内漏。

电气控制故障的原因主要有:

(1)阀前压力测量装置故障,导致误报警。

(2)阀门驱动电机故障,导致阀门未关严。

◤ 3.故障诊断与排除

故障诊断与排除流程如下:

(1)拆卸调节阀后与燃烧室之间的马蹄扣,并对打开管线口进行防护,在其中插入盲板进行隔离,检测调节阀泄漏情况。

(2)连接 PLC 与上位机,并在程序中对一次关断阀、二次关断阀强制打开,注意需对一次关断阀、二次关断阀输出反馈信号线进行临时拆卸,如图 3-36 所示。

(3)打开一次关断阀、二次关断阀,天然气调节阀前压差变送器 PT2126 压力上升至 3 000 kPa;关闭一次关断阀、二次关断阀,观察天然气调节阀 FCE2130,其阀后的压差变送器

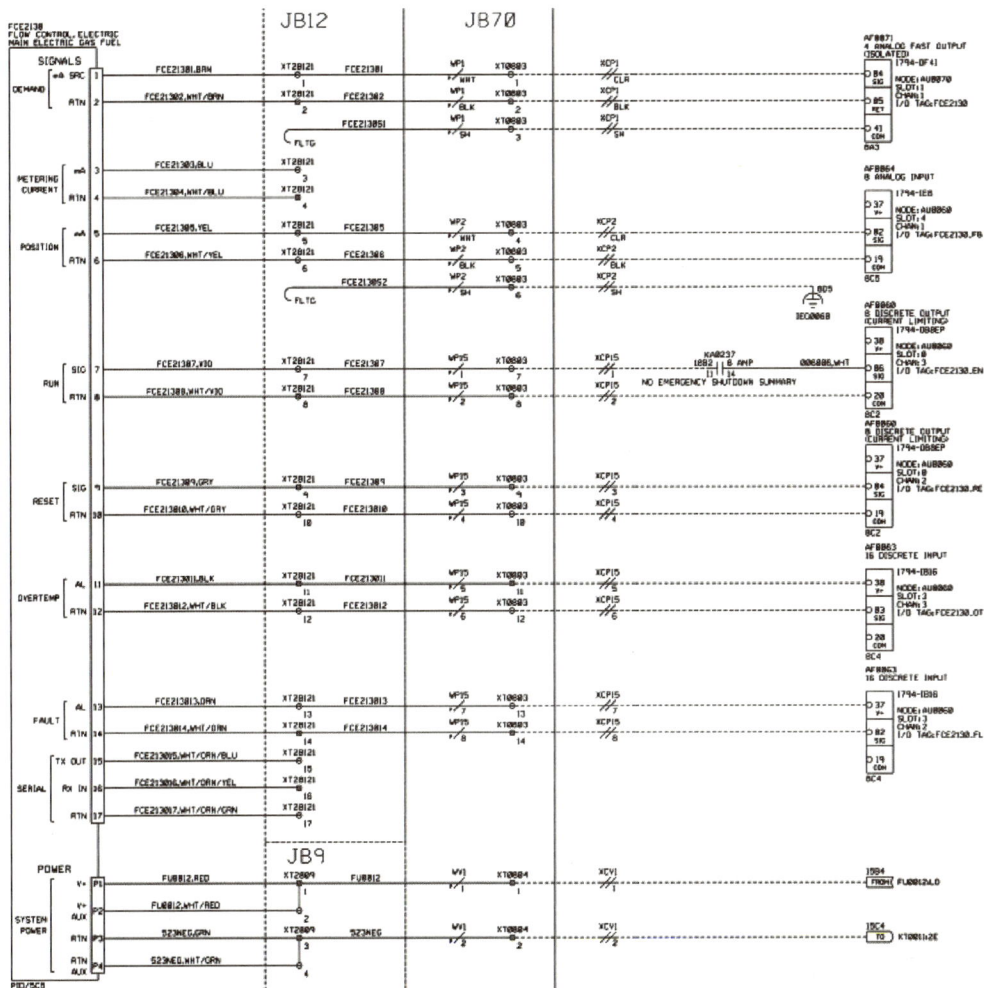

图 3-35 天然气调节阀的电气逻辑图

PT2130 压力上升至 700 kPa(时间为 2~3 s,极短),由此可以判断天然气调节阀 FCE2130 存在内漏。

(4)拆除天然气调节阀 FCE2130 阀门出口管道,从天然气调节阀出口法兰处检查调节阀内部阀芯的密封情况,未发现较大颗粒的杂质,但阀门内表面聚集了较多粉末状沉淀物,如图 3-37 所示。

(5)使用酒精棉布清洁阀芯部件,并利用清洁的压缩空气对阀芯表面及阀体内表面进行吹扫,吹扫时间持续约 30 min,清洁后的天然气调节阀阀芯、阀体密封面光滑,无划痕和凹坑等破坏密封效果的情况出现,密封状况良好,如图 3-38 所示。

(6)在程序中手动强制开关天然气调节阀数次,阀门动作灵活,无卡涩,阀芯与阀体结合严密。

(7)按步骤(3)再次对天然气调节阀做严密性试验,天然气调节阀前压差变送器 PT2121 的压力上升至 3 000 kPa,保压 5 min 后阀前压差变送器 PT2121 的压力未见下降,同时天然气调节阀阀后的压差变送器 PT2126 的压力未见上升,说明该天然气调节阀密封状况良好。

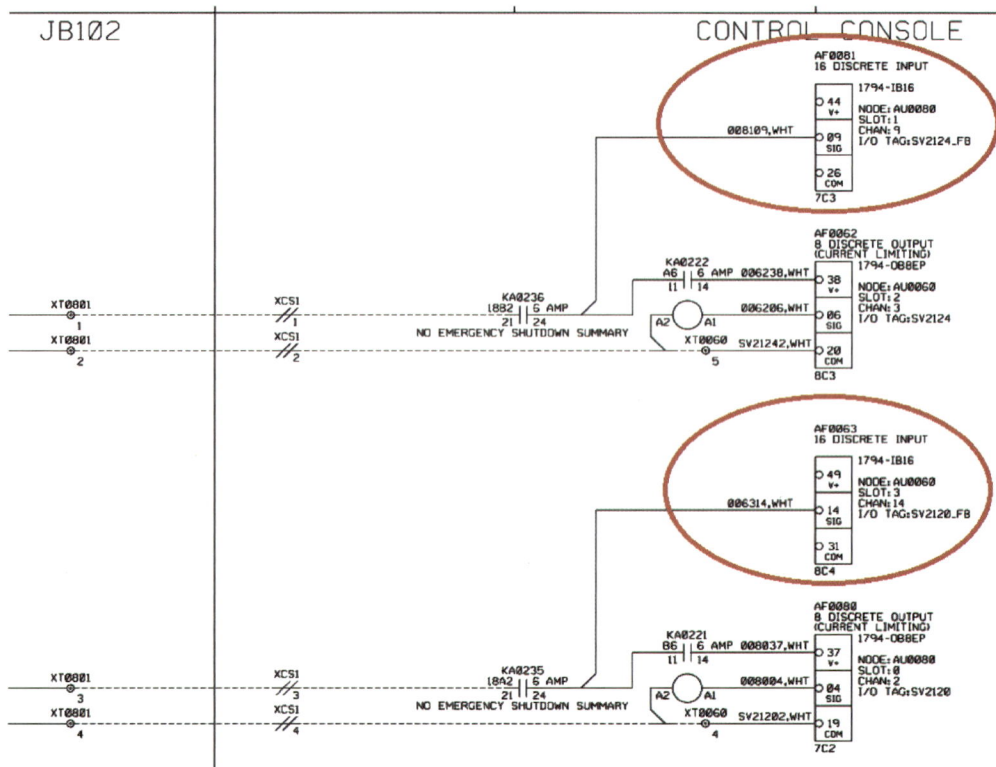

图 3-36　一次关断阀、二次关断阀控制电路图

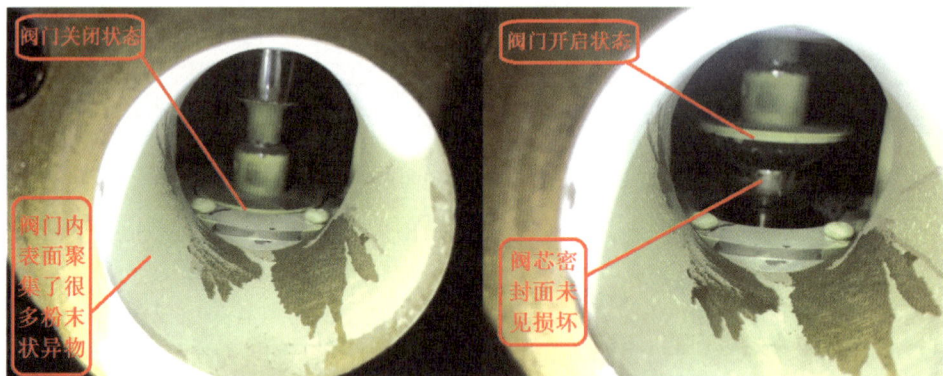

图 3-37　天然气调节阀内部情况

（8）回装天然气调节阀出口管道，恢复一次关断阀、二次关断阀接线。

（9）重新启机，阀检顺利通过，机组正常启动，故障排除。

4. 故障实际原因

天然气含有较多杂质，长期运行后产生的沉积物附着在天然气调节阀的阀芯与阀体密封面表面上，造成阀门密封效果下降，导致阀检失败。

阀芯密封面
光滑，无划
痕、无凹
坑，密封状
况良好

阀体密封面
光滑，无划
痕、无凹
坑，密封状
况良好

图 3-38　清洁后的天然气调节阀内部情况

二、天然气调节阀故障

1.故障现象

2015 年 1 月 24 日,透平 E 机启动时,MCC 透平控制柜上位机显示"FN_Gas_Fuel_Vlv_Check_Fail／Gas Fuel Valve Check Failure／阀检失败"。同时上位机显示"AL_Gas_Vlv_Ck2_Fail_To Press／Gas Fail Valve Check Secondary Failure to Open or Control Valves Leaking／二次关断阀阀后压力低导致阀检失败"。

2.故障原因分析

报警信息显示天然气二次关断阀阀后压力低,结合天然气系统的 PID 图(如图 3-39 所示)可知,二次关断阀阀后压力是由压差变送器 PT2126 采集、显示的。按照天然气系统的阀检流程可以判断,天然气一次关断阀和天然气二次关断阀的阀检已经通过,故该阀检失败的故障应出现在天然气二次关断阀 AV2124 之后,即压差变送器 PT2126、天然气调节阀 FCE2130 及二次关断阀 AV2124 与天然气调节阀 FCE2130 之间的管道内。故障可能的原因如下:

(1)二次关断阀 AV2124 与天然气调节阀 FCE2130 之间的主管线或其他连接管线存在漏点,如连接法兰处或管线接头长时间运行导致松动,因而漏气。

(2)压差变送器 PT2126 引压管线仪表接头出现松动、漏气,导致阀检失败。

(3)二次关断阀 AV2124 与天然气调节阀 FCE2130 之间的压差变送器 PT2126 出现故障,检测压力偏低,导致阀检失败。

(4)天然气调节阀 FCE2130 的输出卡件故障,导致命令值与反馈值不一致,阀检失败。

(5)天然气调节阀 FCE2130 在控制柜或现场接线箱的接线松动,导致信号不能正常传递。

(6)天然气调节阀 FCE2130 漏气,导致阀前管线压力偏低,机组不能通过阀检。

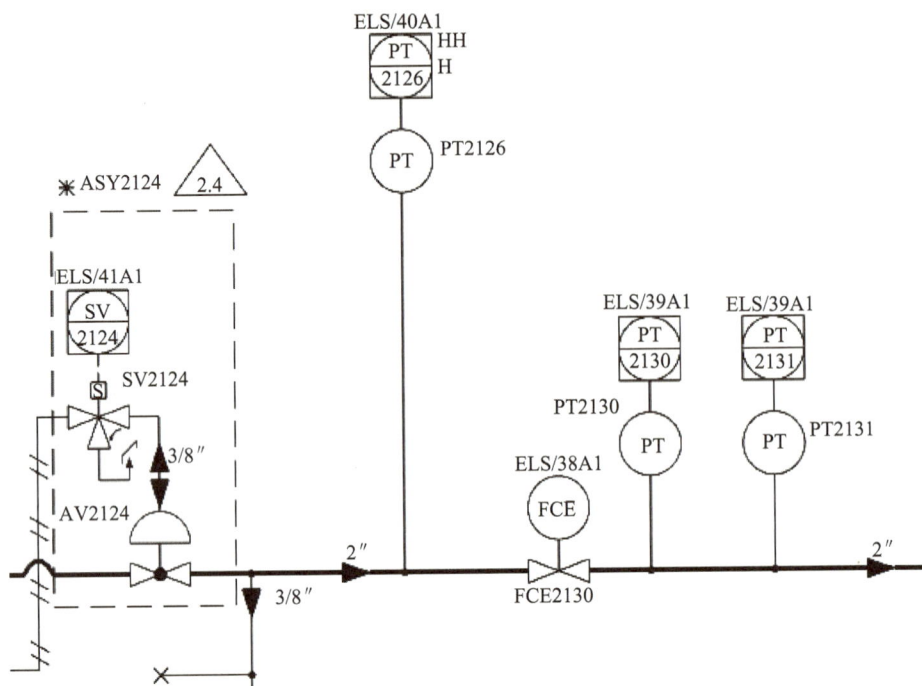

图 3-39　天然气系统部分 PID 图

▨ 3.故障诊断与排除

故障诊断与排除流程如下：

（1）对二次关断阀与天然气调节阀之间的主管线法兰和连接管线接头进行紧固，未发现有松动处，排除因主管道存在漏点而导致压差变送器 PT2126 压力低。

（2）检查压差变送器 PT2126 引压管的仪表接头，未发现松动或漏气现象，排除因 PT2126 引压管存在漏点而导致压差变送器 PT2126 压力低。

（3）对压差变送器 PT2126 进行重新校验，未发现异常现象，排除因压差变送器 PT2126 故障而导致阀检失败。

（4）检查控制柜及现场接线盒内的接线情况，未发现接头松动、锈蚀等现象，排除接线原因导致阀检失败。

（5）利用程序对控制柜内卡件进行检查，未发现故障，排除因卡件故障而导致阀检失败。

（6）拆除天然气调节阀 FCE2130 的出口管道，检查阀门的阀芯与阀体之间的密封状况，发现阀芯与阀体之间未完全贴合（如图 3-40 所示）。

（7）为了验证阀检失败是否是由天然气调节阀内漏导致，强制关闭天然气二次关断阀、天然气调节阀，在天然气二次关断阀与天然气调节阀之间的管道上接入清洁的压缩空气。

（8）随着压缩空气的不断输入，压差变送器 PT2126 的压力略有上升，此时能听到天然气调节阀的出口法兰处有压缩空气漏出的声音，但关断压缩空气后，压差变送器 PT2126 的压力迅速下降。

（9）将肥皂水涂抹在天然气调节阀的阀芯与阀体结合面处，再次输入压缩空气，可以看到有大量的气泡产生，由此可以判断该天然气调节阀的阀芯与阀体之间的密封效果极差，存在严

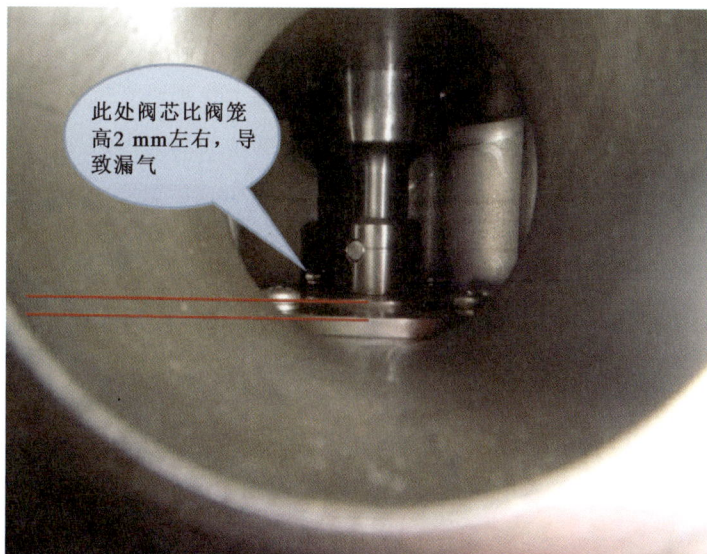

图 3-40 天然气调节阀的阀芯与阀体之间存在间隙

重的内漏现象。

（10）更换新的天然气调节阀 FCE2130，复位报警。

（11）对新的天然气调节阀进行标定测试，连接 PLC 程序，利用标尺对 FCE2130 0%～100% 以及 100%～0% 进行上、下行程的标定，其动作情况和行程均符合要求，无卡滞现象。

（12）重新启机，阀检顺利通过，机组正常启动，故障排除。

◢ 4.故障实际原因

故障原因为天然气调节阀不能完全关闭，导致阀门内漏，压差变送器 PT2126 测量处的压力保持不住，从而导致阀检和启机失败。

第五节 ⬤ 液体燃料系统常见故障

液体燃料系统的常见故障有以下几种。

一、燃油泄放阀故障

◢ 1.故障现象

2013 年 5 月 12 日，燃气模式启动透平 A 机和 D 机，先后进行天然气切换柴油功能测试。测试时两机组均报警提示"FN_Flameout_High_Fuel_Flow/燃油供应量不足"，机组停机。

后续尝试燃油模式点火，两台透平机组同样出现"点火失败"报警。

◢ 2.故障原因分析

查看 Solar Titan 130 燃气轮机的燃油系统 PID 图，可知 Solar Titan 130 燃气轮机的燃油系统主要是由气动阀、燃油泵、过滤器、流量计、单向阀、节流孔板及相关的燃油管路、控制系统组成的。导致"燃油供应量不足""燃油模式点火失败"的可能原因主要包括：

(1)燃油系统管路存在漏点，造成进入燃烧室的燃油不足。

(2)燃油系统管路中的阀门位置出现错位，造成燃油未能按要求供应至燃烧室。

(3)燃油油品不合格，造成燃烧熄火和点火失败。

(4)燃油前置系统故障，导致供油不足。

(5)燃油系统管路脏堵，导致供油不足。

(6)燃油调节阀 ELF344 的开度错误，触发报警。

(7)燃油泄放阀误动作，导致燃油系统管路中的燃油被泄放。

▶ 3.故障诊断与排除

故障诊断与排除流程如下：

(1)经检查，透平 D 机燃油系统流程各节点阀门的位置正常，各管线无跑冒滴漏现象，一切正常。

(2)进行透平 D 机第一次燃油模式启机测试，机组盘车吹扫 270 s 后点火，点火失败。

(3)对透平 A 机进行测试，故障现象与 D 机完全相同。

(4)由于两台机组同一时间出现同一故障，因此首先怀疑油品问题，认为油的含水量高，难以点燃，杂质较多，堵塞滤器，其次怀疑公共油路有堵塞现象。

(5)分别在透平日用柴油罐底部排放口、增压泵进/出口滤器、高压油泵出口处取样化验，结果断定油品不含水，肉眼观察不到杂质，排除油品问题。

(6)检查燃油增压泵 P932 进/出口滤器，滤器较为干净，清洁后回装。为了确保该故障点被彻底排除，将高压燃油滤器 FS936 更换为新件。

(7)透平 D 机第二次以燃油模式启机测试，机组盘车吹扫 270 s 后点火，仍点火失败。根据记录的数据确认燃油增压泵 P932 压力为 220 kPa，过滤器压差为 15 kPa，数据正常，排除油路堵塞问题。

(8)经分析，排除透平 A 机、D 机共用的燃油前置系统存在问题。

(9)针对透平 D 机进行单机故障排查。

(10)查看控制逻辑图，确认报警"FN_Flameout_High_Fuel_Flow"可由燃油调节阀 ELF344 阀开度错误或熄火延时开关 S349 动作后延时 10 s 触发。

(11)根据控制逻辑图提供的信息计算燃油调节阀 ELF344 的开度，确认燃油调节阀 ELF344 的开度符合设计要求，排除由燃油调节阀 ELF344 的开度错误触发报警的可能性。

(12)查看天然气切换柴油过程的数据记录曲线(如图 3-41 所示)，清楚地看到 12:01:20 选定燃油，12:01:30—12:01:40 燃油调节阀 ELF344 的开度上升至 10%，高压油泵 P931 出口压力最高至 1 110 kPa，与此同时 T5 温度与 NGP 有一个下降的趋势。初步怀疑熄火延时开关 S349 在 12:01:30 动作，延时 10 s 后在 12:01:40 触发"FN_Flameout_High_Fuel_Flow"停机报警。

(13)结合燃油系统流程图(如图 3-42 所示)分析燃油供应不足的原因，并逐步排查。

(14)手动启动高压油泵 P931，检测出口压力达到 8 200 kPa，确定高压油泵 P931 及安全阀 VR931-1 正常(高压油泵 P931 额定工作压力为 6 400 kPa，安全阀 VR931-1 的设定压力为 8 200 kPa)。

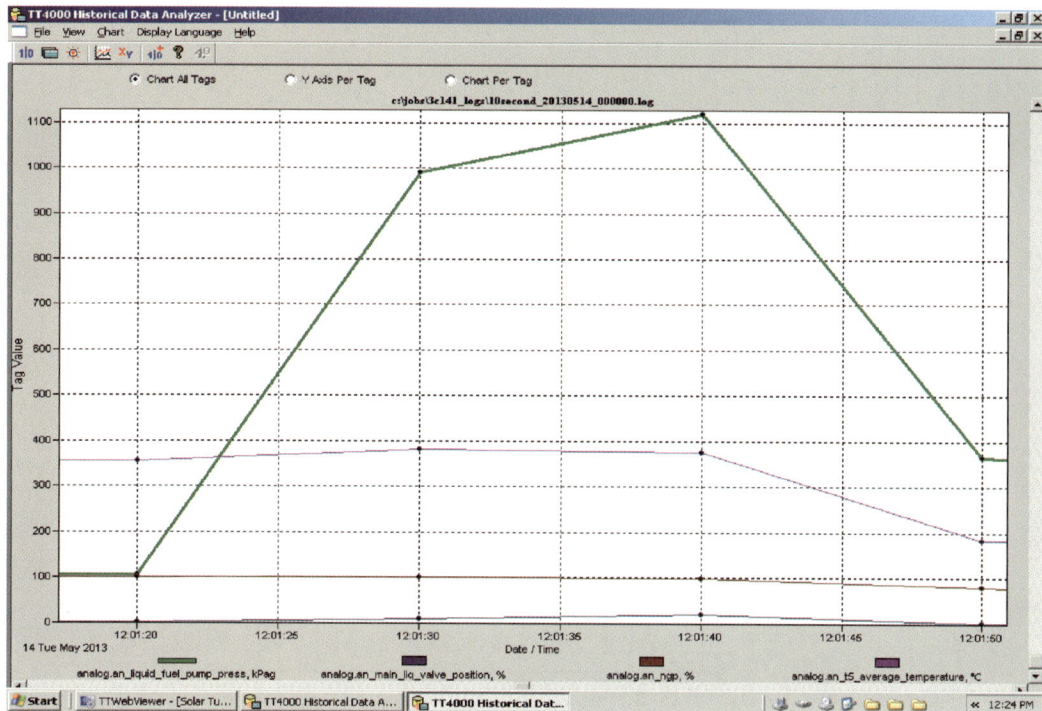

图 3-41　天然气切换柴油过程的数据记录曲线

（15）测试燃油调节阀 ELF344、主燃油关断阀 V2P949、燃油泄放阀 V2P945-1、点火电磁阀 L348-1、泄放电磁阀 L348-3,确认均正常。

（16）检查清洁单流阀 VCS932、VCS934-2、VCS933,确认正常。

（17）手动设定 ELF344 阀开度为 10%,启动油泵,在单流阀 VCS932 出口连接管线,目测燃油流量尚可。

（18）拆检并利用超声波清洗各喷嘴燃油管线、节流孔板 F0939-2、点火节流孔板 F0936,对损坏的节流孔板 F0939-2 进行更换。

（19）检查各节点间管线,确认完全畅通。

（20）完成以上检查测试后,第三次以燃油模式启机测试,测试中机组仍然报警提示"点火失败"。

（21）以天然气模式启机测试,机组一切正常。再次做天然气切换柴油测试,仍报警"FN_Flameout_High_Fuel_Flow"停机。

（22）再次确认燃油点火过程各节点阀门动作正常后,重新分析点火数据（如图 3-43 所示）。数据显示燃油调节阀的阀门开度为 6%,高压油泵 P931 出口压力为 490 kPa,T5 平均温度由 34 ℃上升至 49 ℃,其中 7 号 T5 温度最高,为 64 ℃,说明点火火炬已经点燃,但燃烧室主火焰未点燃,由此判断主油路进入燃烧室的燃油量很少甚至为零。

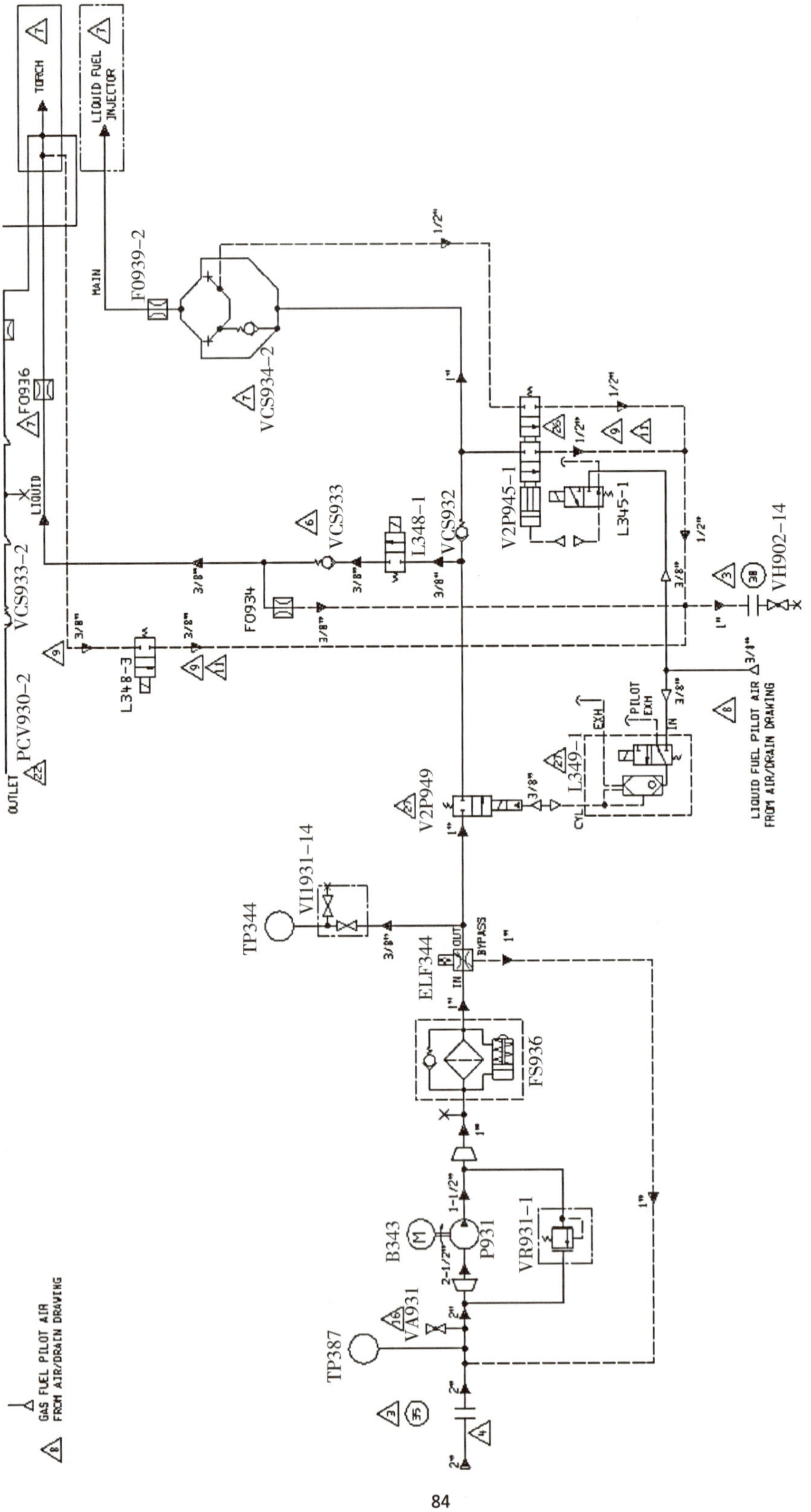

图 3-42 燃油系统流程图

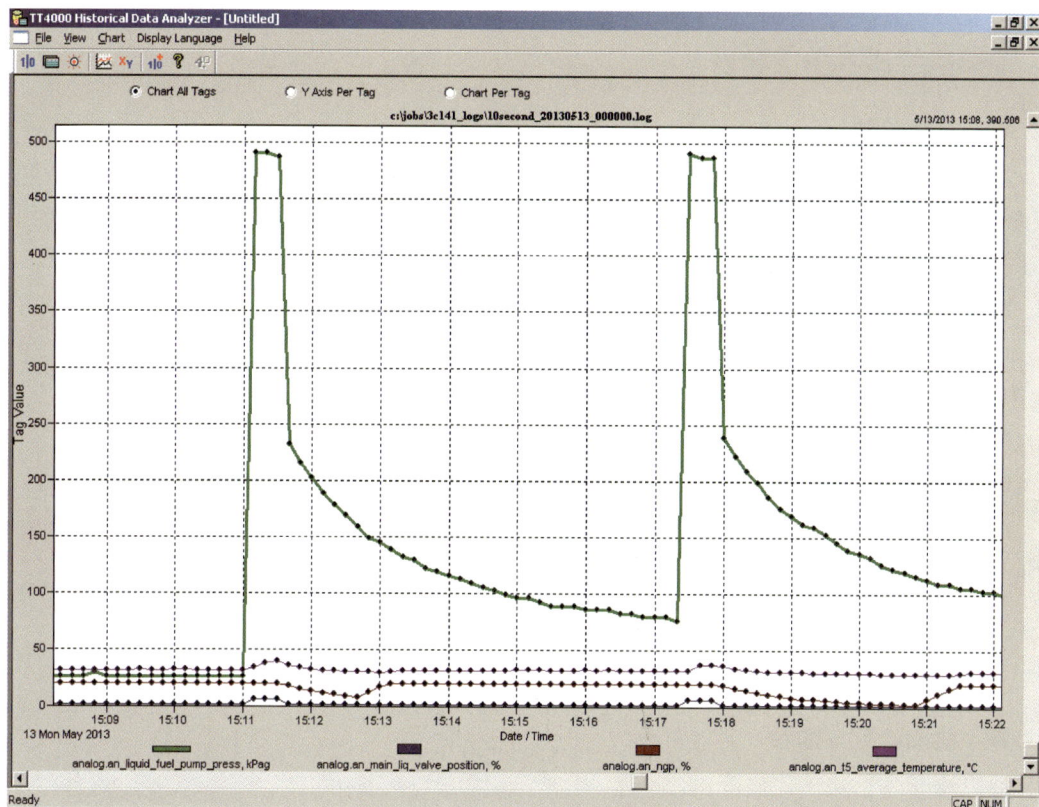

图 3-43　燃油点火过程数据曲线

（23）卸载 B 机、C 机，进行天然气切换柴油测试，记录数据，并与 D 机进行对比。三台机组天然气切换柴油时燃油调节阀 ELF344 的阀开度均为 10%，B 机、C 机的高压油泵 P931 出口压力为 1 700~1 800 kPa，但 D 机燃油压力只有 1 150 kPa，较 B 机、C 机低 550~650 kPa。

（24）在已确认增压泵、高压油泵、安全阀正常的前提下，怀疑主油路的单流阀 VCS932 后燃油泄放阀 V2P945-1 闭合，导致燃油经燃油泄放阀 V2P945-1 排走，最终造成主油路供油不足。

（25）测试燃油泄放阀 V2P945-1，确认先导阀 L345-1 得电后吸合，燃油泄放阀 V2P945-1 执行机构动作，但燃油泄放阀 V2P945-1 的阀杆未动作。

（26）检查燃油泄放阀 V2P945-1 的开关状态，发现该阀门一直处于开启状态，导致主燃油管路中的燃油经过主燃油路泄放阀 V2P945-1 流走了。

（27）拆检燃油泄放阀 V2P945-1，发现执行机构与阀杆的连接键脱落，无法控制阀门开关。

（28）修复并回装燃油泄放阀 V2P945-1，第四次以燃油模式启机成功；天然气与柴油相互切换正常。

▶ 4.故障实际原因

燃油泄放阀 V2P945-1 的执行机构与阀杆的连接键脱落，导致燃油泄放阀 V2P945-1 无法关闭，主燃油管路中的燃油通过燃油泄放阀 V2P945-1 排走，造成主燃油喷嘴的供油不足，透平在燃油模式下点火失败和天然气切换柴油失败。

二、透平火灾报警停机

1.故障现象

2013年10月12日,透平B机报警提示"Enclosure Fire Detected/火灾报警",机组快速停机(Fast Stop Latch)。现场对发动机橇内进行检查,发现燃油环管和部分燃油支管有烧黑痕迹,经测温枪检测,发现部分燃油支管温度在200 ℃左右,其他未见明显火灾迹象。

2.故障原因分析

故障现场存在燃油支管烧黑痕迹,且部分燃油支管温度为200 ℃左右,判断的确发生了火灾,因此确定透平火灾报警系统无故障。导致火灾的可能原因包括:

(1)燃气组分变化或燃气中夹液引起机组爆燃灼烧燃油管线。

(2)喷嘴或燃油节流孔板存在堵塞,导致气体流速降低,造成回火,高温灼烧燃油支管。

(3)燃油管线内燃油未排放干净,同时存在回火现象,导致燃油管路积油被引燃,其原因主要有以下三点:

①燃油排放阀门(L348-3、L345-1、V2P945-1)故障,引起燃油排放不畅。

②燃油排放管路有堵塞现象,引起燃油排放不畅。

③燃油排放管线存在背压,引起燃油排放不畅。

3.故障诊断与排除

故障诊断与排除流程如下:

(1)将当前的燃气组分和之前的进行对比,未发现明显差异,排放燃气滤器底部未见积液。

(2)对透平B机燃油排放阀门(L348-3、L345-1、V2P945-1)进行动作检查,未发现异常。

(3)逐一拆检清洁透平B机的燃油排放管路,发现管线内部有较多燃油,手动开启燃油排放阀后积油仍无法排除,判断燃油排放总管有背压或堵塞现象。接仪表气源对燃油排放总管进行吹扫,吹扫后向排放管路灌水并确认水可以完全排放,确认排放管线处于疏通且无背压的状态。

(4)拆检并清洗透平B机所有喷嘴、燃油支管、燃油节流孔板及燃油环管。对喷嘴进行注水试压,发现有8个喷嘴喷射角度不良,有堵塞现象,对其进行更换。发现燃油支管、燃油节流孔板及燃油环管内部积炭较多,清洗并回装。

(5)窥镜检查透平B机压气机和动力涡轮叶片,未发现明显异常。

(6)按照透平B机故障排查步骤,对透平C机进行检查,确认燃油排放阀V2P945-1存在故障并检修,确认部分喷嘴存在故障并更换。拆检并清洗C机所有喷嘴、燃油支管、燃油节流孔板及燃油环管。

(7)为4台透平机组燃油排放总管增加手动排液阀。

(8)2013年10月17日,透平B机检修完成后重新启动,并提高观察频率。

(9)18:30,燃气模式启机运行,运行1 h,机组参数一切正常;由燃气模式切燃油模式运行,运行15 min,机组参数正常;然后燃油模式切燃气模式运行,切换完毕后测试燃油管线温度,未见异常,排放管线温度正常。

（10）20：30，手动停机，拆卸检查燃油支管，管线均无燃油。

（11）21：00，再次燃气模式启机，带负荷运行，并每隔 2 h 对燃油支管、排放管线温度进行一次测试，持续 48 h 的检测结果均正常。

■ 4.故障实际原因

燃油排放管路有堵塞现象，引起燃油排放不畅，燃油管线内燃油未排放干净，喷嘴或燃油节流孔板存在堵塞，导致气体流速降低，造成回火，进而引燃燃油管路积油。

第六节 ◉ 透平箱体通风系统常见故障

透平箱体通风系统的常见故障有以下几种。

一、箱体通风压力开关故障

■ 1.故障现象

2014 年 1 月 26 日，透平 C 机报警"AL_B596_2_Fail/透平箱体#2 排气风扇故障"，随后自动切换到#1 排气风扇，但是仍报警"AL_B596_1_Fail/透平箱体#1 排气风扇故障"，报警无法复位，随后报警"FL_B596_1_AND_2_Fail/透平箱体#1 和#2 排气风扇故障"，透平停机。

■ 2.故障原因分析

报警信息显示#1 和#2 透平箱体排风扇均出现故障，而两台透平箱体排风扇同时出现故障的可能性极小，因此怀疑故障发生在两台排风扇共用的部分。查看透平箱体通风风机故障电气逻辑图（如图 3-44 所示），判断导致该报警的可能故障为：

（1）压差开关 S596_1 故障。

（2）压差开关 S596_1 电气回路故障。

（3）压差开关 S596_1 引压管堵塞或有积液。

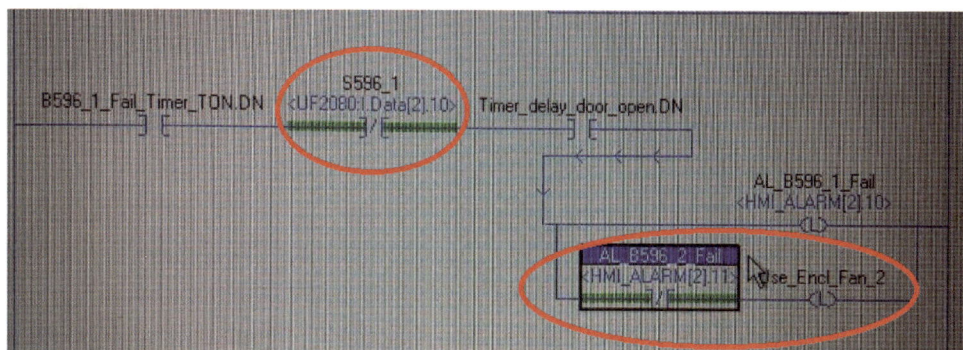

图 3-44　箱体通风风机故障电气逻辑图

3.故障诊断与排除

故障诊断与排除流程如下：

（1）打开压差开关 S596_1 电气回路的接线盒盖，检查确认接线无异常，排除压差开关 S596_1 电气回路存在故障。

（2）拆解压差开关 S596_1 的引压管，检查确认引压管内干燥、清洁、无堵塞，排除引压管故障。

（3）拆下压差开关 S596_1 做仪表检测，利用手操泵给该压差开关加压，当压力达到设定值时，开关未动作，遂确定此压差开关存在故障。

（4）更换新的压差开关 S596_1，手动启动透平箱体排风风机，系统显示风机运行正常，故障排除。

4.故障实际原因

压差开关 S596_1 故障，导致控制系统无法检测到风机运行产生的风压，造成控制系统判断风机因故障停运。

二、透平侧通风进气滤脏堵

1.故障现象

2015 年 4 月 2 日，透平 C 机故障停机，上位机显示故障停机原因为"Turbine Enclosure Pressure Transmitter Failure/透平侧压差变送器故障"报警。

2.故障原因分析

根据报警信息可以确定，此次透平故障停机的直接原因为透平侧压差变送器 TPD396-2 测得的压差高。导致压差变送器 TPD396-2 测得的压差高的原因包括：

（1）压差变送器 TPD396-2 线路故障，导致压差显示数值上升。

（2）压差变送器 TPD396-2 引压管堵塞，导致压差显示数值上升。

（3）压差变送器 TPD396-2 本体故障，导致压差显示数值上升。

（4）透平侧进气过滤器脏堵，导致压差变送器 TPD396-2 压差数值上升。

3.故障诊断与排除

故障诊断与排除流程如下：

（1）查看报警信息，造成本次主机 C 机停机的直接原因是透平侧压差变送器 TPD396-2 报故障"Turbine Enclosure Pressure Transmitter Failure/透平侧压差变送器故障"。

（2）根据 PLC 程序的分析，"Turbine Enclosure Pressure Transmitter Failure/透平侧压差变送器故障"发生的原因为 TPD396-2 压力值超出仪表量程。在操作间组态软件中查看透平侧压力模拟量的变量组态，可知透平侧压差变送器 TPD396-2 量程为 0～12.4 mbar。

（3）使用数据分析功能，对 TPD396-2 测量的历史数值进行曲线分析，如图 3-45 所示。根据曲线可以看出，透平侧橇内压差正常维持在 6 mbar 左右，从上午 6:00 开始，压差值开始逐渐上升，一直持续到 7:12，压差值最终上升到 13 mbar。

（4）TPD396-2 值达到 13 mbar 时，大于仪表量程（12.4 mbar），造成"Turbine Enclosure Pressure Transmitter Failure/透平侧压差变送器故障"报警，最终导致透平机组关停。

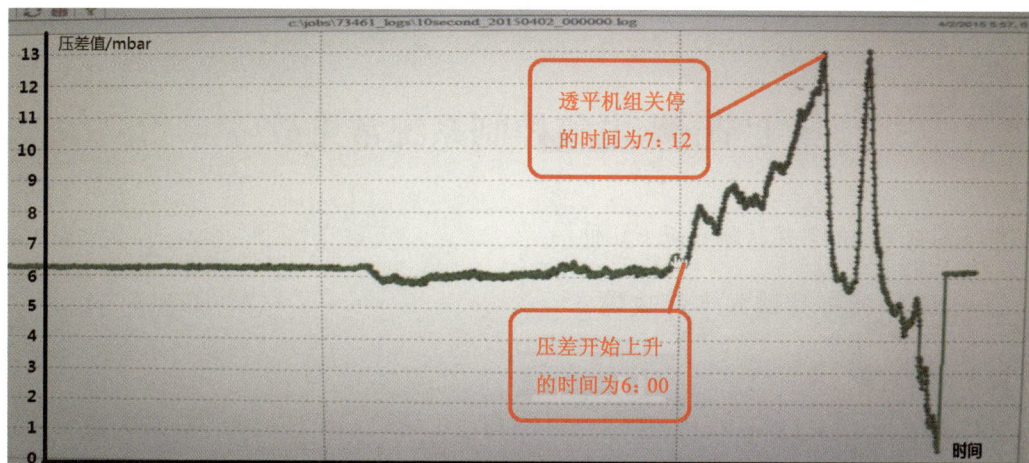

压差值/mbar

透平机组关停
的时间为7：12

压差开始上升
的时间为6：00

时间

图 3-45　TPD396-2 的历史数据曲线

（5）造成压差变送器 TPD396-2 压差上升的原因主要有：

①压差变送器 TPD396-2 线路故障，导致压差显示数值上升。

②压差变送器 TPD396-2 引压管堵塞，导致压差显示数值上升。

③压差变送器 TPD396-2 本体故障，导致压差显示数值上升。

④透平侧进气过滤器脏堵，导致压差显示数值上升。

（6）打开压差变送器 TPD396-2 电气回路的接线盒盖，经检查，确认接线无异常，排除压差变送器 TPD396-2 的电气回路存在故障。

（7）拆解压差变送器 TPD396-2 的引压管，经检查，确认引压管内干燥、清洁、无堵塞，排除引压管故障。

（8）检测压差变送器 TPD396-2，利用手操泵给该压差开关加压，测得压差显示值与设计值一致，确定此压差开关无故障。

（9）回装压差变送器 TPD396-2。

（10）更换透平侧进气过滤器滤芯，手动开启透平侧排风机，压差变送器 TPD396-2 测得的压差值为 5 mbar，压差正常。

（11）检查更换下来的透平侧进气过滤器滤芯，发现滤芯进气侧表面有较多的集尘，且集尘较为潮湿。

（12）利用干燥、洁净的压缩空气反向吹扫透平侧进气过滤器滤芯，在集尘被吹出的同时，还有较多的水滴被吹出。

◆ 4.故障实际原因

故障发生前一段时间连续降雨，环境湿度较大，且风向朝着透平侧通风进气滤网，造成透平侧通风进气滤网透气性下降，橇内进气通风不畅，橇内压差不断上升。最终导致橇内压差变送器 TPD396-2 超过量程最大值（12.4 mbar），造成主机 C 机停机。

第七节 ◉ 电气控制系统常见故障

电气控制系统的常见故障有以下几种。

一、RTD 模拟量输入卡件故障

◼ 1.故障现象

2015 年 6 月 11 日,透平 C 机控制盘多个温度探头(TE2120、TE3100、TE3200、TE6110)同时出现故障报警,并且无法复位。

◼ 2.故障原因分析

由于该故障是多个温度探头同时出现报警,而多个温度探头同时出现故障的可能性很小,因此可以推断故障发生点应该是这些出现报警的探头的共用部分。查阅图纸得知,这些出现报警的探头的共用部分主要包括:

(1)现场接线箱 JB71。近期对该透平进行了冲水作业,因此,不排除中间接线箱 JB71 进水的可能。

(2)RTD 输入卡件 AF0084(如图 3-46 所示)。温度探头 TE2120、TE3100、TE3200、TE6110 共用 RTD 输入卡件 AF0084,因此,可能是该卡件故障导致这 4 个温度探头同时出现故障报警。

◼ 3.故障诊断与排除

故障诊断与排除流程如下:

(1)打开现场接线箱 JB71,发现并无进水潮湿的痕迹,检查端子也无松动的情况,排除现场接线箱 JB71 内接线存在故障。

(2)在 MCC 对探头逐个测量电阻,均正常,因此排除现场中间接线箱故障的可能。

(3)断开 AF0084、AF0083 这两路卡件对应的电源,将 AF0084 与 AF0083 两个相同的 RTD 模拟量输入卡件对换。接通电源后,控制盘的报警也随之变成 AF0083 所对应的温度探头的故障,原来 AF0084 所对应的温度探头的报警消失,因此确认该模块故障。

(4)断开 AF0084 的电源,更换新的 RTD 模拟量输入卡件 AF0084。

(5)恢复接线,重新送电,故障报警信息消除,故障排除。

◼ 4.故障实际原因

RTD 模拟量输入卡件 AF0084 故障,导致与该卡件对应的温度探头出现报警。该卡件尚有将近一年时间才到使用寿命,但由于控制盘内温度比较高,对卡件寿命有一定影响。

二、透平的 IGV 开度骤降

◼ 1.故障现象

2014 年 5 月 14 日 14:12,中控上位机报警显示透平 B 机故障关断,经查阅跳机前 10 s 的

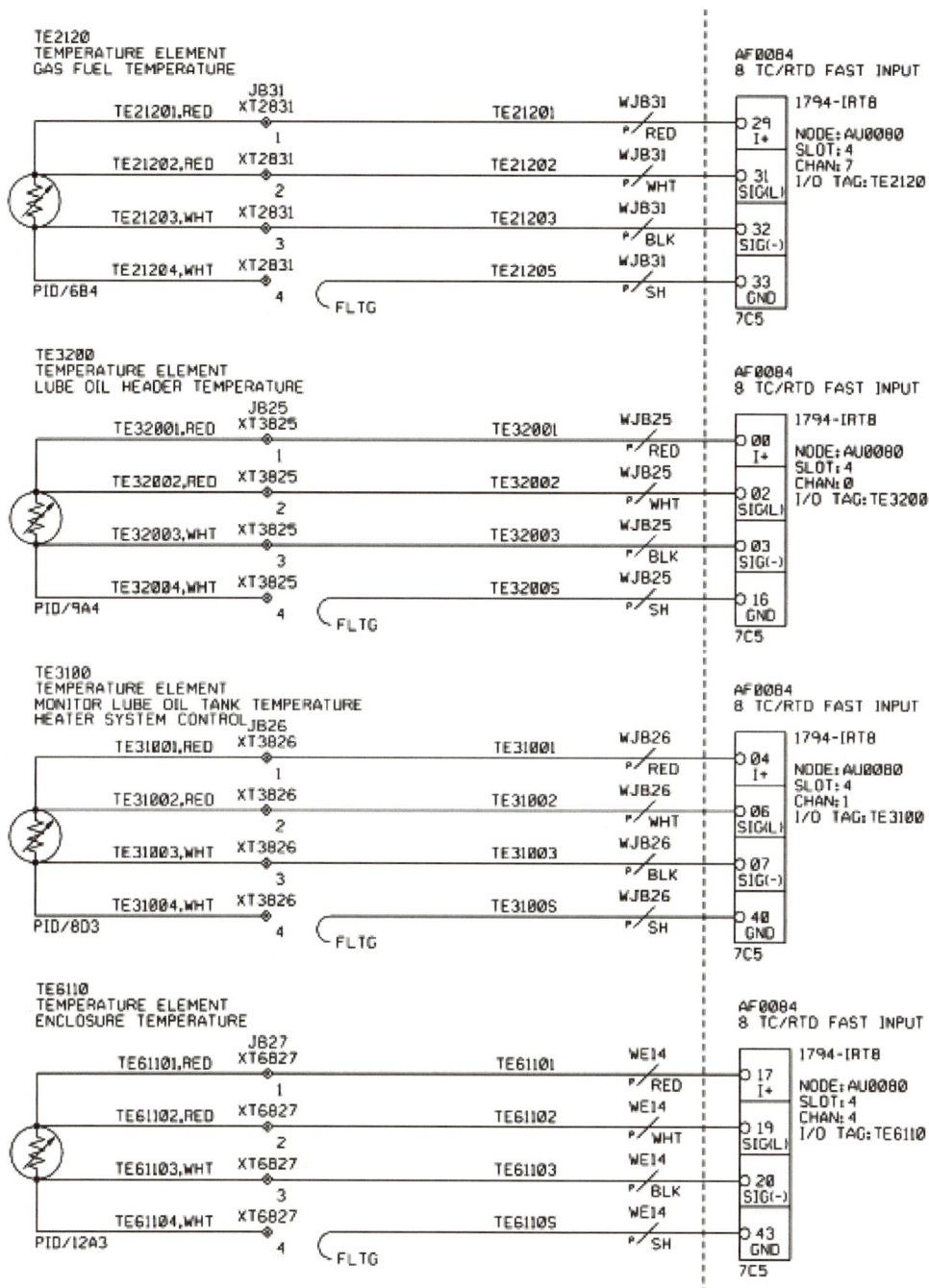

图 3-46 RTD 输入卡件 AF0084 的电气逻辑图

Trigger 文件（如图 3-47 所示），发现 IGV 的执行器的位置反馈值在不到 1 s 的时间内从正常值 83% 骤降至 4%，造成指令值与位置反馈值的差值过大，导致机组关停。

✦ 2.故障原因分析

从图 3-47 可以看出，导致机组关停的直接原因是 IGV 开度的反馈值由 84% 骤降至 4%，造

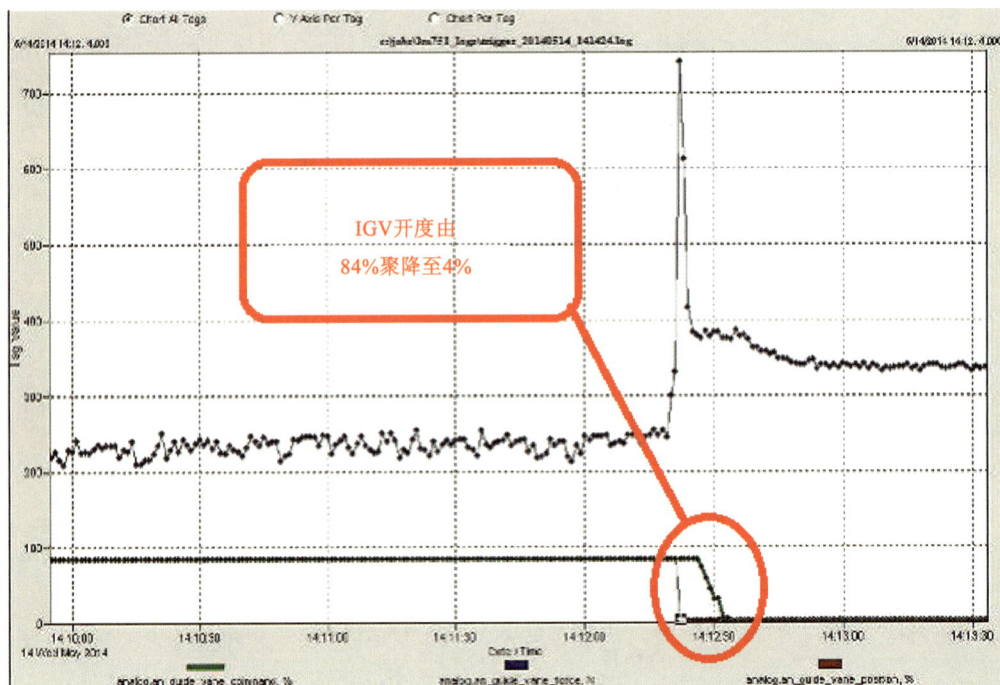

图 3-47　IGV 的执行器的位置反馈值变化曲线

成 IGV 开度的反馈值与指令值相差太大。Solar Titan 130 燃气轮机的 IGV 是由电动执行机构驱动的,因此导致该故障的原因主要是:

(1)IGV 电源故障。在透平运转过程中,IGV 的 110 V 供电回路出现故障,导致执行机构停止动作,IGV 无法正常调节,输出扭力持续增大,在短时间内系统检测到执行器的位置反馈值与命令值的差值过大,造成机组停机。

(2)IGV 的本体故障。执行机构在某一角度存在卡滞现象,IGV 无法正常调节,输出扭力持续增大,在短时间内系统检测到执行器的位置反馈值与指令值的差值过大,造成机组停机。

(3)电气线路问题。由于长期振动,IGV 在控制柜、中间接线箱或现场接线箱的某段线路出现虚接、断路,导致信号不能正常传递,检测数据异常,造成机组关断。

(4)卡件问题。IGV 控制回路上的输入、输出卡件存在故障,可能出现数据发送或接收的瞬时异常,造成反馈值异常,导致机组关断。

(5)信号干扰问题。IGV 执行器位置反馈、输出回路的信号电缆受到信号干扰,造成数值突变,机组关断。

3.故障诊断与排除

故障诊断与排除流程如下:

(1)对 IGV 供电电路进行检查,从充电器到控制柜再到中间接线箱、现场接线箱,供电回路全部正常,接线无松动。经供电回路断电实测,IGV 执行机构会保持当前的 IGV 开度,而不会降至 4%,因此排除供电回路故障。

(2)现场检查 IGV 各连接处、执行机构等零部件,无明显刮痕、扭曲、异常现象;并对 IGV 进行在线各开度测试,其命令值、反馈值、扭力均未发现异常现象(如图 3-48 所示),因此排除

IGV 执行器本体故障。

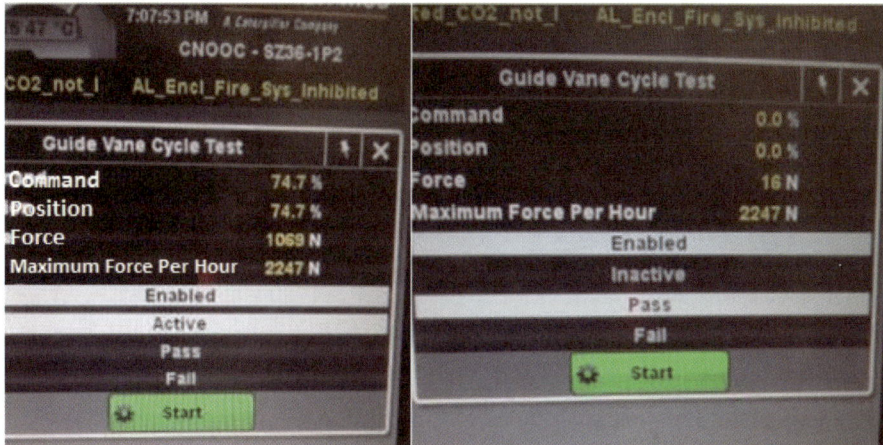

图 3-48　透平 B 机 IGV 测试

（3）检查 MCC 控制柜、就地接线箱、中间接线箱等位置的接线情况，发现接线牢固、无松动，并对 IGV 各接线进行绝缘测试，对地绝缘良好且屏蔽良好。

（4）对 IGV 输出及反馈回路进行断路测试。如反馈回路出现断路、虚接问题，则会在 IGV 反馈故障报警关停之前，出现"FN_FCE1440_FB_FAIL/FCE1440 阀反馈值故障报警"且反馈值降为−25%，与本故障现象不符；若输出回路出现断路、虚接故障，则 IGV 执行器位置会瞬间归 0%，且出现"FN_Guide_Vane_Pos_Fail"报警，与故障现象类似。但现场检查线路无松动、断路、虚接等现象，因此无法确认一定是上述原因所致（输出卡件隐性故障与信号电缆受到干扰也会导致上述现象发生）。

（5）由于该 IGV 为 2013 年 11 月 16 日新更换的 IGV，故其本体故障的可能性较小，所以暂时不做排查。

（6）对信号传输线的屏蔽情况进行检查，发现该信号传输线有一段磨损较为严重，但未露出线芯，而且该信号传输线的附近有动力电缆穿过，因此怀疑故障是由信号受干扰所致。

（7）更换破损的信号传输线，并将其与旁边的动力电缆做屏蔽隔离。

（8）重新给 IGV 驱动器送电，并发送指令，控制系统显示 IGV 的开度反馈值与指令值一致。

（9）重新启动透平，直至透平带满负荷，控制系统显示 IGV 开度正常，故障排除。

▨ 4.故障实际原因

IGV 执行器位置反馈、输出回路的信号电缆受到信号干扰，造成数值突变，导致机组关断。

三、透平控制盘失电

▨ 1.故障现象

2014 年 11 月 26 日上午 10:11，透平 B 机关断，报警记录显示最初关断信号为"FL_PT6060_LL/滑油压力低"，随后 1 min 内出现 NODE8、NODE9 节点模块及其所接收的全部信号故障报警。在机组的后润滑过程中，出现一次滑油泵故障报警，所有报警均可复位。

■ **2.故障原因分析**

由于 NODE8、NODE9 节点模块同时出现信号故障报警,因此基本可以判定故障出现在 NODE8、NODE9 节点模块的共用部分。查看 NODE8、NODE9 节点模块的电气逻辑图,可以发现 NODE8、NODE9 共用一个电源,因此故障原因可能为:

(1)NODE8、NODE9 节点供电电路故障。

(2)模拟信号输入(AI)卡件故障。

■ **3.故障诊断与排除**

故障诊断与排除流程如下:

(1)调取关断前 Trigger 文件,发现在关断期间滑油压力数值无异常,但 Trigger 文件记录周期为 1 s,趋势列表中未记录到 10:11:42(713 ms)时的滑油压力值。

(2)在"FL_PT6060_LL/滑油压力低关断"信号出现之前,系统同时出现"系统 24 V 电压低""滑油液位低""燃料气压力低"3 个报警,对当时的趋势及记录进行检查,发现燃料气压力正常(如图 3-49 所示)。

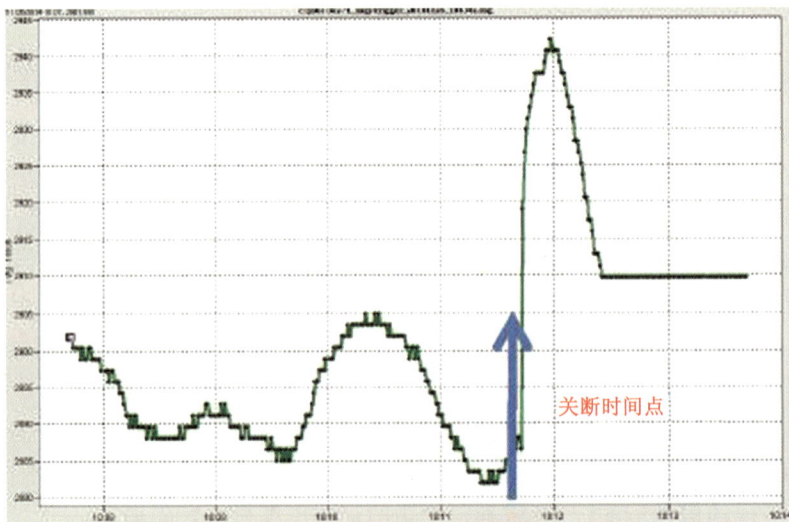

图 3-49　燃料气压力变化曲线

(3)滑油液位及系统电压记录:滑油液位在瞬间降低 17 cm 随后恢复(如图 3-50 所示);而系统电压在报警出现时虽有降低趋势,但没有达到报警值,同时记录显示,在 2 s 后电压为 0 V。如供电系统总电压低于 21 V,会导致 TT4000 上位机及 PLC 重启,而现场并未出现此种现象,故这两项纪录明显为假值,证明当时模拟信号输入(AI)卡件已无法正常工作。

(4)对所有报警信号进行梳理,发现均为接入 NODE8、NODE9 节点的 IO 卡件,接入这两个节点的所有卡件同时出现故障或通信同时中断的可能性基本为零,检查发现其供电回路负极为同一接点引出,因此判断是供电回路出现故障,进而导致两节点无法工作,其所带信号发生报警,触发关断。

(5)由于 Controlnet 为顺序通信访问,在出现故障时,系统应正在扫描滑油压力通道,故报警显示最先出现滑油低压报警,其他报警在另一个扫描周期内陆续出现,符合程序逻辑。

(6)随后对电源回路进行测试检查,补强所有接线及跳线(如图 3-51 所示)。

图 3-50　润滑油液位变化曲线

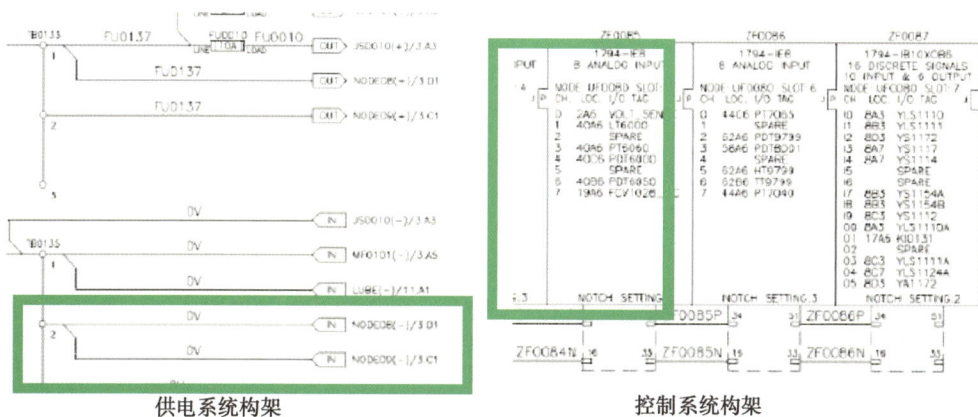

供电系统构架　　　　　　　　　　　　控制系统构架

图 3-51　现场短接排及补强跳线

（7）11:04:57(392 ms)，机组故障停机后润滑过程中，透平 B 机再次出现快速停车报警"FL_M6010_Fail/预后润滑油泵故障"。根据程序逻辑，当预后润滑油泵启动，滑油压力小于

8 psi 时,引发报警。

(8)检查历史记录,滑油压力无异常,但与关断时一样,由于记录周期问题,趋势列表中未记录到 11:04:57(392 ms)时的滑油压力值。

(9)现场检查滑油压差变送器,其电流信号正常,连接 HART 手操器,未发现故障报警信息,滑油压力显示正常。因此,判断此模拟信号输入(AI)卡件出现故障,随即进行更换。

(10)更换新的模拟信号输入(AI)卡件后,重新送电,启动预后润滑油泵,观察 1 h,无故障报警出现,故障排除。

■ 4.故障实际原因

通过以上排查工作,可以分析出当时发生的情况:

(1)机组运行时,NODE8、NODE9 节点供电支路出现问题,模块无法正常工作,触发机组关停。

(2)由于 Controlnet 为顺序通信访问,在出现故障时,系统应正在扫描滑油压力通道,故报警显示最先出现滑油低压,其他报警在另一个扫描周期内陆续出现。

(3)后润滑时出现的预后(润滑油)泵故障报警,是由于接入滑油压力模拟信号输入(AI)卡件存在问题,与机组关停原因不同,两个故障之间应该没有联系。

第八节 ● 燃料热值低导致启动失败故障分析

■ 1.故障现象

2017 年 9 月 18 日 14:00—18:00,启动透平压缩机 B 机 5 次均出现"FN_Ngp_Under_Speed/Gas Producer Under Speed/燃机转速低"关停报警。该机早上刚水洗完。关停时刻:NGP 为 62%~63%,T5 温度回落到 490 ℃左右,pcd 上升至 125 kPa 左右,启动进程到了"ready to load/准备加载"阶段,如图 3-52 所示。

■ 2.故障原因分析

故障原因有以下几种可能:

(1)燃料热值低,造成爬坡缓慢甚至失败。

(2)熄火保护开关故障,造成误动作。

(3)V2P931 燃气一次阀故障。

(4)EGF344 燃料气调节阀故障。

(5)压气机进气不足,导致热悬挂。压气机进气不足的原因有:

a. IGV 开度不够;

b. 压气机叶片脏污;

c. 防喘 BV 阀关不上;

d. 助燃空气入口过滤器脏污;

e. 燃料气热值变化。

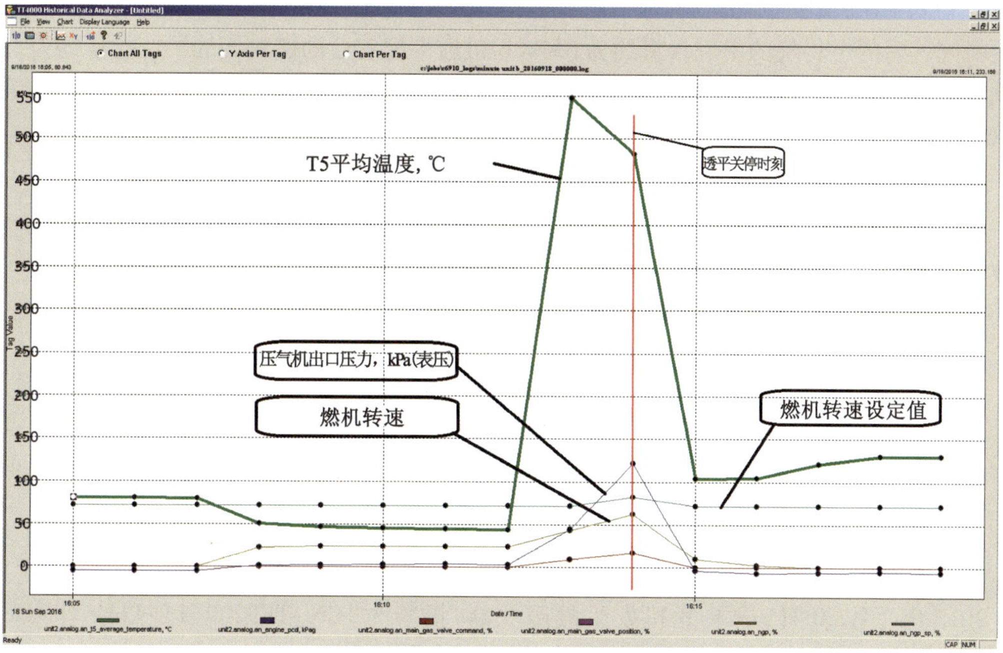

图 3-52　透平 TT4000 历史数据曲线

▶ 3.故障诊断与排除

故障诊断与排除流程如下：

（1）由于上午刚水洗完，可排除压气机积灰导致燃机压气机进气不足的可能。

（2）检查助燃空气入口过滤器，比较干净，排除过滤器脏污导致进气不足的可能。

（3）检查 IGV，发现停机状态 B 机 IGV 横连杆位置比 A、C 机均低，查询无 IGV 调试相关记录，无法确定 B 机当前位置是否正确。查询资料得知，IGV 开始打开的压力为 207～220 kPa，该关停时刻 pcd 虽尚未达到该压力，但如果 IGV 回位过头，开度减小，就会造成进气量不足，通过咨询厂家得知，IGV 驱动杆互不通用，因此无法判定 IGV 的位置是否符合设计要求。

（4）关掉燃料气的高热值配气，透平的 NGP 转速在 60%～61%时即出现报警关停。

（5）查看燃料气热值，和之前相差不大，且次日（19 日）启动 A 机顺利，基本可排除因燃料气热值低而导致 B 机启动失败（因为 A 机与 B 机使用同一燃料气）的可能。

（6）液压油过滤器为新换的滤芯，检查无问题。

（7）拆检防喘 BV 阀，略有锈蚀，但无卡滞现象。

（8）19 日，调高盘车转速至 24.5%～25.8%，关停时刻 NGP 从之前的 62%～63%变为63%～64%，但同样报警关停。

（9）改用外输燃气启机，B 机一次性启动成功。外输燃气的甲烷含量为 79%，机组设计时要求的甲烷含量为 62%左右，因此 B 机出现爬坡失败应该是由燃气热值低引起的。

（10）但是 A 机、C 机在启动的时候未遇到这种情况，现场三台燃机的燃料气都加装了燃料气高热值配气管线，且使用的燃料气气源一致。经现场检查发现，A 机、C 机的配气管线的尺寸要比 B 机的大，因此 B 机有可能存在配气后的热值不够的问题。

（11）对 A 机、B 机、C 机三台透平配气后的燃料气进行取样分析，分析结果显示，A 机、C 机透平配气后的燃料气的甲烷含量约为 65%，B 机透平配气后的燃料气的甲烷含量约为 59%。因此，可以判定导致 B 机透平爬坡失败的原因为 B 机透平的高热值燃料气配气管尺寸偏小，导致 B 机透平配气后的燃料气热值低于透平燃料热值的设计值。

4.故障实际原因

B 机的燃料气高热值配气管线尺寸偏小，配气后燃料气的热值依然偏低，造成 B 机爬坡失败。

第九节 ● 轴承温度监测系统故障

透平轴承回油温差高是轴承温度监测系统的常见故障，下面展开介绍。

1.故障现象

2015 年 2 月 20 日，透平 B 机发生故障关断，报警为"CN_TE3200_LL/Lube Oil Header Temperature Low，Start Turbine/透平润滑油母管温度低关断""AL_Eng_Brg_2_3_Drn_Delta_Temp_HH/Engine Bearing 2&3 Drain Delta Temperature High/透平#2、#3 轴承回油温差高报警""FL_Eng_Brg_2_3_Drn_Delta_Temp_HH/Engine Bearing 2&3 Drain Delta Temperature High/透平#2、#3 轴承回油温差高关断"。

2.故障原因分析

通过查阅透平的 PLC 程序可知，透平报警、关断信息"AL_Eng_Brg_2_3_Drn_Delta_Temp_HH/Engine Bearing 2&3 Drain Delta Temperature High/透平#2、#3 轴承回油温差高报警""FL_Eng_Brg_2_3_Drn_Delta_Temp_HH/Engine Bearing 2&3 Drain Delta Temperature High/透平#2、#3 轴承回油温差高关断"中的#2、#3 轴承回油温差是指透平的润滑油回油温度与透平润滑油母管温度的差值。在报警信息中同时出现了"CN_TE3200_LL/Lube Oil Header Temperature Low，Start Turbine/透平润滑油母管温度低关断"，但未见透平#2、#3 轴承回油温度高的报警信息，由此可初步判断透平#2、#3 轴承的实际回油温度正常，结合报警信息"CN_TE3200_LL/Lube Oil Header Temperature Low，Start Turbine/透平润滑油母管温度低关断"基本可以判定，故障应出现于润滑油母管温度热电偶 TE3200 及其电气回路中。

3.故障诊断与排除

故障诊断与排除流程如下：

（1）根据报警信息分析，机组关断的直接原因为透平#2、#3 轴承温差超过报警值，机组报"FL_Eng_Brg_2_3_Drn_Delta_Temp_HH"关停；间接原因为滑油母管温度变送器 TE3200 温度突降，导致轴承温差高关停，打开 Trigger 文件查看关停时 TE3520（#2、#3 轴承回油温度变送器）与 TE3200（润滑油母管温度变送器）的温度变化情况（如图 3-53 所示）。

（2）查看透平 B 机的 PLC 程序，可知#2、#3 轴承温差（轴承温度与润滑油的差值）的关断设定值为 125 °F，即 51.667 ℃。

（3）从透平上位机润滑油母管温度变送器 TE3200 的历史曲线可以看出，润滑油母管温度

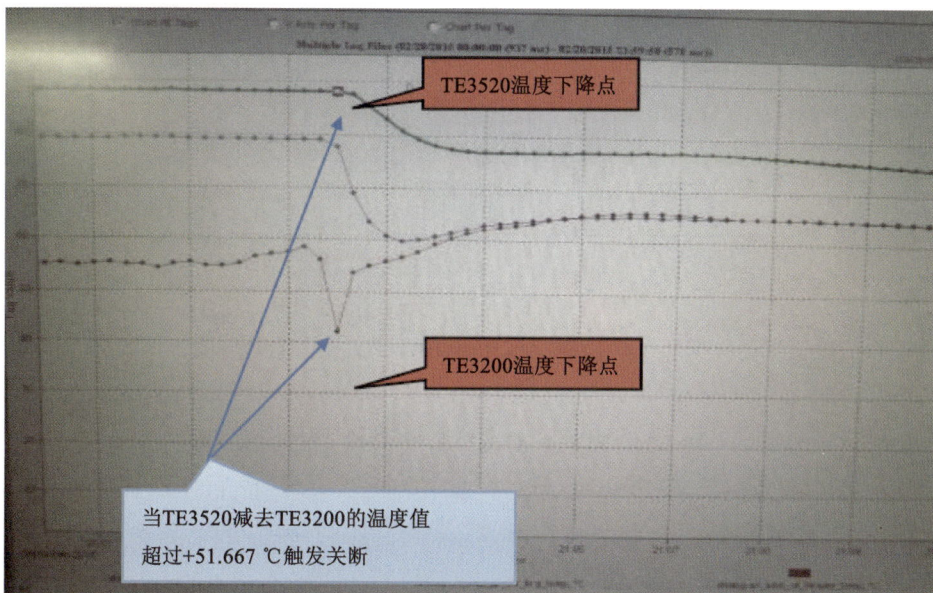

图 3-53　TE3520 与 TE3200 温度变化曲线

变送器 TE3200 数值波动明显,导致温度变送器 TE3200 测量数据波动的原因主要有:

①变送器本身故障,导致温度测量值波动;

②其对应的电气回路接线故障,导致温度测量值波动;

③温度变送器传输线屏蔽不良,导致温度测量值波动;

④透平 B 机控制柜 RTD 温度模拟量卡件故障,导致温度测量值变化。

(4)用万用表对润滑油母管温度变送器 TE3200 的电阻值进行检查,没有发现异常情况。

(5)对 TE3200 温度变送器接线端子进行检查,未发现异常现象。

(6)对温度变送器传输线的屏蔽情况进行检查,屏蔽良好,无异常。

(7)对透平 B 机控制柜 TE3200 对应的 RTD 卡件进行检查,接线良好,指示灯正确,无异常。

(8)检查现场接线箱中的接线端子时,发现 XT0820 端子排 15 号端子接线松动(如图 3-54 所示),重新对所有端子进行紧固。

(9)查看图纸发现,XT0820 端子排 15 号端子(变送器输出 3 号线)为温度变送器信号,怀疑故障和此处接线不良有关。于是现场依次断开 XT0820 端子排的 13 号、14 号、15 号、16 号端子,观察上位机的参数变化情况。通过多次验证及曲线图观察发现,只有温度变送器线 15 号线断开时的曲线与透平 B 机关断时一样。由此可以判断,本次关断主要是由 TE3200 信号线虚接造成的。

4.故障实际原因

润滑油母管温度变送器 TE3200 的中间接线箱 JB71 中的 XT0820 端子排上的 15 号端子松动,造成信号电流(4~20 mA)分流,导致 TE3200 测得的温度值下降,造成#2、#3 轴承回油温差大关断。

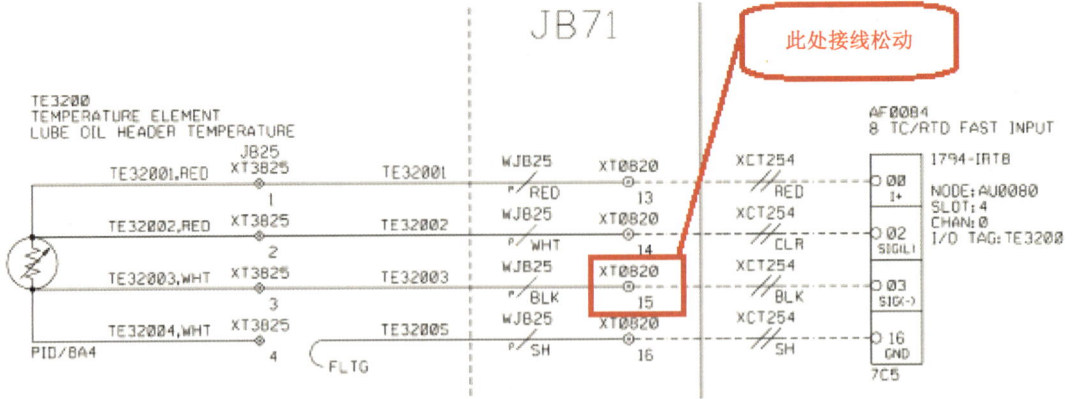

图 3-54 JB71 中 XT0820 的 15 号端子接线松动

第十节 ● 轴承振动监测系统故障

轴承振动监测系统的常见故障有以下几种。

一、#2 轴承振动放大器故障

■ 1.故障现象

2015 年 6 月 11 日,透平 C 机故障停机,停机原因是"FN_TV352X_HH/Engine No.2 Bearing X-Axis Radial Vibration High/发动机 2#轴承 X 方向振动高"(报警信息如图 3-55 所示)触发关断报警,造成主机 C 关断。

图 3-55 透平 C 机报警信息

■ 2.故障原因分析

造成#2 轴承 X 方向振动高的原因主要有:

(1)#2 轴承 X 方向振动信号的振动放大器状态不稳定。

(2)#2 轴承 X 方向振动信号的振动放大器电气线路故障。

3.故障诊断与排除

故障诊断与排除流程如下：

（1）根据 PLC 程序分析，产生"FN_TV352X_HH"的原因是#2 轴承 X 方向振动值超出高关断值，在停机之后，该振动值又恢复了正常，原因可能是信号回路或者振动放大器不稳定，导致该振动信号不稳定，从而引起振动值突然升高。

（2）参照图 3-56 中的回路，对各节点进行详细排查，检查各接线头的紧固情况，未发现明显的故障点，确认信号回路接线没问题。因此，引起报警的原因就是振动放大器状态不稳定。

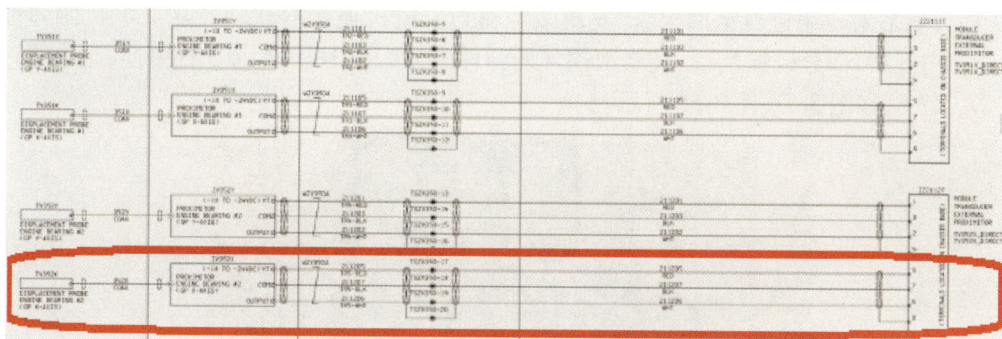

图 3-56　TV352X 的完整回路电路图

（3）更换一个新的#2 轴承 X 方向振动放大器，恢复回路接线。

（4）重新启机，机组顺利启动，直至机组带满负荷，"FN_TV352X_HH"信息未出现。

4.故障实际原因

#2 轴承 X 方向振动放大器故障，导致测得的振动值急剧升高，造成透平机组#2 轴承 X 方向振动高而跳机。

二、透平各轴承振动值波动

1.故障现象

2014 年 7 月 6 日—7 日，透平 C 机在其他各项参数没有变化和异常的情况下，发电机负载 5 500 kW 运转（机组之前负载 7 200 kW 左右运行稳定），在 7 月 6 日的 3:00—12:00，机组的透平和发电机振动出现呈波浪形的无规则变化，且变化明显。

2.故障原因分析

分析故障原因有以下几种可能：

（1）透平转子不平衡。

（2）发电机转子不平衡。

（3）联轴器故障。

（4）振动探头故障。

（5）振动探头回路故障。

（6）振动监测卡件故障。

（7）燃料供给不稳定。

（8）轴承故障。

（9）轴承润滑不良。

（10）机组轴系的同心度不合格。

（11）机组减速齿轮箱故障。

（12）透平支撑故障。

3.故障诊断与排除

故障诊断与排除流程如下：

（1）停机后对机组进行全面检查，发现减速箱与发电机连接的联轴器靠发电机侧弹性膜片多处轴向开裂，部分破损严重。（本次损坏的弹性膜片为2010年6月5日更换，至今累计使用约27 047 h，如图3-57、图3-58所示。）

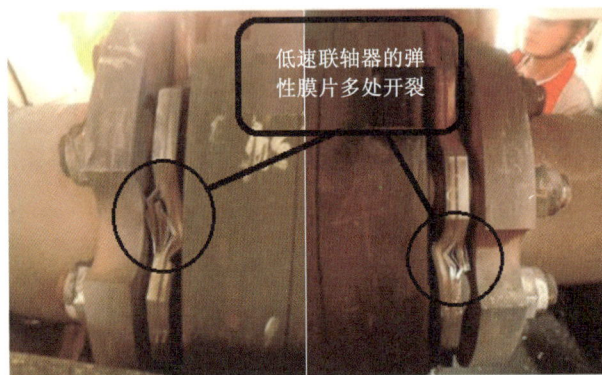

图3-57　联轴器膜片开裂

图3-58　出现故障的联轴器膜片

（2）虽然已确认透平机组的低速联轴器的膜片损坏，但无法确认该膜片损坏与机组振动波动之间的因果关系，需要继续对其他可能导致机组振动波动的因素进行排查。

（3）检查滑油系统，滑油双联滤器无杂物、金属碎屑等，并对滤器进行更换。排除因轴承润滑不良造成轴承振动变化。

（4）窥镜检查原动机压气机和动力涡轮叶片，叶片完整性良好，未发现异常，基本排除透平转子动平衡被破坏的可能性。

（5）检查减速齿轮箱输出轴径向跳动量,用百分表测得垂直方向跳动量为 0.10 mm,符合厂家的技术要求。

（6）检查原动机尾部弹性支撑对中情况,弹性支撑对中均在厂家技术要求范围之内,排除因透平支撑故障而导致振动波动。

（7）检查发电机驱动端轴承上轴瓦,上轴瓦巴氏合金完好,未见金属、碎屑等异物,排除发电机因轴瓦故障而导致振动波动。

（8）检查减速齿轮箱与发电机的对中情况,发现水平方向偏差较大,超出厂家技术标准要求,可能导致机组运转时联轴器的弹性膜片因受力过大而出现损坏。

（9）重新进行发电机与减速齿轮箱对中,使轴系对中值符合厂家技术要求。

（10）更换新的联轴器膜片,回装联轴器后,重新启动透平 C 机,直至机组带满负荷,机组振动值良好,故障排除。

◢ 4.故障实际原因

减速齿轮箱与发电机转子的同心度在水平方向偏差较大,导致机组运转时弹性膜片所受的应力太大,长期运行后最终造成膜片开裂,引起振动波动。

第十一节 ● T5 温度监测系统故障

T5 温度监测系统的常见故障有以下几种。

一、单个 T5 探头故障案例一

◢ 1.故障现象

2015 年 3 月 27 日,透平 C 机故障停机,上位机显示故障停机原因为"FL_T5_TC_High/Single T5 Thermocouple High/单个 T5 热电偶温度高"报警,同时 T5 平均温度也超过设定值,报出"FL_T5_HIGH/T5 Temperature High/T5 温度高"跳机。

◢ 2.故障原因分析

导致透平机组跳机的原因为单个 T5 探头温度高,其他 11 个 T5 温度探头所测得的温度正常,因此可以判断故障应发生在 11 号 T5 温度探头或其对应的电气回路中。

◢ 3.故障诊断与排除

故障诊断与排除流程如下:

（1）查看报警信息,造成本次主机 C 机停机的直接原因是 T5 单个热电偶探头超温(Single T5 Thermocouple High),如图 3-59 所示。

（2）根据 PLC 程序分析,"Single T5 Thermocouple High/单个 T5 温度高"发生在 T5 TC2 热电偶探头处(如图 3-60 所示),其最大温度值超出设定值,同时导致 T5 平均温度也超过设定值,报出"FL_T5_HIGH/T5 温度高"。

（3）在操作站组态软件中的模拟量变量组态中,查看得知 T5 温度热电偶的量程为 0~

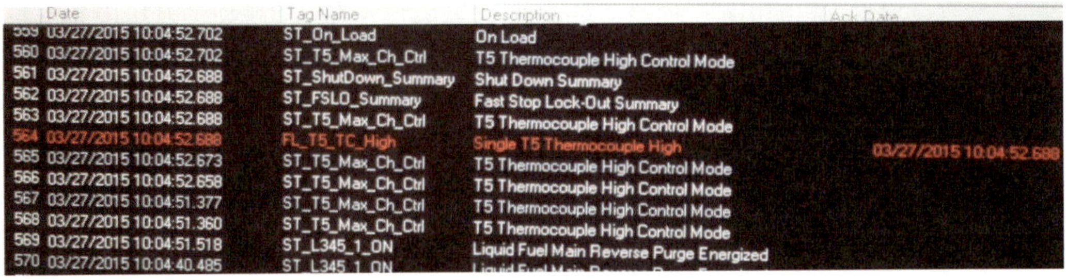

图 3-59　单个 T5 温度高报警信息

1 800 °F,如图 3-61 所示。

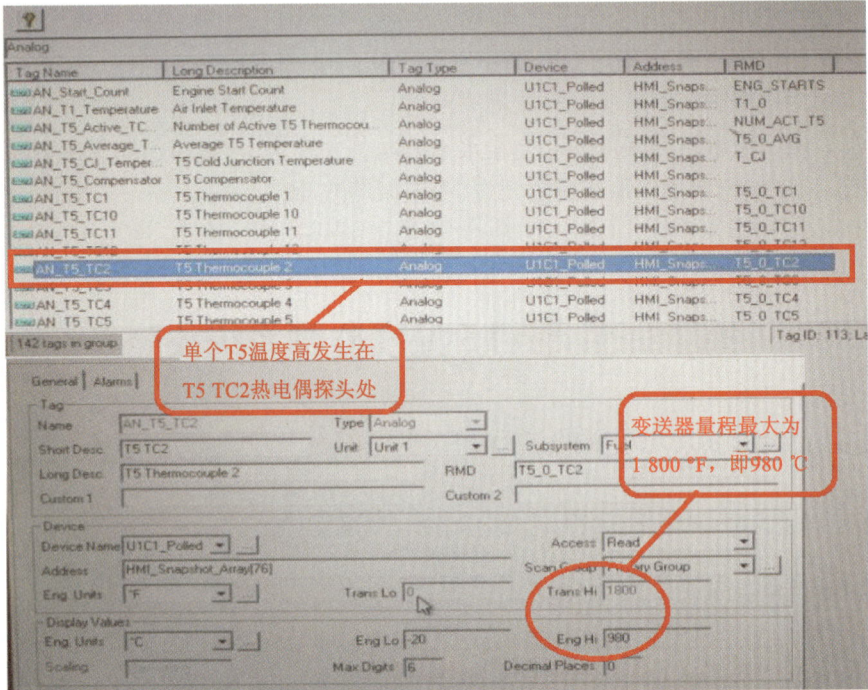

图 3-60　T5 温度热电偶的量程参数

（4）使用数据分析功能,对 T5 TC2 探头的历史数值进行曲线分析,如图 3-63 所示。根据曲线可以看出,T5 TC2 温度正常维持在 500 ℃ 左右,在上午 10:04 时,温度显示突然升高,发生跳变,对比其他 11 个 T5 探头进行横向观察并未出现温度跳变的情况,排除机组工况异常的可能。

（5）T5 TC2 值发生跳变大于仪表关停设定值,最终导致"FL_T5_HIGH/T5 温度高"报警,导致透平机组关停。

（6）导致 T5 TC2 测量值发生跳变的原因主要包括:

①T5 TC2 热电偶本体故障;

②T5 TC2 热电偶电气回路故障。

（7）按照电气回路图,检查 T5 TC2 热电偶电气线路,未发现接线松动、接地等故障。

（8）检测 T5 TC2 热电偶,测量发现热电偶为断开状态,确认探头内部断线故障最终导致主机关停。

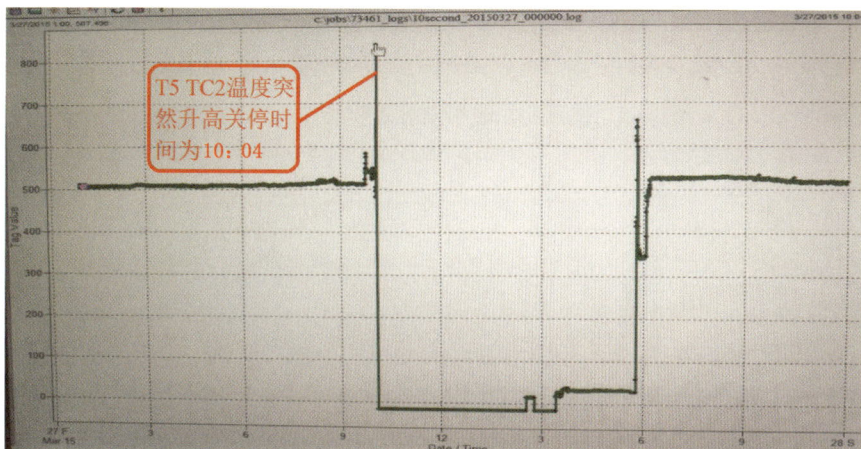

图 3-61　T5 TC2 温度历史曲线

（9）更换新的 T5 TC2 热电偶后，启机运行，温度显示恢复正常。

4.故障实际原因

T5 TC2 探头顶部断裂，T5 TC2 热电偶探头测得的温度值超出设定值，造成 T5 的平均温度也超过设定值，导致透平机组跳机。

二、单个 T5 温度探头故障案例二

1.故障现象

2014 年 9 月 13 日 14：08，透平 B 机 11 号 T5 探头（TE1160）高温报警（如图 3-62 所示），造成透平 B 机停机。

2.故障原因分析

由图 3-62 可以看出，导致透平机组跳机的原因为单个 T5 探头温度跃升，出现温度跃升的 T5 温度探头为 11 号 T5 温度探头，其他 11 个 T5 温度探头所测得的温度正常。因此，可以判断故障应发生在 11 号 T5 温度探头或与其对应的电气回路中。

3.故障诊断与排除

故障诊断与排除流程如下：

（1）查阅电气接线图，找到透平 B 机 11 号 T5 探头（TE1160）对应的现场接线箱端子。

（2）由透平 PID 图（如图 3-63 所示），查找 11 号 T5 探头（TE1160）在电气原理图上对应的位置。

（3）在透平 B 机电气原理图 36 页 C1 区查到透平 B 机的 11 号 T5 探头（TE1160）连接至透平 B 机 JB55 接线箱 21 号、22 号端子，如图 3-64 所示。

（4）检查透平 B 机 11 号 T5 探头的电气回路接线情况，未发现接线松动、接地等故障，排除跳机是由电气回路故障导致的。

（5）在透平 B 机 JB55 接线箱内将 11 号 T5 探头（TE1160）接线由 21 号、22 号端子断开，并且用绝缘胶带缠好。

（6）在透平 B 机机体上找到 11 号 T5 探头位置：由透平热端朝向透平冷端，顺时针11 点钟

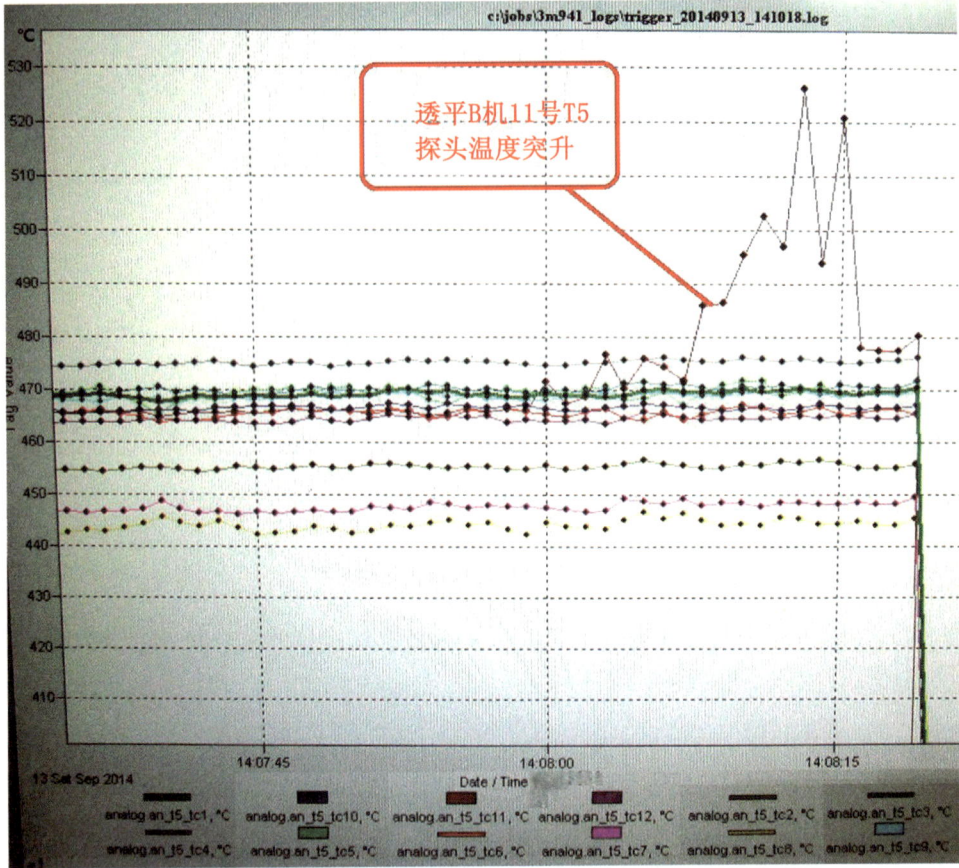

图 3-62 透平 B 机 11 号 T5 探头温度突升

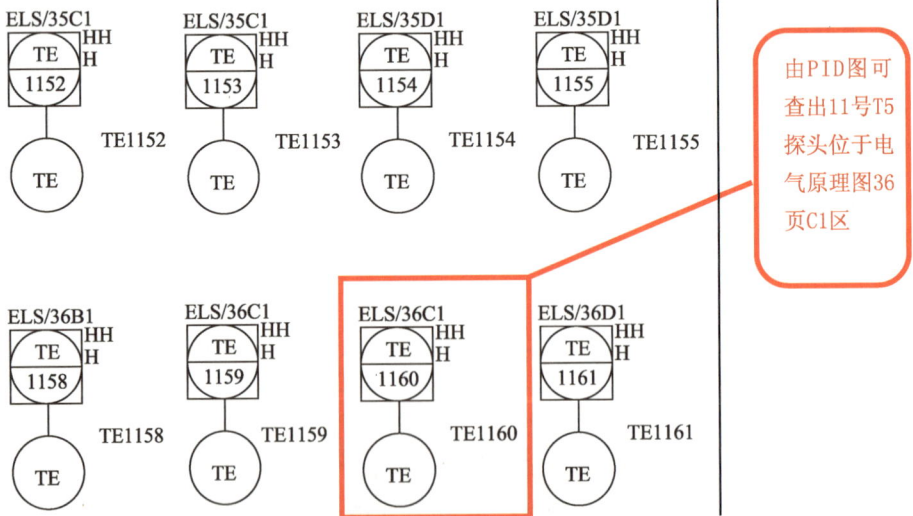

图 3-63 透平 11 号 T5 探头的 PID 图

方位即为 11 号 T5 探头位置。

（7）拆卸 11 号 T5 探头,检查发现 11 号 T5 探头根部有裂痕（如图 3-65 所示）。

TE1160
TEMPERATURE ELEMENT
T5 THERMDCOUPLE   TE11601,ORN   XT1855 WTP3
    +   21   P/ORN-PR3
    -                    TE11602,RED   XT1855 WTP3
PID/4C6   22   RED-PR3
                                                    WTP3

图 3-64 透平 11 号 T5 探头电气原理图

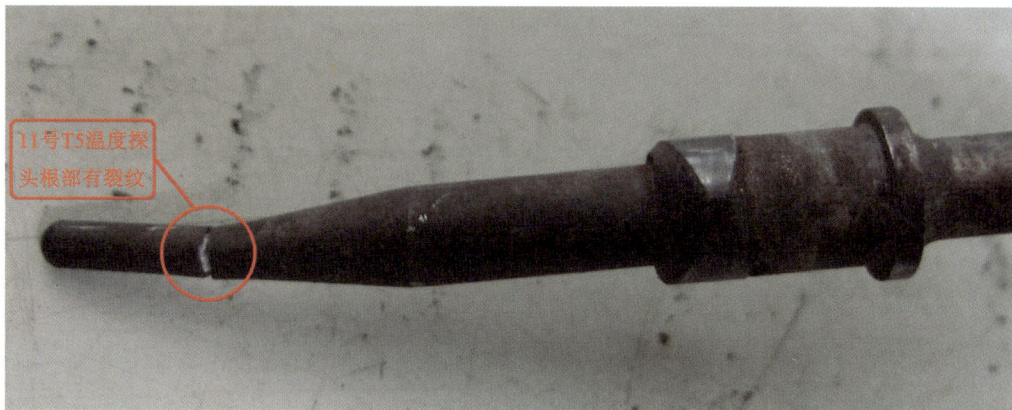

图 3-65 11 号 T5 探头根部有裂纹

（8）更换新的 T5 探头，并恢复 11 号 T5 探头的电气接线。

（9）在 TT4000 控制屏上观察到，新装的 11 号 T5 温度探头所测得的温度与其他 11 个 T5 探头测得的温度相同（测量误差不计）。

（10）重新启动透平 B 机，直至透平 B 机带满负荷，报警未再次出现，11 号 T5 温度探头与其他 11 个 T5 温度探头测得的数据基本相同，且都符合设计要求。

◤ 4.故障实际原因

透平 B 机 11 号 T5 探头（TE1160）出现裂纹，导致该探头对应的温度出现跃升，最终造成透平 B 机报警跳机。

第十二节 ● Solar Titan 130 燃气轮机故障总结

通过对上述故障的整理和再分析，各常见故障的原因已基本得到确认，为了更直观地了解各种常见故障的原因属性，现将各故障整理汇总成表，如表 3-3 所示。

表 3-3 Solar Titan 130 燃气轮机各故障原因汇总表

序号	故障原因	隐患是否可预判/预防
1	电磁阀线圈故障	否
2	除冰阀阀体密封圈损坏	是

续表

序号	故障原因	隐患是否可预判/预防
3	RT370A 接线端子处虚接	是
4	PS200 电源模块损坏	否
5	柴油流量计仪表故障	否
6	透平箱体通风压力开关故障	否
7	T5 TC2 探头顶部断裂	否
8	透平箱体通风滤网脏堵	是
9	#2 轴承 X 方向振动信号的振动放大器状态不稳定	否
10	RT339 温度传感器内部故障	否
11	#2 轴承气封故障	否
12	滑油冷却器风扇和电动机的皮带轮对中偏差大	是
13	#2、#3 轴承机体内部的进油管线密封老化严重	是
14	温度开关 TS-6540 因潮湿导致绝缘阻值减小	是
15	温度检测卡件故障	否
16	AF0084 卡件故障	否
17	溢流阀 PSV7530 阀芯脏堵	是
18	VE1062 接线松动	是
19	T5 的 TC12 探头有裂纹	否
20	FCV1026 执行器设备老化	是
21	点火燃气压力设定值低	是
22	FV-7055 盘根漏气	是
23	柴油分配管线中的一支节流器内的节流孔板缺失	是
24	透平轴承滑油进油管线密封圈损坏	是
25	单个 T5 温度探头断裂	否
26	火焰探头 DTF6512 表头电路板烧损	否
27	11 号 T5 探头（TE1160）受损	否
28	通信模块 CONTROLNET BRIDGE AP0601 报故障导致透平急停	否
29	导流片制动器内部电路板故障	否
30	发动机尾部支撑弹片断裂	否
31	#2、#3 轴承密封损坏	是
32	滑油冷却风扇轴承损坏	是
33	#2 T5 探头补偿模线短路	是

续表

序号	故障原因	隐患是否可预判/预防
34	天然气二次阀及调节阀密封部位脏污	是
35	天然气调节阀脏堵	是
36	TE1110 的中间接线箱 JB101 第二端子有松动	是
37	#2、#3 号轴承进、回油管 O 形密封圈损坏	否
38	润滑油管 O 形密封圈装配不当	是
39	燃油控制阀卡阻	否
40	压差变送器 PT2121 取压管线有积液	是
41	燃料调节阀 FCE2130 故障导致漏气	是
42	TE3200 信号线虚接	是
43	温控阀阀芯卡滞	是
44	燃油排放阀 V2P945-1 故障	是
45	减速齿轮箱与发电机的对中不合格	是
46	蓄电池充电电压设定值不当	是
47	启动电动机一相接线端子外部绝缘层被击穿	是
48	压差变送器 PT2121 引压管线仪表接头出现松动漏气,导致阀检失败	是
49	变频器控制电路板出现故障	否
50	滑油压力信号 AI 卡件故障	否
51	燃油泄放阀 V2P945-1 执行机构与阀杆的连接键脱落	是
可预判/预防的故障次数		30 次
可预判/预防的故障占比		58.82%

说明:(1)表中标注可预判/预防的故障是其故障点在日常巡检、日常维护、定期维护时能检查到且能发现故障端倪的故障;

(2)表中标注不可预判/预防的故障是指其故障点是隐蔽在某个设备中,且在日常巡检、日常维护、定期维护时无法检查到的故障,且该故障设备尚未达到或未接近其使用寿命。

从表中可以看出,在此次收集到的故障案例中,有高达 58.82% 的故障是可以在日常巡检、日常维护、定期维护中发现故障隐患的,通过提前预防可以将故障隐患消除在萌芽中。当然,这 58.82% 的故障预判难度大小不一,要想完全消除这些故障不仅需要认真的工作态度,更需要拥有相当高的燃气轮机维护、保养、维修管理水平和技术水平。

第四章
Solar Taurus 70 燃气轮机常见故障

第一节 ◉ 启动系统常见故障分析

启动系统的常见故障为启动电机变频器故障,下文将就启动电机变频器故障展开介绍。

◢ 1.故障现象

2017 年 12 月 22 日,透平 D 机更换 IGBT 控制电路板后进行盘车测试。运行 10 min 后,手动关停机组,机组正常停运、盘车,机组转速下降至 11% 时,报警"FN_VFD430_FAULT/变频器故障"。发现当转速降低时,VFD 输出电流却增加到 545 A,导致"FN_VFD430_FAULT/变频器故障"。仔细检查 IGBT 接线,重新盘车仍有相同的故障出现。

◢ 2.故障原因分析

故障原因有以下几种可能:

(1)新的 IGBT 控制电路板与旧的 IGBT 总成不兼容,导致机组报警。

(2)变频器冷却风扇故障,造成散热不好,导致机组报警。

(3)IGBT 回路故障,导致机组报警。

◢ 3.故障诊断与排除

故障诊断与排除流程如下:

(1)检查变频器冷却风扇,风扇工作正常,没有卡堵现象,风机滤网没有脏堵,现场环境温度为 22 ℃,排除冷却风扇故障。

(2)透平 D 机更换新的 IGBT 控制电路板,盘车测试结果正常。停机时,出现报警"FN_VFD430_FAULT/变频器故障",怀疑由于 IGBT 总成没有更换,新的 IGBT 控制电路板与旧的 IGBT 总成不兼容,导致机组报警。

(3)对变频器 IGBT 左、右控制总成进行更换,重新启动盘车,故障依然存在,排除 IGBT 控制电路板与 IGBT 总成不兼容。

(4)仔细查看运行参数,发现透平 D 机盘车测试在转速降低时,VFD 输出电流却增加到 545 A,这是造成报警"FN_VFD430_Fault/变频器故障"的直接原因。

(5)仔细检查,并紧固 IGBT 接线,重新盘车仍有相同故障出现,排除回路接线故障。

(6)连接透平 A 机,读取内部参数设置,与透平 D 机参数进行对比,发现"KT_VFD430_

BOOST_Voltage_SP_Hi"设定值为 10,而 D 机设定值为 13。此参数与变频器温度有关,查阅资料,当"BOOST_Voltage"值设定得过大时,有可能导致变频器高温;"BOOST_Voltage"值设定得过低时,会导致机组启机困难。

(7)修改透平 D 机"BOOST_Voltage"值,设定为 10,并保存。

(8)透平 D 机盘车测试,运行 10 min 后,将机组正常停运盘车,机组转速下降至 11%时,没有报警,机组盘车测试正常停机。

◪ 4.故障实际原因

透平 D 机"KT_VFD430_BOOST_Voltage_SP_Hi"设定值过大,导致变频器停机时,IGBT 系统高温报警。

第二节 ◉ 进气系统常见故障分析

进气系统的常见故障有进气压差变送器故障和温度传感器故障等。

一、进气压差变送器故障

◪ 1.故障现象

2013 年 5 月 13 日 10:30,透平 C 机出现进气压差值不稳定,且进气压差值有上升趋势。10:45,透平 C 机进气压差值迅速上升,并超过机组保护设定值,机组保护程序启动,以降低机组负荷,随即注水泵电源掉电、水源井电源掉电,整个注水系统停运。检查透平 C 机控制屏报警信息,信息内容为"进气压差变送器故障"。

◪ 2.故障原因分析

故障原因有以下几种可能:

(1)变送器外部受到撞击或者剧烈磕碰,造成变送器内部电器元件损坏,输出数值出现跳变。

(2)变送器引压管线脏堵,造成测试介质无法正常引入压差表内部的测量元件中,特别是压差型变送器受各种外界影响最为直接,出现跳变的概率较大。

(3)变送器内部接线端子松动,也会造成模拟量信号输入跳变。接线松动会造成端子与信号线接触面积不足,导致电压不稳,输出的 4~20 mA 的电流也会不稳,产生输入信号的跳变。

(4)变送器零点漂移,量程设置有误虽然不会造成跳变现象,但是也会对参数的监控有影响。

◪ 3.故障诊断与排除

故障诊断与排除流程如下:

(1)仪表工程师检查进气滤器及压差变送器。

(2)压差变送器外观无明显的损伤。

（3）检查压差变送器引压管线，没有松动或者泄漏情况，无堵塞现象。

（4）检查压差变送器表头，测量压差变送器电压为 24 V 正常供电，但是在测量过程中发现端子排上的接线有松动的迹象，随即进行紧固。

（5）利用 HART 手操器对压差变送器的量程进行检查，确认量程与表头铭牌标注的 0~15 mmHg 相同。

（6）在紧固端子之后，对透平 C 机压差变送器输出的数值进行实时监控，没有跳变现象出现，而且数值显示在正常范围内，波动微小，数值比较稳定。

■ 4.故障实际原因

由于压差变送器接线端子安装不够紧固，在长期运行过程中机组本身的振动导致信号线松动而出现虚连现象，造成透平机组接收到的模拟输入信号有跳变现象，当跳变值超过机组的保护设定值时，机组自保护程序启动，降低机组负荷，以确保机组运行安全。

二、温度传感器故障

■ 1.故障现象

2014 年 5 月 7 日，透平 C 机在启机加速过程中，电脑屏幕出现"RT-339FAT/进气温度热电阻故障"报警，人机界面上 T1 温度值波动很大，几秒后故障又可复位。

2017 年 6 月 23 日，透平 A 机在运行过程中进气温度异常升高，导致 A 机故障停机。

■ 2.故障原因分析

燃机的进气温度传感器为电阻式温度传感器，其温度测量值波动大的直接原因为测量回路的阻值波动大，结合进气测温系统电气回路原理图（如图 4-1 所示）可知，造成温度测量值波动较大的因素主要有：

（1）温度传感器损坏。

（2）温度测量回路存在间歇性接地，造成测量回路阻值波动大。

（3）温度测量回路存在接触不良，造成测量回路阻值波动大。

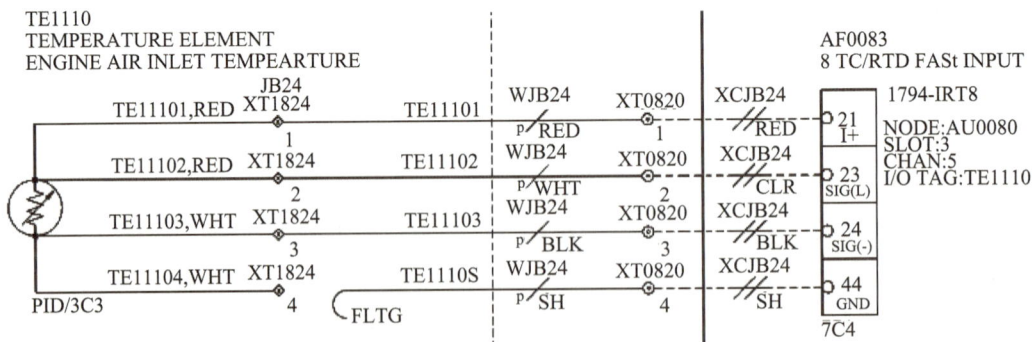

图 4-1　进气测温系统电气回路原理图

■ 3.故障诊断与排除

故障诊断与排除流程如下：

（1）检查 T1 温度传感器接线盒，发现热电阻连接导线有磨损（如图 4-2 所示）。

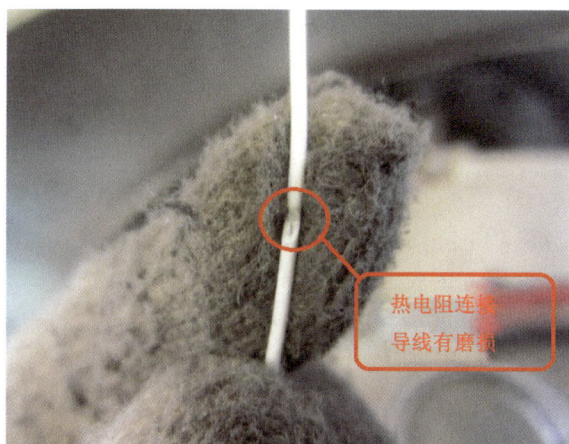

图 4-2　热电阻连接导线磨损

（2）检查 JB71 接线盒中的热电阻接线端子，端子连接无松动、无锈蚀，接触良好。

（3）检查燃机控制盘上的 AF0083 热电阻输入模块接线端子，端子连接无松动、无锈蚀，接触良好。

根据上述检查，基本可确定造成温度测量值波动大的原因是热电阻连接导线绝缘层磨损。更换新的温度传感器，恢复系统接线，报警消失，T1 温度显示正常。

▲ 4.故障实际原因

T1 温度传感器接线盒内的热电阻连接导线与接线盒内壁受振动而磨损，与外壳接触，导致回路阻值变化，温度变化异常，造成测量的进气温度高而故障停机。

第三节 ◉ 润滑油系统常见故障分析

润滑油系统常见故障主要有以下几种。

一、透平润滑油温度过高

下面从三个案例进行分析。

（一）案例一

▲ 1.故障现象

透平 D 机滑油冷却风机过电流跳闸，造成滑油温度过高而停机，由于电网热备足够，其他机组在负荷增加后仍正常运行。

▲ 2.故障原因分析

故障原因有以下几种可能：

（1）润滑油冷却风扇被卡住，导致电机过流跳闸。

（2）润滑油冷却风扇电机故障，导致电机过流跳闸。

3.故障诊断与排除

故障诊断与排除流程如下：

（1）透平 D 机停机后，冷却风机现场手动运行，几秒后过电流跳闸，用钳形电流表测量其启动电流和运行电流，运行电流不平衡，分别为 11 A、11 A、20 A。

（2）透平 D 机冷却风机断电隔离，对电机的值阻、绝缘进行检查。

（3）在透平 D 机辅机盘用万用表测量电机的值阻和绝缘分别为 2.2 Ω 三相平衡和 0 MΩ；再次在现场电机处测量，数值相同，故判断是电机绝缘故障造成的过电流跳闸。

（4）由于该电机更换时间不长，所以出现电机绝缘为零且阻值三相平衡的现象基本可以排除配电柜内元器件故障和电机本体绝缘故障的可能性。怀疑故障是电机内部在前一天晚上下雨进水造成的。

（5）对现场电机上端盖进行拆卸，发现内部有凝结水，同时发现内部锈蚀严重，有很多的锈渣存在，如图 4-3 和图 4-4 所示。

图 4-3　拆解后的冷却风扇电机

（6）对电机内部用仪表风进行吹扫，完毕后发现对电机内部的清理不彻底，同时测量绝缘依然为零。

（7）继续对电机进行拆卸，将其驱动端端盖拆开，发现内部锈蚀严重，出现很多凝结水，用仪表风进行吹扫后，测量其绝缘依然为零。

（8）将电机放入烤箱，防止内部绕组因为温度过高而损坏，将烘烤温度设定为 60 ℃，对其进行加热烘烤 24 h，测量其绝缘依然为零，判断其绕组出现问题，需要返回陆地维修。

4.故障实际原因

该电机为 2017 年 7 月 11 号更换的新电机，由于电机放置时间较长，内部进入潮气，电机定子与壳体锈蚀在一块，造成电机绝缘为零，运行电流不平衡。

图 4-4　拆解后的冷却风扇电机

（二）案例二

■ 1.故障现象

透平发电机 B 在启动过程中出现滑油温度明显上升的趋势,检查发现滑油风扇不转,检查对应电机配电柜发现风扇电机出现过载保护动作。

■ 2.故障原因分析

故障原因有以下几种可能:

(1)润滑油冷却风扇被卡住。

(2)润滑油冷却风扇电机故障。

■ 3.故障诊断与排除

故障诊断与排除流程如下:

(1)2014 年 8 月 5 日上午,透平 B 机启动时发现滑油温度出现明显上升趋势,到现场发现滑油风扇不转。

(2)检查滑油风扇配电柜,盘面显示为停止状态,开关打到"手动"位置,无法启动。在配电柜后面测得风扇电机三相直阻分别为 2.8 Ω、无穷、无穷,绝缘时电阻为 3.4 Ω。

(3)对透平 B 机滑油冷却风扇进行电气隔离,拆开透平 B 机滑油冷却风扇电机现场接线盒,检查电机三相直阻分别为 2.4 Ω、无穷、无穷,绝缘时电阻为 3.4 Ω。

(4)继续检查接线盒内电缆,发现电缆抽头根部断开,造成电机一相绕组缺失,无法启动。

(5)电机一相绕组的电缆引出线与电机连接处的电缆表皮破损,内部电缆丝有接地现象,对地电流变大,击穿电缆绝缘层,烧断电缆,如图 4-5 所示。

(6)更换透平 B 机滑油风扇电机,送电,试验正反转后恢复正常。

■ 4.故障实际原因

滑油风扇电机电缆抽头根部断开,造成电机绕组缺相,引起电流过大,导致过载保护动作。

图 4-5　电缆抽头根部断开

（三）案例三

1.故障现象

透平 B 机滑油温度升高,温度无法控制,71 ℃时报警,74 ℃后故障停机;滑油冷却风扇电机的电动机控制中心主开关跳闸。

2.故障原因分析

故障原因有以下几种可能:

(1)温度监测系统故障,导致测得的润滑油温度错误。

(2)润滑油冷却风扇电机故障。

(3)润滑油冷却风扇被卡住,导致电机过电流跳闸。

3.故障诊断与排除

故障诊断与排除流程如下:

(1)11 月 23 日下午 5:45,现场值班人员发现透平 B 机滑油温度异常升高。

(2)现场发现透平 B 机滑油温度升高,温度无法控制,71 ℃时报警,滑油冷却风扇电机的电动机控制中心主开关跳闸。

(3)检查滑油冷却风扇电机直流电阻分别为 1.3 Ω、1.5 Ω、2.5 Ω,绝缘时电阻为 0 Ω,确认因电机故障而引起短路跳闸。

(4)立即手动减少透平 B 机所带负载,并退出电网,防止其对电网造成冲击。

(5)1 min 后,透平 B 机滑油温度高停机。

(6)24 日,更换透平 B 机滑油冷却风扇,检查新冷却风扇电机直流电阻分别为 0.7 Ω、0.7 Ω、0.7 Ω,绝缘电阻为 550 MΩ,试运转校验风扇正反转,三相运行电流分别为 19 A、20 A、20 A,透平 B 机恢复正常使用。

4.故障实际原因

滑油冷却风扇电机内部绕组短路。

二、润滑油母管温度低

1.故障现象

2016 年 10 月 8 日 06：22：28，透平出现"AL_TE6060_L/Lube Oil Header Temperature Low/ 润滑油母管温度低"报警。

透平润滑油温度低报警（报警值为 43 ℃）时，润滑油箱的温度比正常温度偏低约 15 ℃。

2.故障原因分析

故障原因有以下几种可能：

（1）温控阀故障。

（2）母管上润滑油温度探头故障，造成测量错误。

（3）温度监测控制回路故障。

（4）控制系统卡件故障。

3.故障诊断与排除

故障诊断与排除流程如下：

（1）在控制面板上查看相应的参数，母管润滑油温度为 42 ℃ 左右，润滑油箱的温度为 50 ℃，比正常温度偏低约 15 ℃。怀疑现场润滑油温控阀有卡滞，导致润滑油温度偏低，用橡皮锤敲击温控阀，发现润滑油温度基本上没有变化。

（2）用测温枪测得温控阀后端润滑油管线（润滑油温度探头处的滑油管线）的温度约为 58 ℃，基本确定润滑油母管实际温度不低，怀疑润滑油母管测温探头故障。

（3）为了进一步确认是否为测温探头故障，减少透平发电机的负荷，分级卸载直至退出，手动关停润滑滑油冷却风扇，慢慢增加透平发电机的负荷（以确认整个润滑油系统的温度是否偏低），发现#2、#3 轴承的温度升高了 8 ℃（从 82 ℃ 升至 90 ℃），润滑油母管和润滑油箱的温度升高了 7 ℃，此时用测温枪测量温控阀后端润滑油管线（润滑油母管温度探头处的滑油管）的温度约为 63 ℃。

（4）通过上述分析可以看出，整个润滑油系统的实际温度不低，怀疑是仪表方面的问题，通过查看图纸发现润滑油温度和润滑油箱温度探头都在同一个卡件上，此卡件上还带有 3 个温度探头（天然气温度、机组隔声箱体温度、PCD 气温度），如图 4-6 所示。

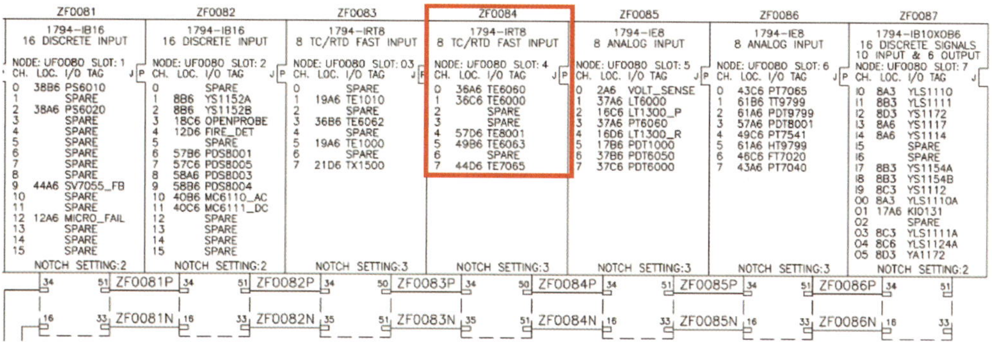

图 4-6　各温度测点测得数据对比

（5）通过对比发现，控制面板上显示的天然气温度、机组隔声箱体温度、PCD 气温度数值也比正常温度偏低约 15 ℃。

（6）将此卡件上 5 个温度探头的曲线图调出，出现数值偏低的时间基本上是一致的，如图 4-7、图 4-8 所示，排除测温探头故障，基本可以判定该故障发生在 ZF0084 卡件上。

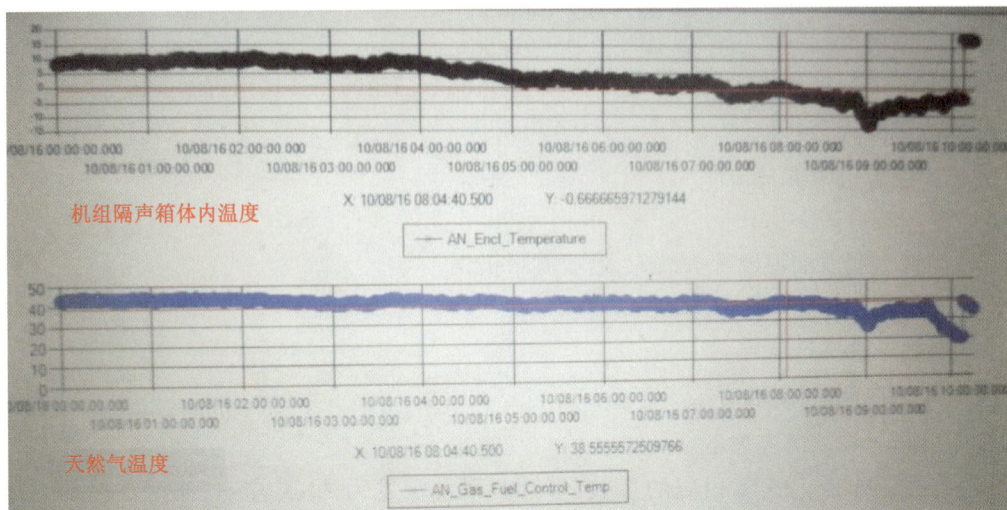

图 4-7　T5 温度曲线（一）

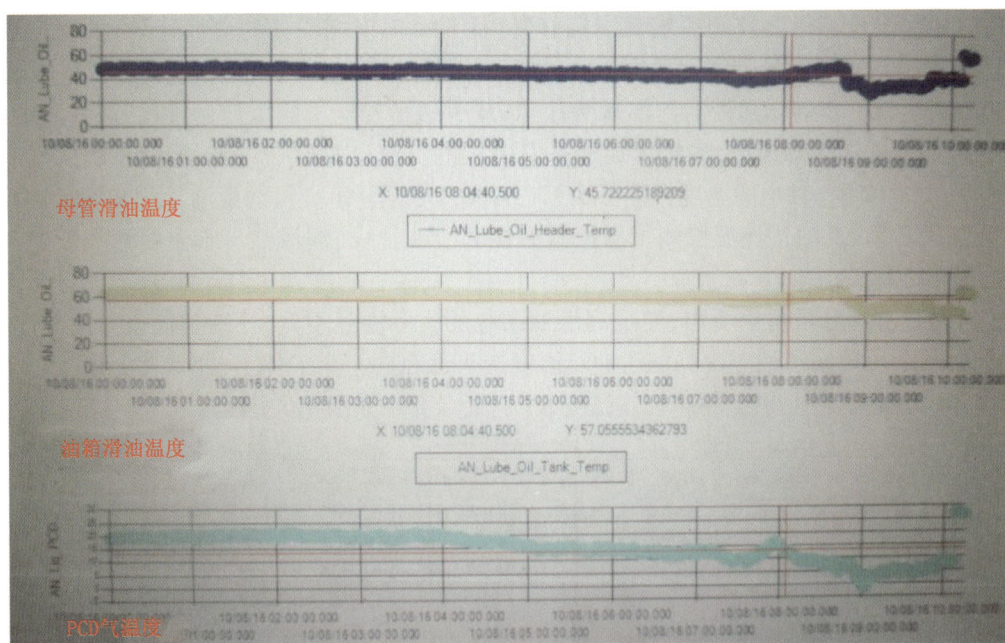

图 4-8　T5 温度曲线（二）

（7）检查 ZF0084 卡件，卡件上"OK"指示灯正常，用手触摸卡件，没有感觉发烫，查看控制柜内的温度为 21 ℃，湿度为 26%，符合设计要求，而且控制柜的进气和排气风扇正常。

（8）将透平停机，拆下旧的 ZF0084 卡件，测量现场温度探头到控制柜内线路对地阻值，均为无穷大,排除 ZF0084 卡件存在接地故障。

(9)更换一个新的 ZF0084 卡件,机组启动后,润滑油温度显示正常,故障排除。

4.故障实际原因

PLC RTD/TC 卡件 ZF0084 故障。

三、后备润滑油泵故障

1.故障现象

2016 年 8 月 27 日,透平 A 机后备润滑油泵无法建立压力,电机不转,电流大,单独检查电机和泵都没问题。将透平 C 机的后备润滑油泵的电机更换至透平 A 机上,试运行正常。

2.故障原因分析

故障原因有以下几种可能:

(1)后备润滑油泵被卡住,导致电机不转,电流大。

(2)后备润滑油泵电机本体故障。

3.故障诊断与排除

故障诊断与排除流程如下:

(1)透平启动过程中后备润滑油泵无法建立压力,检查确认电机不转。

(2)准备工具将电机拆下,测量直阻 16 Ω,绝缘时电阻大于 100 MΩ,接电后电机正常启动,测量空载电流为 11~13 A,带载时电流为 60~80 A,电机不转,判断可能电机本体故障。

(3)电机解体检查,发现碳刷与换向环接触面积过小,打磨后组装,测量直阻为 1.7 Ω,绝缘时电阻大于 100 MΩ。

(4)接电后后备润滑油泵电机正常启动,测量空载电流为 11~13 A,带载时电流为 60~80 A,电机不转,故障未解决。

(5)再次解体,检测发现定子直阻为 65.6 kΩ,检测另两台后备润滑油泵电机(一台为前期透平 A 机故障更换下来的,一台为 28-2 号平台送来的旧电机),定子直阻都约为 380 Ω。

(6)检查前期故障更换下来的电机,确认其转子已损坏,无法使用。

(7)将本次故障的后备润滑油泵电机的转子与前期故障更换下来的后备润滑油泵电机的定子组装在一起,测量直阻为 1.7 Ω,绝缘时电阻大于 100 MΩ,接电后电机正常启动,测量空载电流为 1.1~1.3 A,带载时电流为 6~8 A,电机运转正常,确认故障解决。

4.故障实际原因

后备润滑油泵电机定子损坏。

四、后备润滑油泵电源保险烧坏

1.故障现象

2012 年 6 月 8 日,透平 A 机启动前滑油系统自检报警"后备润滑油泵故障",启动终止。

2.故障原因分析

故障原因有以下几种可能:

（1）后备润滑油泵电机故障。

（2）后备润滑油泵故障。

（3）后备润滑油泵电源故障。

3. 故障诊断与排除

（1）透平 A 机控制盘触摸屏上显示后备润滑油泵故障，此时透平正在 slowroll 状态，滑油压力为 65 kPa，滑油压力偏低。

（2）对后备润滑油泵控制盘断电，检查后备润滑油泵电机直阻绝缘正常，分别为 1.9 Ω、100 MΩ。主回路保险烧坏一个，其余部件正常。

（3）手动盘车，后备润滑油泵正常，无卡涩。

（4）更换保险后，恢复供电。发现后备滑油泵间歇启动十分频繁，查找后备润滑油泵电机保险烧坏的原因。

（5）检查发现，透平 A 机的预后润滑油泵在 slowroll 状态下母管压力低，造成后备润滑油泵频繁启停，导致保险烧坏。

（6）正常启机，后备泵的运行电流为 8.9 A。

（7）透平 A 机启机自检正常，故障排除。

4. 故障实际原因

故障原因如下：

（1）原来使用的保险型号不对。

（2）透平的预后润滑油泵在 slowroll 状态下的母管压力偏低，造成后备直流润滑油泵频繁启停，导致后备直流润滑油泵的电源保险烧坏。

五、启机过程中润滑油压力无法建立

1. 故障现象

2016 年 6 月 19 日，仪表专业更换完 A 机的 ZF2038 模块后，准备启机试运行，启机过程中润滑油压力无法建立，先后报"预/后润滑油泵故障""后备润滑油泵故障"，并停机。

2. 故障原因分析

故障原因有以下几种可能：

（1）润滑油路脏堵或泄漏，造成油压无法建立。

（2）预/后润滑油泵或其电机故障，造成泵出口压力低。

（3）后备润滑油泵或其电机故障，造成泵出口压力低。

（4）压力调节阀故障，造成母管压力低。

（5）系统控制箱电气回路故障。

（6）预/后润滑油泵和后备润滑油泵电动机电源回路故障。

3. 故障诊断与排除

故障诊断与排除流程如下：

（1）根据故障现象，初步判断为润滑油系统故障导致的压力无法建立，透平停机。

（2）对相应设备进行隔离，对预/后润滑油泵进行检查，发现滤器脏堵，及时进行清理，手动盘泵正常,后手动启动预/后润滑油泵,压力能正常建立至 100 kPa 以上,管路系统无漏点。

(3)检查后备润滑油泵控制箱,发现后备润滑油泵控制箱内保险被烧毁,检查控制箱电气回路,均正常。

(4)更换新的保险后对控制箱信号进行测试,拆除控制箱出线端为后备滑油泵供电的电缆,和仪表一起对从透平控制盘过来的 24 V 直流信号进行测试,启/停测试均正常,检查箱内电路绝缘正常,确认控制箱无短路/接地等情况存在。

(5)对现场后备润滑油泵进行检查,手动盘电机与泵的转子组,转子组存在轻微卡涩现象,拆下直流电机,手动盘电机转子,有卡涩现象。

(6)从出线端测量后备直流润滑油泵电机绝缘时电阻为 550 MΩ,阻值为 0.5 Ω;测量新的后备润滑油泵电机阻值为 1.6 Ω,确认后备润滑油泵电机绕组有问题。

(7)更换一台新的后备润滑油泵电机,系统恢复。

(8)重新启动透平,润滑油系统工作正常,故障排除。

◈ 4.故障实际原因

故障原因如下:

(1)预/后润滑油泵滤器脏堵,造成系统油压建立不起来。

(2)后备润滑油泵电机绕组故障,造成后备润滑油泵出口压力低,系统油压建立不起来。

六、润滑油检测失败故障

◈ 1.故障现象

2016 年 12 月 21 日,透平 A 机在盘车过程中出现"FN_LUBE_DEC_CHECK_FAIL/润滑油系统检测失败"报警,机组盘车,并关停。

◈ 2.故障原因分析

故障原因有以下几种可能:

(1)预/后润滑油泵或其电机故障,造成出口润滑油压力低。

(2)后备润滑油泵或其电机故障,造成出口润滑油压力低。

(3)电气、控制回路故障,造成控制系统误判。

(4)润滑油油温低,造成泵出口压力低。

◈ 3.故障诊断与排除

故障诊断与排除流程如下:

(1)机组报警停车后,使用 PC 机线上检查程序(如图 4-9 和图 4-10 所示),确认此故障现象为润滑油系统检测时预/后润滑油泵(B321)和/或后备润滑油泵(B322)出口压力低所致。

(2)在机组程序启机、机组程序盘车情况下,控制系统对润滑油系统进行检查,任一泵出口压力低时,此报警都是触发的,其输出为"1"(如图 4-11 所示)。

(3)在透平机组启动盘车时,透平机组程序自动对预/后润滑油泵和后备润滑油泵的启动情况进行检测。预/后润滑油泵和后备润滑油泵的运行状态是靠泵出口压力开关的状态来判断的: S322-3(AC PRE/POST PUMP CHECK)、S322-5(BACKUP PUMP LOW PRSSURE TEST)。透平机组在启机、盘车过程中,首先运转预/后润滑油泵,其间对预/后润滑油泵的出

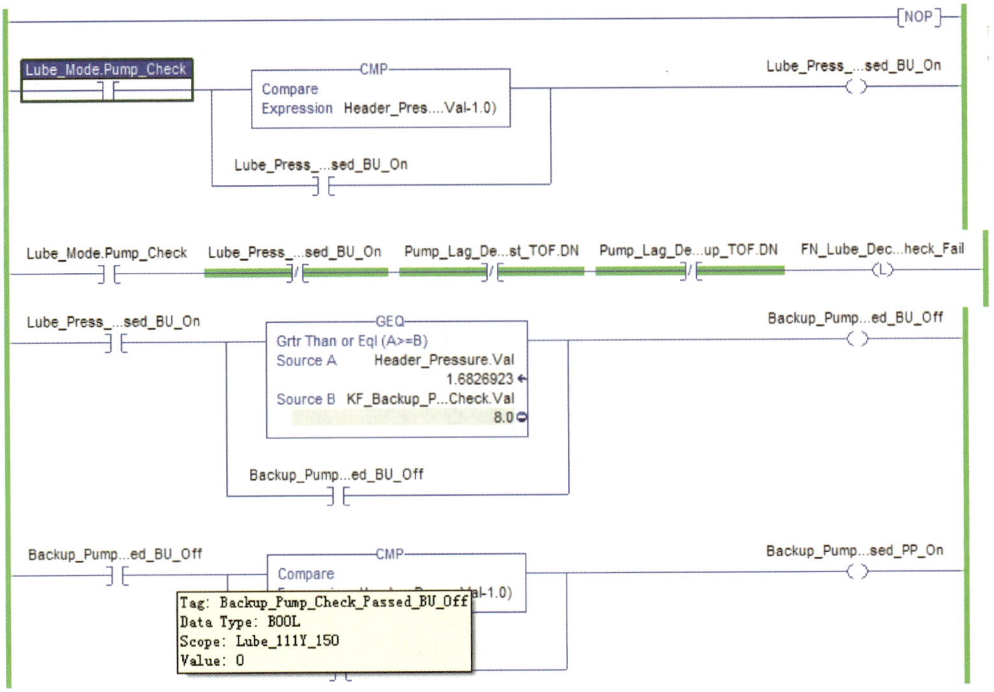

图 4-9　润滑油系统检测程序（一）

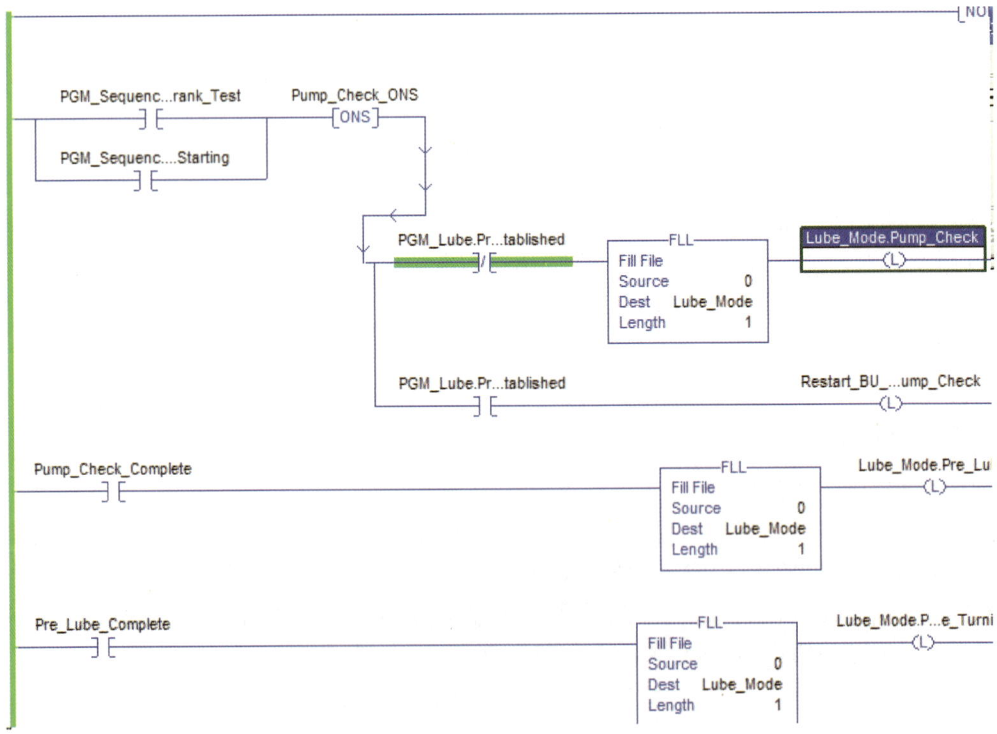

图 4-10　润滑油系统检测程序（二）

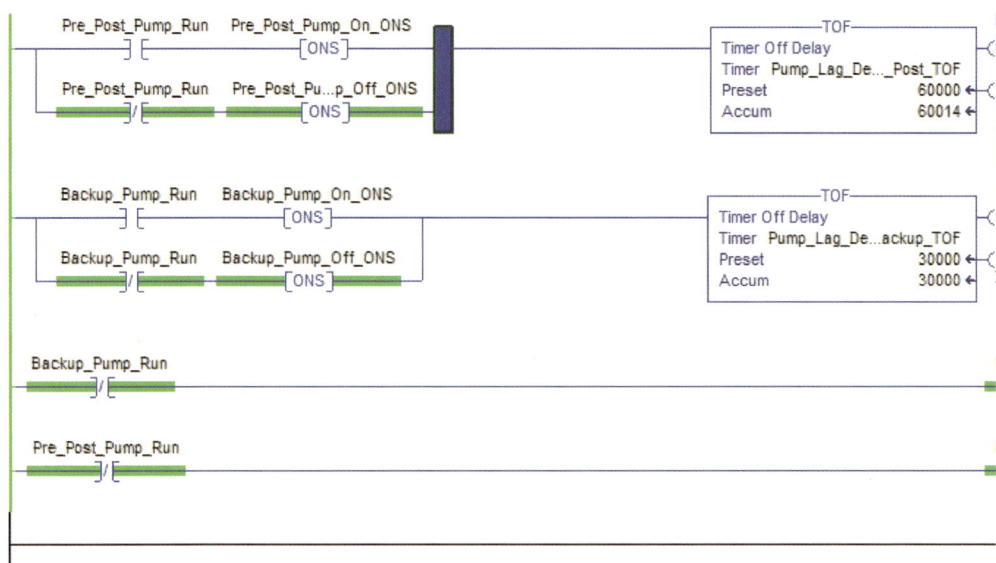

图 4-11　润滑油泵出口压力检测程序

口压力进行检测,检测合格后关停预/后润滑油泵;然后启动后备润滑油泵,其间对后备滑油泵的出口压力进行检测,检测合格后关停后备润滑油泵。只要检测压力未达到程序要求的压力,均会触发"FN_LUBE_DEC_CHECK_FAIL/润滑油系统检测失败"报警。

（4）为此,对压力开关 S322－3（AC PRE/POST PUMP CHECK）、压力开关 S322－5（BACKUP PUMP LOW PRSSURE TEST）进行打压测试,其测试结果如表 4-1 所示。

表 4-1　压力开关设计参数

位号	描述	设定值	动作值（表压）	复位值（表压）	结果
S322－3	AC PRE/POST PUMP CHECK	12+1 PSIG（83+7 kPa）INC BY 9 PSIG（62 kPa）DEC	11.5 psi	9.1 psi	正常
S322－5	BACKUP PUMP LOW PRSSURE TEST	12+1 PSIG（83+7 kPa）INC BY 9 PSIG（62 kPa）DEC	11.7 psi	9.3 psi	正常
测试工具:万用表、福禄克手压泵、福禄克 700 kPa 压力模块、福禄克 744 过程校验仪					

（5）测试完成后,回装压力开关 S322-3 和 S322-5。进行盘车测试,盘车运行正常,未见报警触发。

（6）经分析,判断其原因可能是冬季润滑油温度低,随后检查发现润滑油加热器未投运。

（7）手动投运润滑油加热器。

（8）当透平 A 机的润滑油箱内的润滑油温度达到 19 ℃时,机组启动正常。

（9）随后对前两天更换的 V2P942 除霜阀进行开关测试,动作正常。阀门关闭时,PCD 气压力为 1 300 kPa 左右。

（10）运转半小时后,机组正常,停机备用。

■▶ **4.故障实际原因**

经检查确认,造成润滑油系统检测失败的原因为冬季润滑油温度低（橇内空间加热器未工作）。

七、透平润滑油母管因温度高而关断

▣ 1.故障现象

透平 B 机润滑油母管温度高关断。

▣ 2.故障原因分析

透平润滑油母管温度高的原因主要有两个方面：

（1）润滑油冷却效果不佳。

导致润滑油冷却效果不佳的原因主要包括：

①润滑油冷却器故障；

②润滑油温控阀故障。

（2）润滑油回油温度高。

导致润滑油回油温度高的原因主要包括：

①透平轴承故障，导致轴承温度高；

②透平轴承密封故障，导致透平高温烟气窜入轴承腔。

▣ 3.故障诊断与排除

故障诊断与排除流程如下：

（1）运行人员发现滑油温度高报警后，用淡水对冷却器喷淋散热，润滑油高温现象不能缓解，机组发生关断。初步判断润滑油冷却器存在故障。

（2）手动停止滑油冷却风扇电机，隔离滑油冷却风扇电机电源。

（3）拆卸滑油冷却风扇防护网，发现冷却风扇皮带张紧度不够。

（4）重新启动润滑油冷却风扇电机，发现皮带有打滑现象。

（5）手动停止润滑油冷却风扇电机，更换冷却风扇皮带。

（6）解除滑油冷却风扇电机电气隔离，试运行冷却风扇，机组运行正常。

▣ 4.故障实际原因

润滑油冷却风扇皮带松弛，造成冷却风扇转速低，冷却风量小，润滑油得不到充分冷却，导致润滑油母管温度高。

八、润滑油冷却风扇振动大

▣ 1.故障现象

2017 年 12 月 10 日 23：30 和 11 日 2：25，透平 C 机在停机状态下，机组报警"CL_TR370_1_Fail/发电机驱动端轴承温度传感器故障"。

11 日 9：20，透平 C 机在停机状态下，机组报警"FL_TR370_1_HH/发电机驱动端轴承温度高""CL_TR370_1_Fail/发电机驱动端轴承温度传感器故障"。

11 日 18：14，透平 C 机在运转过程中，机组报警"AL_S598_1_H/润滑油冷却风扇 1 振动大"，冷却风扇停止运行。

11 日 18：28，透平 C 机在运转过程中，机组报警"AL_RT380_H/润滑油母管温度高"。

11 日 18：32，透平 C 机在运转过程中，机组报警"CN_RT380_HH/滑油母管温度高停机"。

■ **2.故障原因分析**

故障原因有以下几种可能:

(1)透平在停机状态下轴承温度不可能超温,此时出现发电机驱动端轴承温度高和发电机驱动端温度传感器故障报警,且发电机励磁端轴承未出现类似报警,其原因只能是发电机驱动端轴承的测温系统出现故障,故障的可能原因为:

①发电机驱动端轴承温度传感器本体故障;

②发电机驱动端轴承温度传感器回路故障。

(2)透平在运行状态下先出现"AL_S598_1_H/润滑油冷却风扇1振动大"报警,后续出现"AL_RT380_H/润滑油母管温度高""CN_RT380_HH/滑油母管温度高停机"报警,后续出现的润滑油母管温度高和润滑油母管温度高停机,是由于润滑油冷却风扇停运导致的润滑油母管温度升高。引起润滑油冷却风扇振动大的可能原因主要有:

①润滑油冷却风扇轴承故障;

②润滑油冷却风扇叶轮故障导致平衡被破坏;

③润滑油冷却风扇驱动电机轴承故障引起润滑油冷却风扇振动高;

④润滑油冷却风扇的振动检测回路故障。

■ **3.故障诊断与排除**

故障诊断与排除流程如下:

(1)对于润滑油冷却风扇振动高问题

①手动启动润滑油冷却风扇,观察运转状态良好,无杂声异响,控制盘仍然出现振动高报警,排除冷却风机机械故障。

②检查振动开关回路,线路无异常,排除振动开关回路故障。

③增大振动开关设定值后(如图4-12所示),手动启动润滑油冷却风扇,振动高报警消除,经持续观察,振动高报警未再次出现。因此,判定振动开关故障。

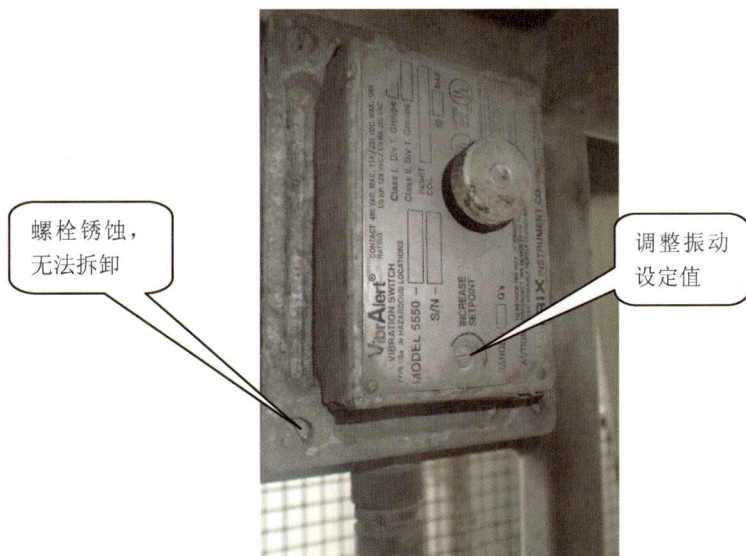

螺栓锈蚀,无法拆卸

调整振动设定值

图 4-12 润滑油冷却风机振动开关

④更换振动开关,故障消除。

(2)对于发电机驱动端轴承温度传感器故障问题

①根据电路图、机组图纸查看传感器位置。

②测量 RTD 热电阻,其阻值为 1.8 Ω,正常 PT100 传感器在 0 ℃时为 100 Ω,100 ℃时为 138 Ω,当前温度下应为 104 Ω 左右,因此判断 PT100 传感器内部热电阻部分有短路现象。

③更换该传感器,启机测试,温度值正常。

④同时根据 Solar 的服务公告,MCC 控制盘内 RTD 模块(Solar PN:1051931-33)有质量问题,为避免故障,更换为替代产品(Solar PN:1089240-31)。

4.故障实际原因

故障原因如下:

(1)冷却风机振动开关故障,设定值发生漂移,造成误报警。

(2)发电机驱动端轴承温度传感器 PT100 内部线路短路,导致机组检测热电阻过低,且超出下限,传感器故障警报。

第四节 ● 气体燃料系统常见故障分析

一、天然气流量控制阀故障

1.故障现象

2017 年 7 月 2 日 10:54,透平 A 机 MCC 及控制盘报警,机组停机,报警内容为:

(1)天然气流量控制阀位置故障;

(2)天然气流量控制阀驱动器故障。

2.故障原因分析

故障原因有以下几种可能:

(1)天然气流量控制阀本体故障;

(2)天然气流量控制阀驱动器故障;

(3)天然气流量控制阀位置控制信号回路故障;

(4)天然气流量控制阀位置信号反馈回路故障;

(5)天然气流量控制阀驱动器电气回路故障。

3.故障诊断与排除

故障诊断与排除流程如下:

(1)根据报警信息及系统 Log 文件判断,天然气流量控制阀正常运行时阀开度在 38%左右,停机前阀开度突然降至 0。此时控制盘输出的开度命令为 55%(到达上限),因此出现天然气流量控制阀位置故障报警,并停机。

(2)检查现场天然气流量控制阀,该天然气流量控制阀为电动控制阀,测量电机工作电压为 130 V DC,工作正常。

(3)查看电磁阀信号电缆图纸,1 号、2 号端子为 MCC 控制盘,输出 4~20 mA 电流,3 号、4 号端子为位置反馈,输出 4~20 mA 电流信号。检测该两组线,连接正常,线路完好。

(4)初步判断天然气流量控制阀内部出现问题,对天然气流量控制阀进行功能测试。

(5)用信号发生器连接天然气流量控制阀信号线的 1 号、2 号端子,模拟电流输出。信号线 7 号、8 号端子为驱动电源端,供给 24 V 直流电源,查看阀位是否动作。

(6)信号发生器给定 8 mA、12 mA、20 mA 的电流,天然气流量控制阀均不动作,因此判断阀体内部出现故障。

(7)安装备用的天然气流量控制阀,按照正确接线方式连接电源线和信号线。

(8)测试启机,天然气流量控制阀开关恢复正常,故障排除。

(9)用泡沫液检测所涉及管线,无泄漏,确认系统完好,机组可投入正常使用。

4.故障实际原因

天然气流量控制阀内部故障,导致 MCC 控制盘发出 4~20 mA 电流后,现场阀不动作,造成天然气流量控制阀位置反馈与输出开度命令差值过大,控制盘报警"天然气流量控制阀位置故障",造成机组停机。

二、天然气流量控制阀故障

1.故障现象

(1)2015 年 3 月 23 日,透平 D 机在停机状态下报以下故障,且无法复位:

①7:51:30,报"FN_EGF388_FB_Fail/天然气流量控制阀位置变送器故障";

②7:51:32,报"FN_EGF388_OverTemp/天然气流量控制阀制动器温度超标";

③7:52:20,报"FN_EGF388_Fail/天然气流量控制阀制动器故障"。

(2)MCC 透平 D 机控制盘上,信号端子排上 4、5 指示灯熄灭。

2.故障原因分析

故障原因有以下几种可能:

(1)天然气流量控制阀本体故障;

(2)天然气流量控制阀驱动器故障;

(3)天然气流量控制阀位置控制信号回路故障;

(4)天然气流量控制阀位置信号反馈回路故障;

(5)天然气流量控制阀驱动器电气回路故障。

3.故障诊断与排除

故障诊断与排除流程如下:

(1)确认天然气流量控制阀 EGF388 的电源已断开,在 MCC 透平 D 机控制盘里面将保险拉出,对保险进行测试发现其电阻为"0",确认保险已经损坏。

(2)更换保险以后,仍然出现相同的报警信息,再次取出测量其阻值为"0",说明并非因保险损坏而导致该故障。

(3)对其端子排上的线进行拆卸,测量绝缘:正极电阻为 38 MΩ,负极电阻为 7.3 MΩ,明显存在很大差别,对地电阻也不稳定,为几百欧,确定其存在问题。

(4)通过查看图纸发现,135 V 电源从透平 D 机蓄电池充电器出来到 MCC 透平 D 机控制柜里面,到透平 D 机现场橇内天然气流量控制阀 EGF388 电源接线箱里面,然后通过端子排为天然气流量控制阀 EGF388 提供电源(如图 4-13 所示)。

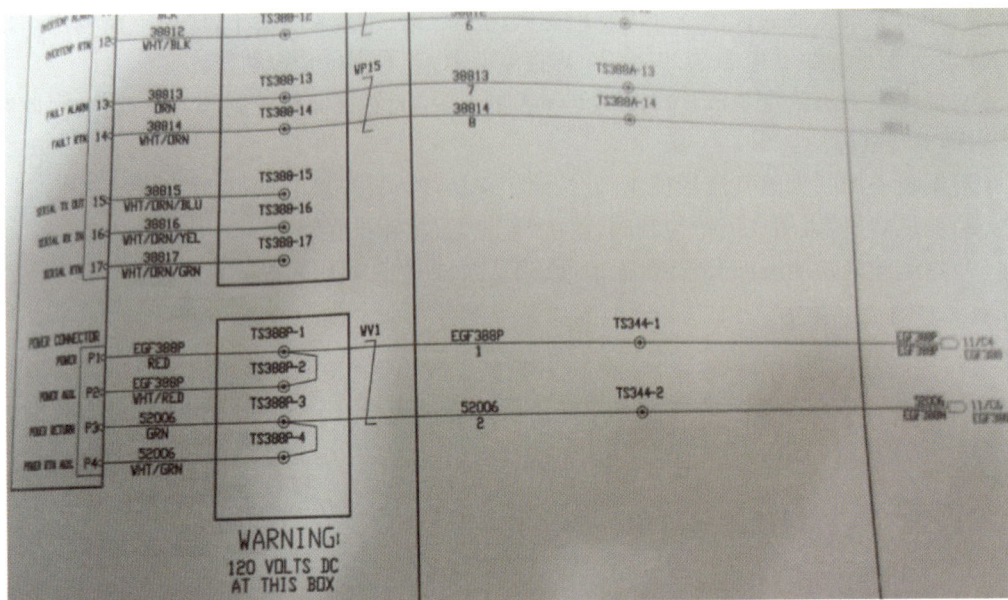

图 4-13　燃气压力调节阀 EGF388 电源电路原理图

(5)为了进一步确认,从透平 D 机橇内对天然气流量控制阀 EGF388 接线箱进行绝缘测量:红色电缆和红白色电缆(如图 4-14 所示)电阻为 37 MΩ,绿色电缆和绿白色电缆电阻为7.0 MΩ,其绝缘值与在 MCC 透平控制柜处的测量值基本一样,所以确认问题出现在天然气流量控制阀 EGF388 上面。

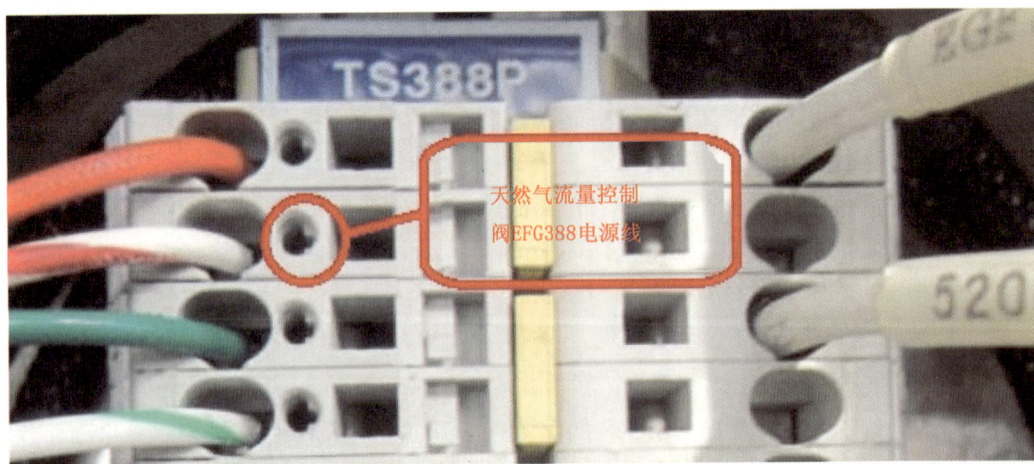

图 4-14　EGF388 电源接线端子

(6)为了进一步确认,对透平 B 机同一个阀的相同位置进行测量,发现它们的绝缘电阻为零,对地电阻测试为 1.0 MΩ 以上。再次确认了透平 D 机天然气流量控制阀 EGF388 已经损坏,无法正常使用。

（7）更换天然气流量控制阀 EGF388,透平开机运行正常,没有再出现故障报警等异常情况。

◈ 4.故障实际原因

燃气压力调节阀（EGF388）绝缘损坏。

第五节 ◉ 液体燃料系统常见故障分析

液体燃料系统常见的故障是燃油清吹电磁阀发生故障,下面就燃油清吹电磁阀故障展开介绍。

燃油清吹电磁阀故障

◈ 1.故障现象

2016 年 5 月 16 日,对透平 C 机（透平 C 机为备用机组）进行每周例行的启机试运转。在燃油模式下启机时,机组出现点火失败、停机。再次燃油模式启机时,仍然出现点火失败、停机。燃气模式下启机成功,机组运行正常。切换到燃油模式下运行时,发现燃油分配器和柴油清吹管线被严重烧红（如图 4-15 所示）,并伴有漏油现象。

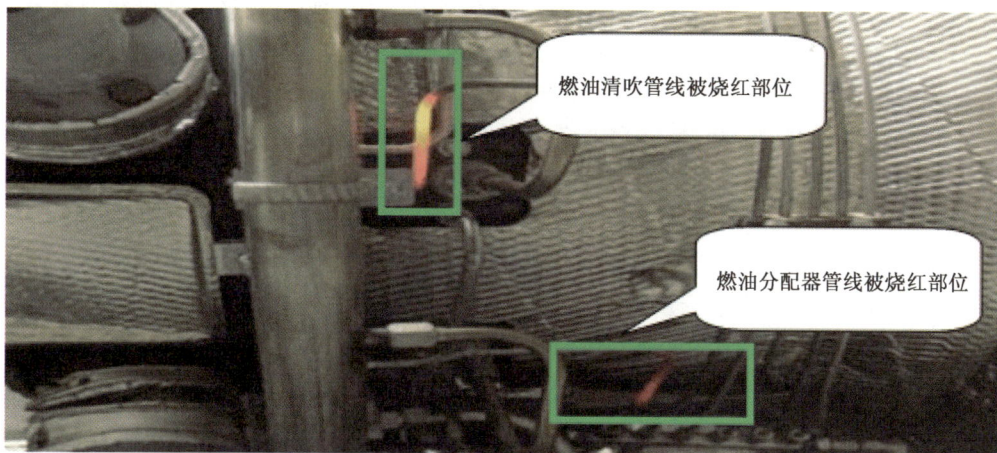

图 4-15 燃油清吹和分配器部分管路被烧红

◈ 2.故障原因分析

燃油管路被烧红,且发生在燃油管路中段,说明燃油管路内部出现燃烧现象,出现这种现象最可能的原因为管路中存在残留的燃油发生燃烧。这说明燃油点火前或切换燃油模式前燃油管路没有得到清吹,故判定故障发生在燃油清吹管路系统中。查阅燃油清吹系统图（如图4-16 所示）可知,可能的故障点为:

（1）L303-1 故障,造成 V2P903-1 无法开启,导致清吹空气无法进入燃油管路。

（2）L303-2 故障,造成 V2P903-2 无法开启,导致清吹空气无法进入燃油管路。

（3）V2P903-1 因故障而无法开启,导致清吹空气无法进入燃油管路。

（4）V2P903-2 因故障而无法开启,导致清吹空气无法进入燃油管路。

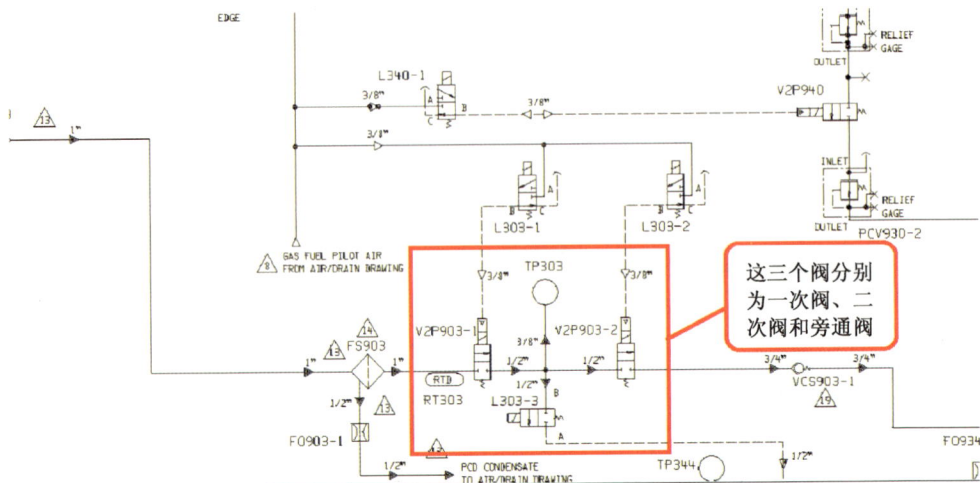

图 4-16　燃油清吹管路系统图

3.故障诊断与排除

故障诊断与排除流程如下：

(1)停机后,检查燃油回路,初步判断燃油分配器或者燃油喷嘴可能存在脏堵的现象。

(2)拆卸燃油分配器,发现燃油分配器的分油嘴已被烧变形,更换新的燃油分配器。

(3)回装后在燃油模式下再次启机,仍旧无法启机。

(4)更换清洗过的燃油喷嘴,在燃油模式下再次启机,仍无法启机。

(5)查找流程图,发现该回路在启机或者切机时,燃油清吹一次阀和二次阀会打开。

(6)在燃气模式下启机后,对比 MCC 控制屏与现场发现,当控制系统发出燃油清吹一次阀和二次阀打开命令时,现场的二次阀并没有打开,而且 MCC 控制屏没有发出报警信息。

(7)初步判断,二次阀的气动阀存在故障,导致 PCD 气无法供至燃油母管,燃油母管未得到吹扫。

(8)更换二次阀的气动阀。再次启机时,发现二次阀还是没有动作,故确定给定信号回路或者二次阀的驱动电磁阀存在故障。

(9)更换新的电磁阀,燃气启机切换至燃油模式后二次阀状态正常,测得燃油母管温度正常。

4.故障实际原因

燃油母管清吹回路的电磁阀故障,导致燃油模式切燃气模式运行时,燃油清吹管线中没有 PCD 气源过去,燃油管路中残留的燃油未能得到吹扫,管路当中残留的燃油在管路中燃烧,导致管线被烧红。

第六节 ● 箱体通风系统常见故障

箱体通风系统常见故障为风压开关 S396-5 故障,下面就风压开关 S396-5 故障展开介绍。

风压开关 S396-5 故障

◤ 1.故障现象

2012 年 8 月 16 日,透平 B 机在洗车时,触摸屏上显示燃机箱体进风压差开关 S396-5 故障,且无法复位。

◤ 2.故障原因分析

故障原因有以下几种可能:

(1)压力开关 S396-5 故障。

(2)压力开关 S396-5 电气回路故障。

(3)压力开关 S396-5 取压管堵塞。

◤ 3.故障诊断与排除

故障诊断与排除流程如下:

(1)首先检查电气回路,查看透平控制盘,发现该压差开关检测通道导通,指示灯亮,说明电气回路无故障。

(2)检查透平处手动箱体进风压差开关,其处于断开位置不导通,说明状态是正常的。

(3)用万用表测量箱体进风压差开关,显示为导通状态,箱体进风压差开关电气回路原理图显示(如图 4-17 所示),该箱体进风压差开关此时应为断开状态,该压差开关的状态不正常。

(4)由于该压差开关只有在存在压差的时候才为导通状态,因此怀疑该压差开关取压管存在堵塞现象。

(5)拆开该压差开关的取压管线,用仪表风吹扫,发现管线里有水。

(6)将取压管吹扫干净后装回,再次用万用表测量,此时箱体进风压差开关处于断开状态,透平触摸屏复位,报警消除。

◤ 4.故障实际原因

由于 S396-5 进风压差开关的取压管线进水,取压管中的液柱导致压差产生,因此出现机组在停机状态下 S396-5 压差开关依然处于闭合状态,且报警无法复位的现象。

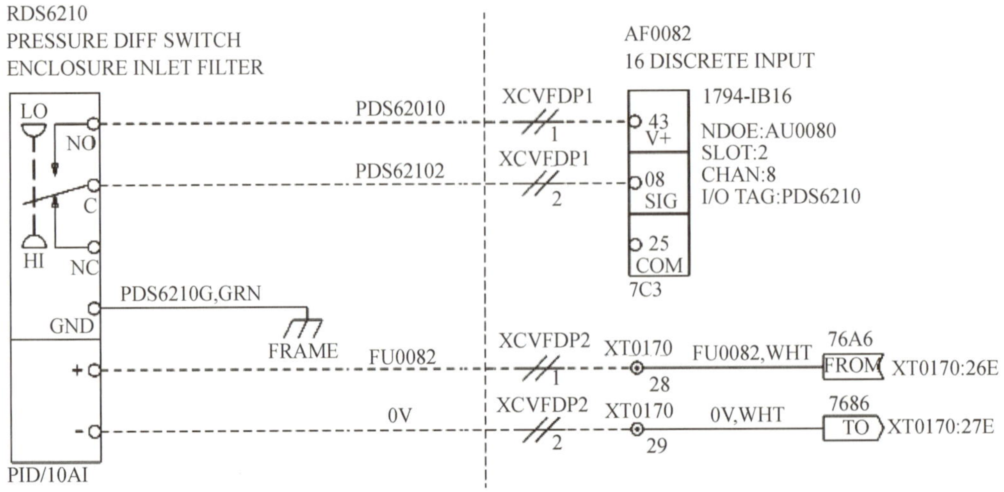

```
RDS6210
PRESSURE DIFF SWITCH                          AF0082
ENCLOSURE INLET FILTER                        16 DISCRETE INPUT
```

图 4-17　燃机箱体进风压差开关电气回路原理图

第七节 ◎ 电气控制系统常见故障分析

电气控制系统的常见故障有以下几种。

一、操作显示画面无数据显示

⬥ 1.故障现象

2017 年 8 月 21 日,透平 C 机控制器故障,控制器状态灯闪烁红色(如图 4-18 所示),透平 C 机操作显示画面无数据显示。

图 4-18　控制器状态灯闪烁红色

2.故障原因分析

故障原因有以下几种可能：

(1)控制器本体故障,导致报警。

(2)控制器程序故障,导致报警。

(3)控制器电源故障,导致报警。

3.故障诊断与排除

故障诊断与排除流程如下：

(1)首先怀疑控制器硬件方面出现故障而导致报警,故对透平 C 机控制器进行断电重启,观察后发现"OK"灯仍闪烁红色,故障未排除。然后对控制器进行断电插拔卡件,故障报警现象仍无法消除。

(2)检查软件方面的故障。连接 PC,与透平 C 机建立通信,打开 RS Logix 5000 软件,检查软件是否有问题。当点击"Up-Load"试图上传程序至 PC 时,出现提示对话框"There is no program to execution",提示没有程序可执行,透平 C 机程序缺失。

(3)点击"Controller Quick Start"右键,"Property"—"Major Faults",查看主故障报警信息,发现显示为"Power-up Fault(上电故障)",点击"Clear Major Faults",故障清除。

(4)检查控制器状态灯,"OK"灯显示为绿色,恢复正常(如图 4-19 所示)。

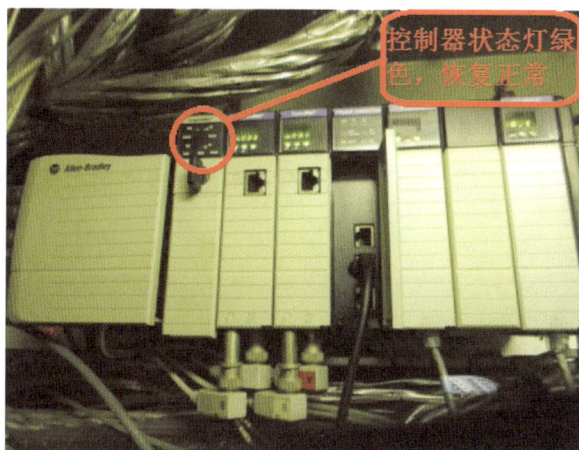

图 4-19　控制器状态灯恢复正常

(5)在 PC 上查找透平 C 机近期的备份程序,将控制器钥匙置于"REM"状态,将备份程序下载至控制器。

(6)透平 C 机操作站画面数据显示恢复正常,将控制器钥匙置于"RUN"位置。

4.故障实际原因

"Major Fault(主错误)"显示为"Power-up Fault(上电故障)",导致主程序丢失。

二、人机界面软件所有数据显示为问号

1.故障现象

2014 年 8 月 5 日,透平 B 机的上位机 TT 4000 人机界面软件所有数据显示问号,RS Link

通信软件无法与 CPU 进行通信。

2.故障原因分析

故障原因有以下几种可能：

（1）上位机卡件故障，导致通信失败。

（2）系统程序故障，导致通信失败。

3.故障诊断与排除

故障诊断与排除流程如下：

（1）卸载 1784 卡驱动，重新启动安装驱动，观察 RS Link 通信情况，故障依旧。

（2）拆除 1784 卡，更换 PCI 卡槽后，重新安装配置，故障依旧。

（3）更换 1784 卡，安装驱动，重新配置通信连接，故障依旧。

（4）检查 RS Link 各参数设置情况，确认设置正常，无法判断故障具体原因，初步判断上位机电源无法驱动。

（5）使用普通台式计算机，安装 RS Logix 5000、RS Link、TT 4000 软件，安装通信卡，配置软件通信，与 CPU 取得通信后，软件正常工作。暂时取代上位机工作，待备件到位后更换。

4.故障实际原因

1784-PCIC(S)卡上位机不能正常驱动，上位机与 CPU 通信失败。

三、EMS 通信故障

1.故障现象

2017 年 5 月 12 日，透平 A 机 ZZ2013 模块故障，EMS 报通信故障，透平 A 机退出 EMS，无法受 EMS 系统控制。

2.故障原因分析

故障原因有以下几种可能：

（1）ZZ2013 通信卡件故障。

（2）ZZ2013 通信卡件插槽故障。

3.故障诊断与排除

故障诊断与排除流程如下：

（1）经查询，机组报警记录里已经注明为"AL_ZZ2013_MODULE_FAIL/ZZ2013 通信卡件故障"。

（2）由于故障卡件为 PLC 主机架卡件，主机架卡件操作不允许带电插拔。因此，对此故障的检查处理需正常停机操作，否则，易对 PLC 机架其他模块造成不必要的损伤。

（3）机组倒机完毕后，通过笔记本 networx 程序上线连接透平 A 机控制器，检查确认主机架 3 号插槽模块为未识别模块。

（4）机组预/后润滑结束后，对 PLC 主机架进行断电，对 3 号插槽 ZZ2013 MODBUS 通信卡件进行拔插，检查确认卡件插口及机架底座接口均无损伤后，重新插入卡件。

（5）确认 ZZ2013 MODBUS 通信卡安插牢固后，对透平 PLC 主机架重新上电，待 PLC 主机架卡件模块自检完成后，PLC 机架 3 号插槽 ZZ2013 MODBUS 状态显示正常。

（6）检查 EMS 上位机监控画面,监控画面显示透平 A 机通信状态为"绿色",即正常。

（7）通信正常后,拆卸检测笔记本及通信缆,透平 A 机启机,机组运行稳定,故障排除。

4.故障实际原因

透平 PLC 主机架插槽与 ZZ2013 MODBUS 通信卡件故障。

四、VFD 电源接口电路板故障

1.故障现象

2012 年 6 月 20 日与 8 月 15 日,透平 A 机测试盘车时,突然报警"VFD_NODE_FAULT/变频器故障",盘车失败。

2.故障原因分析

故障原因有以下几种可能:

（1）电源接口电路板(Power Interface PCB)故障。

（2）交流变频器电路板(Power Flex PCB)故障。

3.故障诊断与排除

故障诊断与排除流程如下:

（1）透平 A 机洗车,在维修画面点击"TEST_CRANK"不久,HMI 即报警"VFD_NODE_FAULT/变频器故障",盘车失败。

（2）检查 VFD 供电开关,确认供电开关正常供电,未跳闸。

（3）检查 VFD 本体,确认显示屏(Regulator Board)黑屏;但 VFD 冷却风扇正常运行,测试 VFD 直流中间回路电压为 540 V 直流电压,说明 VFD 三个进线保险正常。

（4）打开 VFD 门,发现 SCR 模块电路板(1 块)指示灯正常,功率模块电路板(3 块)指示灯显示正常。

（5）VFD 断电,隔离锁定。

（6）等待 5 min,确认支流母排电压在安全范围内,验电、放电。

（7）使用万用表检测 SCR 模块 6 个保险,均正常。

（8）可以判断"VFD_NODE_FAULT"的原因为通信模块无电,由于通信板及调节板供电电源来自电源接口电路板,且检查确认其他模块正常,所以确定故障出现在电源接口电路板上。

（9）更换电源接口电路板。

（10）确认安装正确后,重新上电,VFD 显示正常,故障消除。

（11）对拆卸下来的电源接口电路板进行检查,发现该电路板有一个元器件有轻微烧熔痕迹。

4.故障实际原因

VFD 电源接口电路板故障。

五、交流变频器电路板故障

1.故障现象

2014 年 8 月 8 日,透平 A 机后润滑时,VFD 里面有异味,显示屏显示正常。

■ 2.故障原因分析

故障原因有以下几种可能：

(1)电源接口电路板故障。

(2)交流变频器电路板故障。

■ 3.故障诊断与排除

故障诊断与排除流程如下：

(1)发现异常后,立即对透平 A 机 VFD 进行断电隔离。

(2)断电 5 min 后,打开 VFD 的柜门。

(3)进行验电、放电后,再次确认母排电压。

(4)检查变频器内部器件,发现交流变频器电路板上有 3 个电阻,其表面颜色已被烧坏变色,焊点有明显的烧熔痕迹,基本确认故障发生在该电路板上。

(5)检查其他器件未发现异常。

(6)更换新的变频器电路板。

(7)确认新的变频器电路板安装无误后,重新上电,VFD 显示屏正常,无报警。电路板指示灯均正常显示,启动透平 A 机,VFD 参数显示屏显示正常,无异味。

■ 4.故障实际原因

VFD 的交流变频器电路板故障。

六、VFD 的输出电流互感器故障

■ 1.故障现象

2012 年 6 月 23 日,透平 B 机在运行过程中,HMI 显示"VFD430_FAULT/变频器故障"报警。

■ 2.故障可能原因

故障原因有以下几种可能：

(1)预充电电路板故障。

(2)功率模块故障。

(3)输出电流互感器故障。

■ 3.故障诊断与排除

故障诊断与排除流程如下：

(1)经检查发现,透平 B 机 VFD 显示屏显示故障代码为 OC(过流),并且无法复位。

(2)透平 B 机处于正常运行状态,此时变频器停运,判断该故障很可能是检测元件故障导致的。

(3)检查直流中间回路电压为 543 V 直流电压,正常。

(4)检查预充电电路板,均正常。

(5)检查功率模块电路板,均正常。

(6)断电、隔离、锁定,等待 5 min 后,验电、放电。

(7)拆除 VFD 输出电缆,检测功率器件,DC+和 U/V/W 之间的直阻分别为 275 kΩ、

273 kΩ、272 kΩ,均正确;检查 U/V/W 和 DC-之间的直阻分别为 281 kΩ、281 kΩ、285 kΩ,均正常。

(8)通过以上步骤确认变频器内部功率部件无实质性损坏,故障可能发生在输出电流互感器上。

(9)拆除透平 B 机输出电流互感器。

(10)将新的输出电流互感器安装在透平 B 机 VFD 上,B 机自检正常,可以确认故障原因为透平 B 机 VFD 输出电流互感器损坏。

(11)透平 B 机 VFD 内部功率部件正常,只是检测元件故障,所以在紧急状况时可以启用。在紧急状况下启用时,需要将最上部的故障电流互感器三根线缆拔掉、包好,即可使用该变频器。

◼ 4.故障实际原因

VFD 的输出电流互感器故障。

七、中压盘优先脱扣误动作

◼ 1.故障现象

2012 年 6 月 27 日,透平 B 机和透平 C 机正常带负荷运行。在透平 A 机中压盘柜二次回路改造后,进行功能测试时,中压盘优先脱扣,电网甩掉部分负荷,包括:三台注水泵,生活楼部分电源,电伴热变压器 T-009,两口水源井 A37、A38。中压盘优先脱扣后透平 B 机、C 机正常运行。

◼ 2.故障可能原因

故障原因有以下几种可能:

(1)透平"试验"旋钮位置错误。

(2)KA14 回路故障。

◼ 3.故障诊断与排除

故障诊断与排除流程如下:

(1)发现中压盘优先脱扣动作后,立即检查透平,透平 B 机、C 机正常带负荷运行,该现象正常。

(2)对优先脱扣设备恢复供电,并启动相应的设备。

(3)根据对中压盘优先脱扣动作的条件分析,触发中压盘优先脱扣需要同时具备以下两个条件:

①透平"试验"旋钮置于合闸位置;

②透平为运行状态。

(4)透平在进行功能测试时,透平"试验"旋钮应该处于合闸位置,但机组应处于非运行状态,此时 PLC 上 0CH 03 通道指示灯不亮。

(5)经检查确认透平"试验"旋钮处于合闸位置,此时,透平现场控制盘出现报警"发电机断路器位置故障/FN_Gen_CB_Pos_Fail",排除透平"试验"旋钮位置错误的可能。

(6)检查发现,PLC 上的 0CH 03 通道指示灯已亮起,显示透平处于运行状态,而此时透平实际处于停运状态。

（7）由于H0、H2接KA14继电器的常开点,因此对KA14供电回路进行分析,将真空断路器摇出至"试验"位置时,KA14不会得电,故在试验时H0、H2不会接通。

（8）检查输入PLC的透平A机运行信号回路,在端子排发现H0、H2两根接线端子距离较近,且部分导线处于裸露状态,这种情况极易造成H0、H2短路。

（9）检查时还发现端子排落有残余的铜丝,这些残余的铜丝造成了H0、H2短路,导致PLC上的0CH 03通道接通,指示灯亮起,系统判断透平A机处于运行状态。

（10）此时,触发优先脱扣的两个条件都同时具备了,中压盘优先脱扣动作。

（11）清理端子排,并对H0、H2接线端子重新做绝缘处理,恢复接线后,重新进行功能测试,测试成功。

4.故障实际原因

工作人员在制作导线接线端子时,有残余铜导电丝落在盘柜端子排上,且H0、H2导线端子处存在局部裸露的现象,造成透平运行的信号线短接,这时透平A机运行信号闭合,PLC上0CH 03通道透平运行信号闭合,即此时判断透平A机为运行状态。综上,当透平出现故障停机报警,同时透平为运行状态时,就会触发优先脱扣。

第八节 启动失败故障分析

启动失败故障常见的有以下几种。

一、燃油黏度大导致冷态时点火失败

1.故障现象

2014年2月14日,透平C机做例行启机检查,在燃油模式下点火失败。人机界面上显示报警"FN_Ignition_Fail/Ignition failure/点火失败"。切换成燃气模式启机成功。运行1 h后停机,再次以燃油模式启机,启机成功。运行1 h后停机备用。

第二天,透平C机冷态下再次以燃油模式启机,仍然点火失败,报警提示"FN_Ignition_Fail/Ignition failure/点火失败"。

2.故障原因分析

根据2月14日与15日的启机情况可知,燃油模式下点火失败只发生在机组冷态时,说明导致燃油模式点火失败的原因主要是:

（1）燃油油品质量差。

（2）点火器点火强度不够。

（3）油气比不佳,造成燃油雾化效果差。

3.故障诊断与排除

故障诊断与排除流程如下:

（1）检查燃油点火气路。

①拆卸火花塞检查,无灰尘结垢,点火电机间距为 1.0 mm;

②拆卸燃油点火气路单向阀 VCS933,用公用气进行吹扫,能够正常通气;

③拆卸点火气路节流孔板 FO936,用公用气进行吹扫,能够正常通气;

④拆卸点火气路节流孔板 FO934,用公用气进行吹扫,发现堵塞,不能通气,更换节流孔板 FO934;

⑤拆卸点火气路节流孔板 FO939-2,用公用气进行吹扫,能够正常通气。

（2）检查主燃油管路。

①拆卸高压燃油过滤器 FS936,过滤器滤芯较脏,更换过滤器滤芯;

②拆卸主燃油管路单向阀 VCS932,用公用气进行吹扫,能够正常通气。

（3）检查仪表气管路。

①检查仪表气入口过滤器,干净无脏堵;

②检查仪表气管路,畅通无脏堵。

（4）再次以燃油模式点火,点火失败。

（5）检查火花塞打火强度:打开 Logix 5000 软件,并找到透平 C 机相应的控制程序,上位机实现与 PLC 的通信,找到火花塞输出节点 G340,对该信号点进行强制动作,强制命令发出后,强制打火试验显示火花持续、强劲。

（6）在仪表气点火筒入口三通加压力表发现点火时压力为 150 kPa,调整 L348-1,将仪表气压力调整为 170 kPa。

（7）再次以燃油模式启机,点火成功,但报警提示单个 T5 高温(#8 高温),启机失败。

（8）检查并清理#8 喷嘴和#8 T5 探头后,在燃油模式下点火失败,改用燃气模式点火,启机成功。

（9）检查燃油油品:在透平燃油喷嘴前启动失败的排油口提取柴油样品做油品检验,检验结果发现该柴油样品在 38 ℃时的运动黏度为 13.9 mm^2/s,而 Solar 公司给出的燃油运动黏度是 1~12 mm^2/s,由此可推断可能是燃油黏度太大,而且近期环境温度低,造成雾化效果差,导致冷态下燃油点火失败。

（10）检查燃油管路伴热带,发现伴热带未投运,手动投运燃油管路伴热带。

（11）2 月 16 日,透平在冷态情况下再次以燃油模式启机,点火成功,机组顺利启动。

◢ 4.故障实际原因

近期环境温度低,柴油运动黏度大,且燃油管路伴热系统未投运,造成透平在冷态启机时燃油雾化效果差,导致点火失败。

二、润滑油母管压力低导致启动失败

◢ 1.故障现象

透平 A 机、透平 B 机分别于 2013 年 1 月 7 日、2015 年 2 月 28 日在启动加速过程中出现当 NGP 从 20%加速到 30%时,润滑油母管压力依然为 68 kPa,报警滑油压力低关停,第二次启动时依然出现同样的故障。

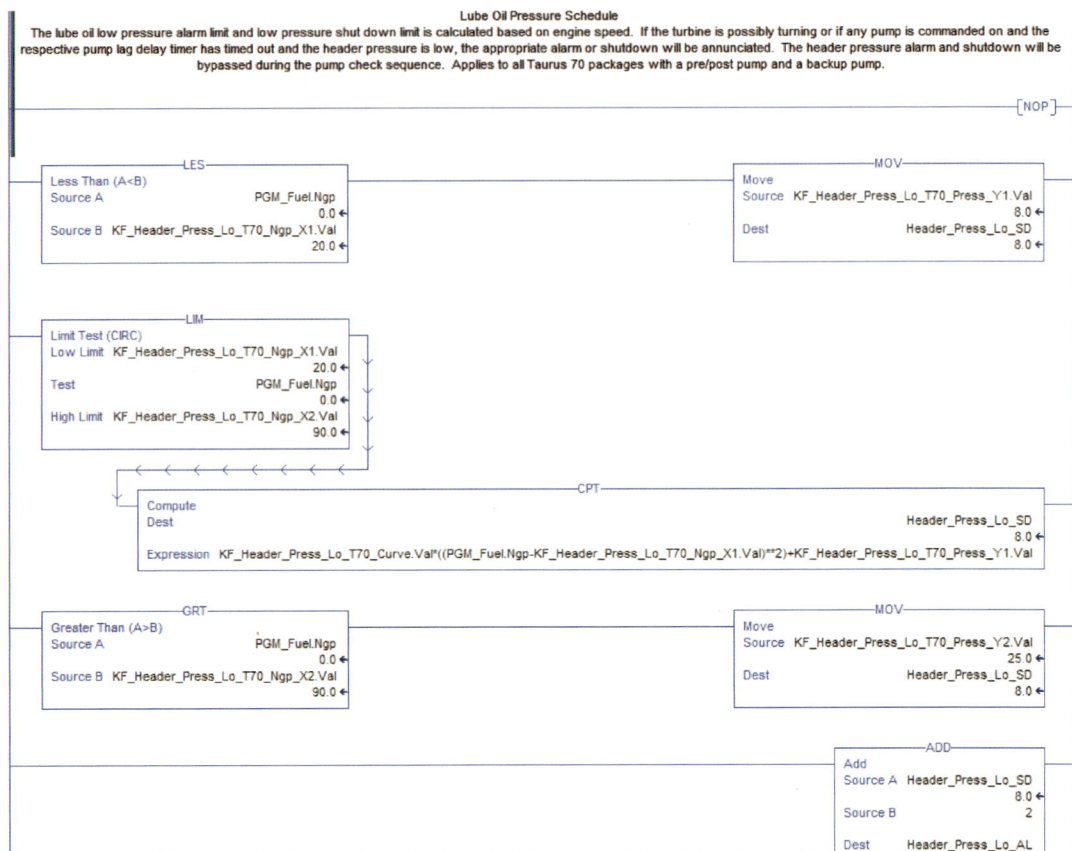

Lube Oil Pressure Schedule
The lube oil low pressure alarm limit and low pressure shut down limit is calculated based on engine speed. If the turbine is possibly turning or if any pump is commanded on and the respective pump lag delay timer has timed out and the header pressure is low, the appropriate alarm or shutdown will be annunciated. The header pressure alarm and shutdown will be bypassed during the pump check sequence. Applies to all Taurus 70 packages with a pre/post pump and a backup pump.

图 4-20　润滑油系统流程图(一)

◼ 2.故障原因分析

润滑油系统的 PLC 程序如图 4-20、图 4-21 所示。根据润滑油系统的 PLC 流程图,分析故障可能原因如下:

(1)预/后润滑油泵出口压力低。

(2)润滑油过滤器脏堵。

(3)管路可能存在泄漏点。

(4)母管压差变送器故障。

◼ 3.故障诊断与排除

故障诊断与排除流程如下:

(1)在透平 slowroll 状态下,滑油母管压力为 68 kPa,后备直流润滑油泵间歇启动,后备滑油泵启动后,滑油母管压力可以达到 150 kPa,后备滑油泵停运后,滑油母管压力重新降低为 68 kPa,甚至有时候为 65 kPa,此时滑油双联滤器压差为 35 kPa,滑油温度为 23 ℃。

(2)机组完全停止运行时,机组依然处于后润滑状态。检查滑油双联滤器滤前指针式压力表,显示压力约为150 kPa,可以判断预/后润滑油泵出口压力约为150 kPa,该泵出问题的可能性不大。

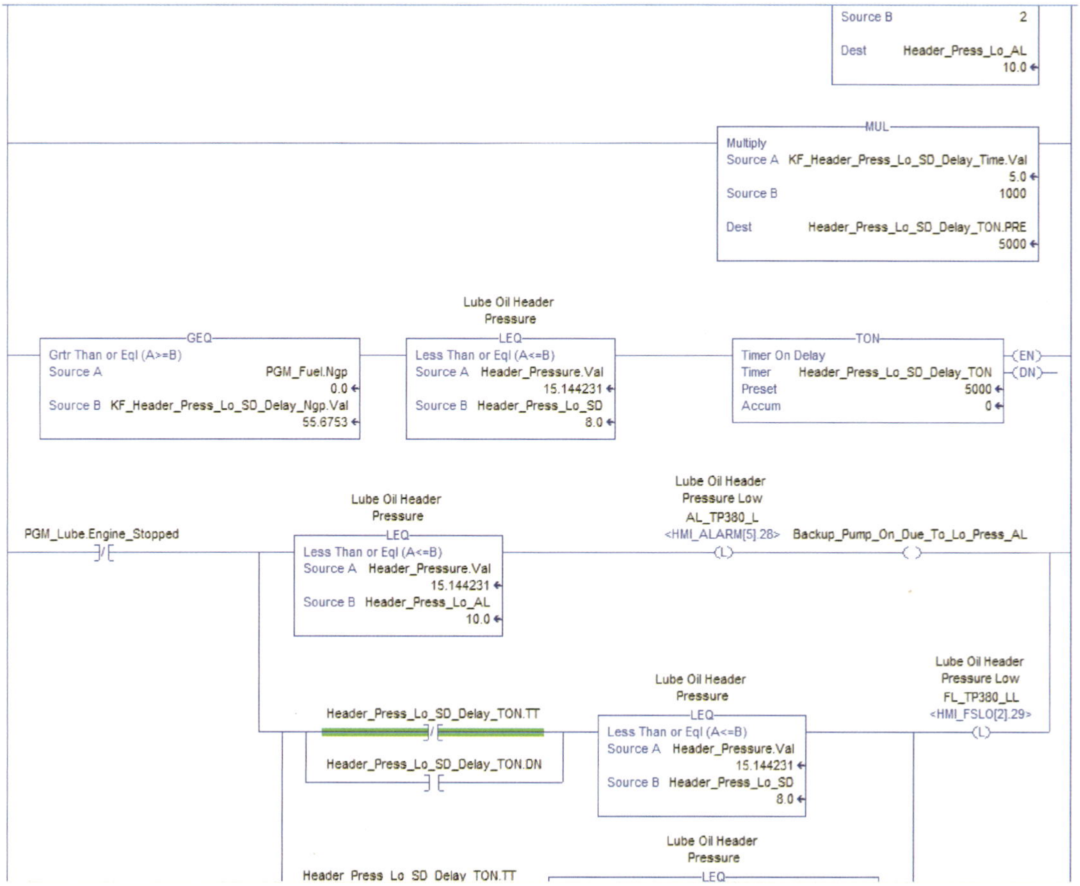

图 4-21　润滑油系统流程图(二)

(3)后润滑状态下,机组滑油母管压力仍然约为 68 kPa。将滑油母管压差变送器更换为指针式压力表,控制盘复位后,滑油压力显示约为 70 kPa,和变送器指示基本一致,所以可以判定滑油母管压差变送器显示正常,滑油母管压力为真实数据。

(4)检查滑油流程,各阀阀位正常。检查预/后滑油泵入口滤器,滤器比较清洁,管路无漏点。

(5)对比透平 A 机之前启动过程中滑油母管压力数据记录,发现以前也存在类似问题,NGP 为 19.7%时,滑油压力也为 68 kPa;但 NGP 从 19.7%开始加速到 27.0%时,滑油压力迅速上升到 133 kPa,而该次启动爬坡后,滑油母管压力没有变化。

(6)滑油母管压力低设定值如下:

FUEL.NGP<20%,Header_Press_Lo_SD:8psi(55.16 kPa)

FUEL.NGP>90%,Header_Press_Lo_SD:25psi(172.375 kPa)

20%<FUEL.NGP<90%,Header_Press_Lo_SD:0.0055 * (FUEL.NGP−20) * (FUEL.NGP−20)+8psi

(7)当滑油母管压力低于滑油母管压力低报警值 10 psi(68.95 kPa)时,直流滑油泵就会启动。

（8）可以判断，在盘车及后润滑时，滑油母管压力低于 68.95 kPa，所以直流滑油泵频繁间歇启动。在机组点火成功爬坡后，滑油母管压力依然为 68 kPa 左右，低于该 NGP 时的滑油压力低保护值，导致停机。

（9）现场检查压差变送器 TP380，现场松开仪表接头，未见有积气现象。断开油路，压力显示为 0 kPa。变送器正常。

（10）当天下午对透平进行洗车作业，洗车时润滑油母管压力数据如表 4-2 所示。

表 4-2　洗车时润滑油母管压力数据表

时间	NGP	母管压力/kPa	备注
01/07/2013 10:59:00.000	19.704 3%	63.312 4	洗车时
01/07/2013 16:05:09.999	19.704 3%	67.621 7	点火爬坡
01/07/2013 16:05:30.000	28.401 6%	67.621 7	点火爬坡
01/07/2013 16:05:40.000	33.388 1%	66.958 7	点火爬坡
01/07/2013 16:05:49.999	36.093 9%	101.101 0	滑油压力 LL 启动终止，后备滑油泵启动
01/07/2013 16:05:59.999	27.831 5%	160.435 7	滑油压力 LL 启动终止，后备滑油泵启动
01/07/2013 16:06:10.000	22.632 4%	149.828 4	滑油压力 LL 启动终止，后备滑油泵启动
01/07/2013 16:06:19.999	18.428 7%	71.599 4	滑油压力 LL 启动终止，后备滑油泵启动
01/07/2013 16:06:29.999	15.249 3%	148.171 0	滑油压力 LL 启动终止，后备滑油泵启动
01/07/2013 16:06:40.000	13.017 0%	148.171 0	滑油压力 LL 启动终止，后备滑油泵启动
01/07/2013 16:06:50.000	11.016 6%	148.171 0	滑油压力 LL 启动终止，后备滑油泵启动
01/07/2013 16:06:59.999	9.373 8%	131.265 6	滑油压力 LL 启动终止，后备滑油泵启动
01/07/2013 21:57:50.000	19.694 6%	84.527 1	点火爬坡
01/07/2013 21:58:00.000	22.178 2%	91.819 6	点火爬坡
01/07/2013 21:58:20.000	27.773 5%	133.917 4	点火爬坡
01/07/2013 21:58:30.000	38.075 0%	232.698 0	点火爬坡

（11）通过表 4-2 中数据，初步判断为预/后滑油泵回流到滑油箱的流量过大，造成滑油母管压力低。

（12）分析滑油流程图，造成低压的原因可能为 B321 交流泵出口溢流阀 VR902 泄油量过大，拆卸预/后滑油泵泄压单向阀，目测正常，单向阀预紧弹簧没有问题。

（13）为减小预/后滑油泵泄流量，在单向阀出口换装 Φ20 mm 孔板。单向阀原来内径为 Φ25 mm。

（14）手动启动预后滑油泵，母管压力为 88 kPa，滑油管线无泄漏，能够满足启机要求。

（15）晚上再次尝试启动，机组成功启动，滑油母管压力在 NGP 达到 20% 后，压力迅速上升，故障排除。

◤ 4.故障实际原因

预/后润滑油泵出口溢流阀 VR902 在 FUEL.NGP>30% 时，出现溢流量过大，造成滑油母管压力低。

第九节 ● 轴承温度监测系统故障

轴承温度监测系统常见故障为轴承回油温度高，下面就#2、#3轴承回油温度高故障展开介绍。

#2、#3 轴承回油温度高故障

◤ 1.故障现象

2016年10月12日00:19，透平A机出现报警"Node 11 Module 3 Vibration Monitor Channel A Fault/振动监控通道A故障报警"，报警信号不能复位，经值班人员检查，振动值无异常，继续运行观察。

2016年10月12日3:00，运行人员发现润滑油过滤器压差高达126 kPa。切换润滑油双联滤器，压差降低至57 kPa，70多分钟后润滑油过滤器的压差再次升高至120 kPa。此时，#2、#3轴承温度高达118 ℃。手动将透平的负载从5 510 kW降至4 326 kW，轴承温度随之降至113 ℃。进透平侧检查未见异常，此时"Node 11 Module 3 Vibration Monitor Channel A Fault/振动监控通道A故障报警"可手动复位。

2016年10月12日3:30，备用发电机组启动，并逐步升负荷；5:13，透平A机退出电网；5:33，透平A机手动正常停机。

以上整个过程中，控制系统只出现一次异常报警信号"Node 11 Module 3 Vibration Monitor Channel A Fault/振动监控通道A故障报警"（为Eng_Brg_3Y_Vib跳动所致）。

◤ 2.故障原因分析

手动将透平的负载从5 510 kW降至4 326 kW，轴承温度随之从118 ℃降至113 ℃，且报警信号能复位，说明该报警是由轴承温度导致的。

润滑油过滤器压差高达126 kPa，切换润滑油双联滤器，压差降低至57 kPa，70多分钟后润滑油过滤器的压差再次升高至120 kPa，说明润滑油油品被严重污染。

◤ 3.故障诊断与排除

故障诊断与排除流程如下：

（1）调取10月11日的#2、#3轴承温度和振动曲线（如图4-22所示），由图可以看出，故障在23:47出现：

①#2轴承润滑油回油温度"Eng_Brg_2_3_Drn_Temp"由82 ℃突升至114.6 ℃（关停值：125 ℃）；

②#3轴承X向振动值"Eng_Brg_3X_Vib"突然上升；

③#3轴承Y向振动值"Eng_Brg_3Y_Vib"突然上升。

（2）调取10月11日的润滑油母管温度、油箱压力、油箱温度曲线（如图4-23所示），由图可以看出，故障在23:47出现：

①润滑油油箱压力"Lube_Oil_Tank_Press"突然上升；

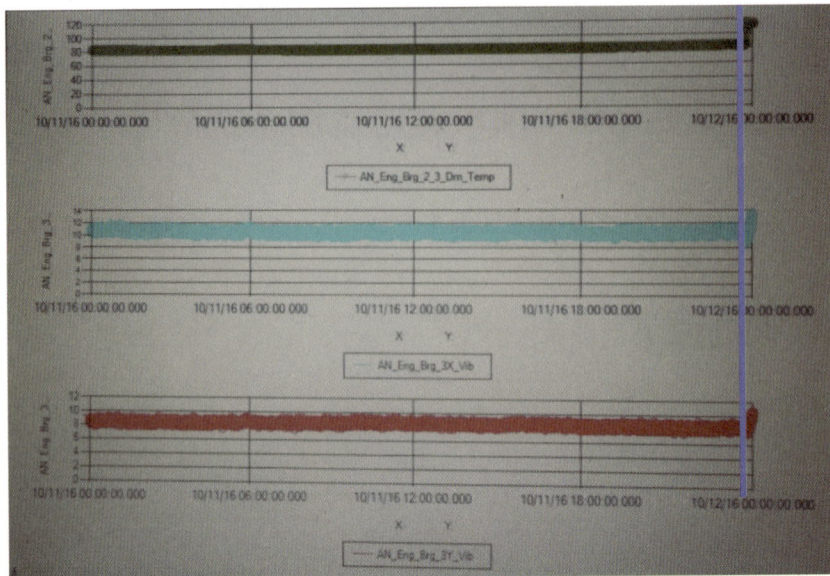

图 4-22 10 月 11 日#2、#3 轴承温度和振动曲线

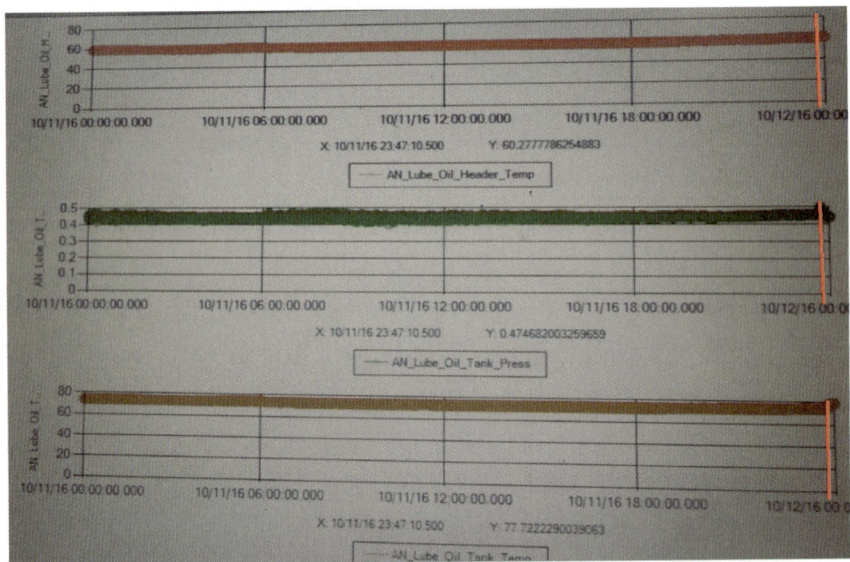

图 4-23 10 月 11 日润滑油母管温度、油箱压力、油箱温度

②润滑油油箱温度"Lube_Oil_Tank_Temp"突然上升；

③润滑油母管温度"Lube_Oil_Header_Temp"保持平稳。

（3）调取 10 月 12 日的#2、#3 轴承温度和振动曲线（如图 4-24 所示），由图可以看出：

①在正常停机前，#2、#3 轴承回油温度"Eng_Brg_2_3_Drn_Temp"持续保持在 115 ℃ 左右（正常运行状态下温度为 82 ℃ 左右），平稳无波动，并无持续上升趋势；

②在 2:00 至停机的时间段内，#3 轴承 X 向的振动值"Eng_Brg_3X_Vib"呈缓慢上升趋势；

③在 0:30 至 2:00 的时间段内，#3 轴承 Y 向振动值"Eng_Brg_3Y_Vib"呈持续无规则跳动，且跳动幅度很大；2:00 之后，#3 轴承 Y 向振动值恢复平稳，偶尔会出现跳动。

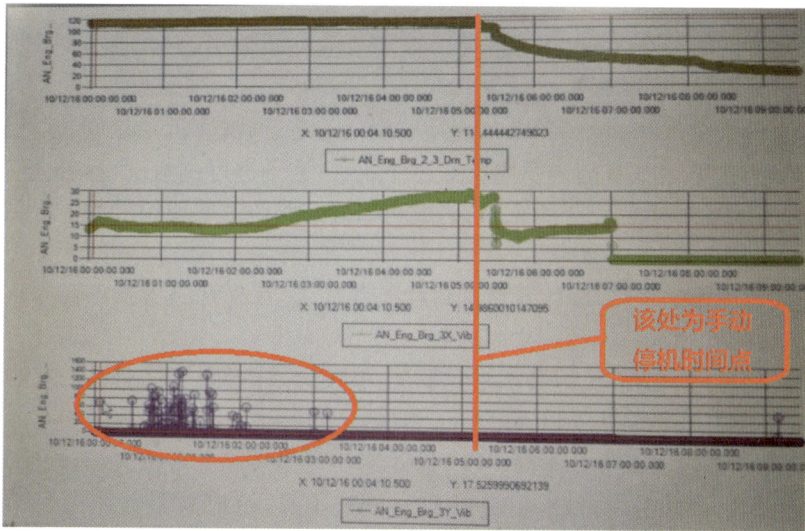

图 4-24　10 月 12 日#2、#3 轴承温度和振动曲线

（4）调取 10 月 12 日的润滑油过滤器压差、母管压力、母管温度曲线（如图 4-25 所示），由图可以看出：

①润滑油过滤器的压差"Lube_Oil_Filter_DP"缓慢上升，3:40 左右切换滑油滤器，压差下降后又持续上升；

②润滑油母管压力"Lube_Oil_Header_Press"数值平稳，且正常；

③润滑油母管温度"Lube_Oil_Header_Temp"数值平稳，且正常。

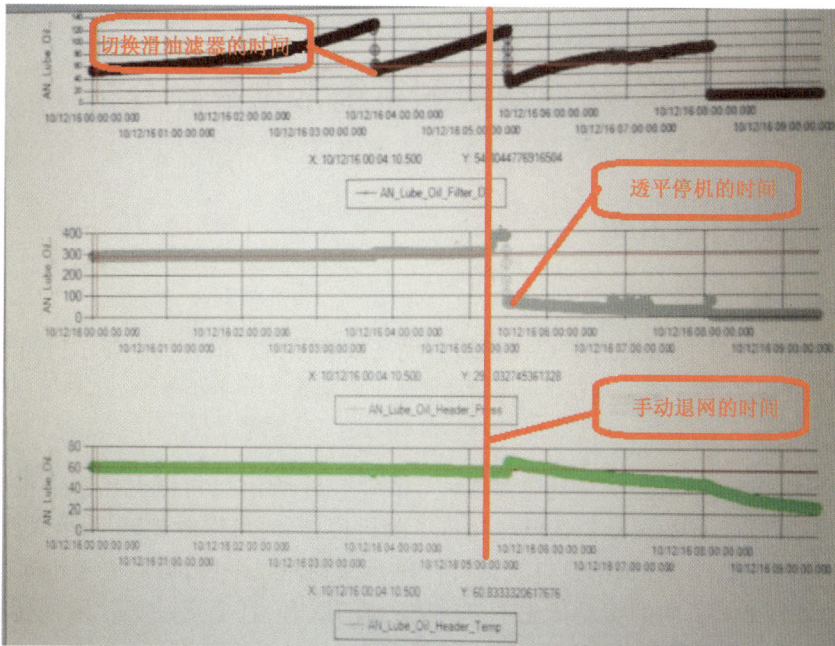

图 4-25　10 月 12 日润滑油油滤压差、母管压力、母管温度

（5）根据上述润滑油在运行中的数据曲线，可以推断导致#2、#3 轴承温度高的原因为润滑

油油品脏。

（6）维护人员对润滑油进行取样，目视检查润滑油油质偏黑，并伴有异常气味，润滑油污染严重。

（7）该透平机组在2016年9月27日更换了滑油滤芯、回油直流泵总成、燃气滤芯、柴油双联滤芯。在2016年10月3日完成发电机抽芯作业后，透平进行过水洗，且补充了100 L新的润滑油，润滑油油品抽样检测结果为合格，因此可以确定是该透平机组的故障导致润滑油被污染了。

（8）排查润滑油系统管路，确认管路密封状况良好，排除因管路密封不良导致异物进入润滑油系统。

（9）故障可能是由于透平机组轴承密封不良，造成透平内部的高温气体进入润滑油系统，导致润滑油被污染。

（10）结合润滑油母管温度并不高，且#1轴承未出现温度高的现象，仅有处于高温区的#2、#3轴承出现温度高，因此可以推断#2或#3轴承密封不良，造成高温气体进入轴承的润滑油腔，导致润滑油被污染。

（11）分解透平#2、#3轴承，发现轴承#2轴承的迷宫密封环磨损严重，且有被高温气体冲刷的痕迹，因此可以确定导致润滑油被污染的原因为#2轴承迷宫密封损坏，造成高温气体进入#2轴承润滑油腔，导致润滑油被污染。

▰ 4.故障实际原因

#2轴承迷宫密封损坏，造成高温气体进入#2轴承润滑油腔，导致#2、#3轴承润滑油回油温度高，润滑油被污染，进而引起润滑油滤器脏堵，润滑油过滤器压差高。

第十节 ◉ 振动监测系统常见故障分析

一、振动监测卡件故障

▰ 1.故障现象

2017年4月29日16:17，透平C机出现振动高故障停机。报警信息显示机组跳机的原因为透平#2、#3轴承 X、Y 方向振动高。

▰ 2.故障原因分析

查看透平机组跳机前、后的振动监测曲线（如图4-26所示），可以看出透平机组在16:17跳机时#2轴承 X、Y 方向的振动值都已经超过了跳机值，同时可以看出#2轴承 X、Y 方向的振动值变化趋势是一致的。在透平跳机前，#1、#3轴承振动曲线平稳，振动值未超标。在透平跳机后，#2、#3轴承 X、Y 方向的振动值先下降，然后瞬间跃升，且变化趋势一致，但#1轴承 X、Y 方向的振动值整体平稳下降，只出现一个小幅跃升。

根据该故障现象，可以判断故障原因可能为：

（1）振动探头的电气线路故障。

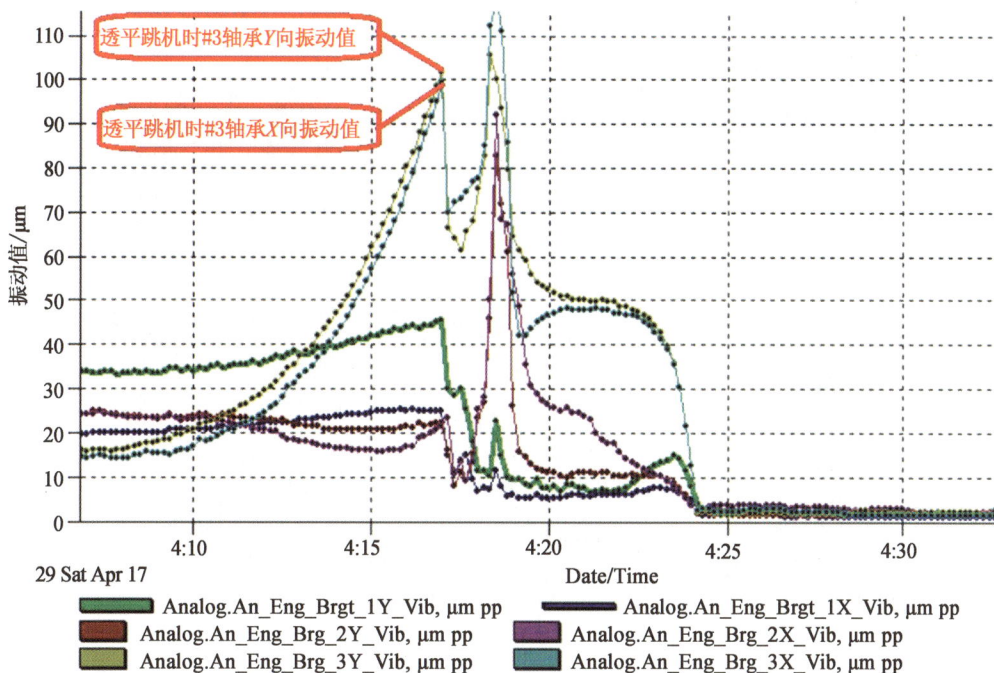

图 4-26 透平跳机前、后的振动曲线

（2）进气系统故障，导致异物进入透平压气机。

（3）透平转子出现损坏，导致转子动平衡被破坏。

（4）振动探头电源不稳定，导致振动值波动。

（5）振动监测卡件故障，导致振动值跃升。

◢ 3.故障诊断与排除

故障诊断与排除流程如下：

（1）故障停机后，机组手动盘车无法盘动。其原因可能是透平突然停车，透平温度快速下降，透平转子与机匣冷却不均，造成透平转子与机匣之间的机械间隙小，导致透平转子与机匣之间出现卡滞。

（2）待透平机组停机冷却 3 h 后，手动启动预润滑油泵，手动盘车正常，无卡滞。

（3）检查透平进气过滤器，过滤器正常，未发现破损，排除机组通过进气口进入杂物的可能性。

（4）对透平涡轮进行孔探检查（从 T5 探头 3 号、9 号、11 号位置，以及一级、二级涡轮孔探孔位置进行孔探检查），如图 4-27 所示，透平的涡轮叶片完好，未发现异常，排除因涡轮损坏导致转子动平衡被破坏的可能性。

（5）检查各点接线箱，电缆没有松动现象，排除因振动探头接线故障而导致振动值跃升的可能性。

（6）测量 ZV351、ZV352、ZV353 的 2 组阻值，测量方法：拆除连接远程控制盘的 3 根导线（24 V DC 电源，COM，OUT），用万用表测量 ZV351、ZV352、ZV353 的 OUT 端与 COM 端的阻值，ZV352Y 测量阻值为 0.147 MΩ，其他 5 个都是 0.4 MΩ 左右。

（7）拆除 ZV351、ZV352、ZV353 传感器端导线，测量传感器端电阻，各点都显示 12.5 Ω 左

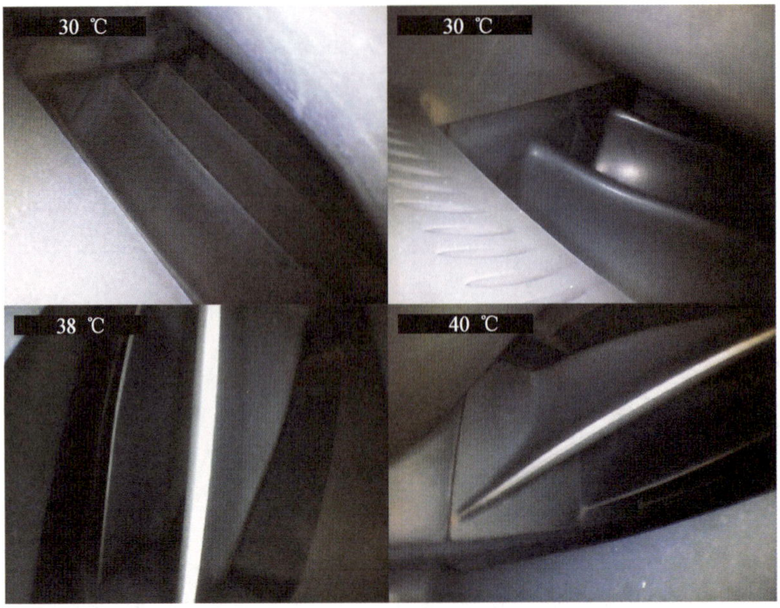

图 4-27　透平的涡轮部分孔探检查照片

右,未发现异常。

(8)检查过程中,6 个振动检测数据出现不同频次的数据跳变(此时透平机组已经完全停止)。

(9)拆除 ZV351、ZV352、ZV353 传感器端导线,回装 3 根连接远程控制盘的导线(24 V DC 电源,COM,OUT),观察远程控制盘 10 h 数据,数据没有变化。

(10)检查 PS2130 电压,27.8 V DC,电压正常,持续测量 10 min,该电压未发生异常波动情况。

(11)至此,电源故障、机械故障、电路故障、振动探头故障均已排除,剩下可能的故障点就应该是振动监测卡件了。

(12)经查阅振动监测系统电气逻辑图,可以发现#1、#2、#3 轴承分别对应一个振动监测卡件,结合透平跳机前、后的振动曲线可知导致透平跳机的直接原因是#2 轴承 X、Y 向的振动值跃升达到跳机值,因此可推断#2 轴承 X、Y 向振动信号所对应的卡件可能出现了故障。

(13)更换#2 轴承振动监测卡件,恢复系统接线。

(14)重新启动透平 C 机,机组顺利启动,直至透平 C 机带满负荷,#2、#3 轴承的振动值均正常,故障排除。

◢ 4.故障实际原因

透平#2 轴承振动监测卡件故障,造成透平#2 轴承的振动值出现跃升,导致透平机组跳机。

二、未知原因故障

◢ 1.故障现象

2015 年 11 月 28 日,透平 C 机在 5:43:29:903 报警提示"AL_ZZ2111/2114/2133 Monitor/ZZ2111/2114/2133 Vibration Monitor Summary Fault/振动监测故障报警";5:43:29:954,报警提

示"FL_Ext_Watchdog_Fault/External Watchdog Fault/外部看门狗故障";5:43:29:998,报警提示"FL_Fast_Stop_Latch/Fast Stop Latch/快速停车闭锁"。停机后,5:43:30:062,报警提示"AL_ZZ2112/2131/2132 Monitor/ZZ2112/2131/2132 Vibration Monitor Summary Fault/振动监测故障报警";5:43:30:904,报警提示"FL_24Vdc_supply_low/Control System 24Vdc Supply Voltage Low/控制系统 24 V DC 电源电压低",同时报警提示"AL_ZZ2113 Monitor/ZZ2113 Vibration Monitor Summary Fault/振动监测故障报警"。

▌2.故障原因分析

透平的报警信息显示从第一条报警信息出现到透平机组跳机只有 95 ms,为突发性故障,而且同时出现的报警点较多,导致该类故障的原因多为电源断电、回路断开或强干扰。由此可以推断,故障应该出现在振动监测系统和控制系统的电源上,因此,需要从以下几个方面进行排查:

(1)检测控制系统电源的电压。

(2)振动监测系统电气回路。

(3)看门狗控制程序。

(4)排查干扰源。

▌3.故障诊断与排除

故障诊断与排除流程如下:

(1)依据盘面报警信息,打开控制盘柜门,检查相应的振动模块状态灯,此时,状态显示绿色,正常,怀疑为干扰误动作报警。

(2)检查 24 V DC 电源:28 V DC,供电电压正常,判断为误报警。

(3)由于"FL_Ext_Watchdog_Fault"报警故障信息也是第一次出现,将装有透平 Logix 5000 程序的笔记本电脑与透平 PLC 联机,搜索查看程序图,如图 4-28 所示。

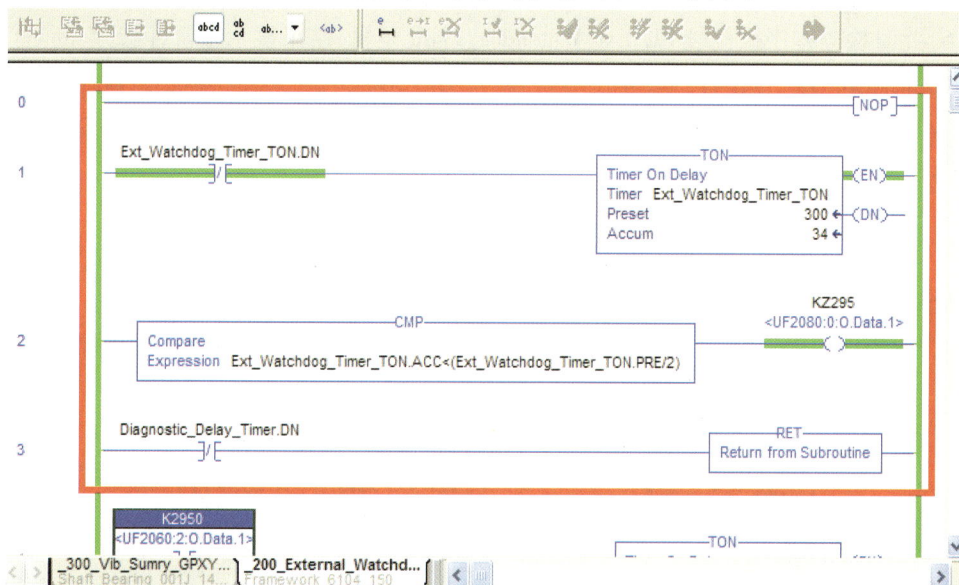

图 4-28　看门狗程序图

（4）经查阅程序图，此段程序为透平外部安全检查程序（如图 4-29 所示）。正常时，透平 PLC 对机组程序运行进行实时循环扫面并进行程序诊断。指令 RET 根据诊断结果，间歇对 Ext_Watchdog_Timer_TON.DN 进行扫描，循环诊断。KZ295 时间继电器间歇性通电动作，盘内 UF2080 模块一通道状态灯也在闪烁，说明诊断扫描程序、设备正常。

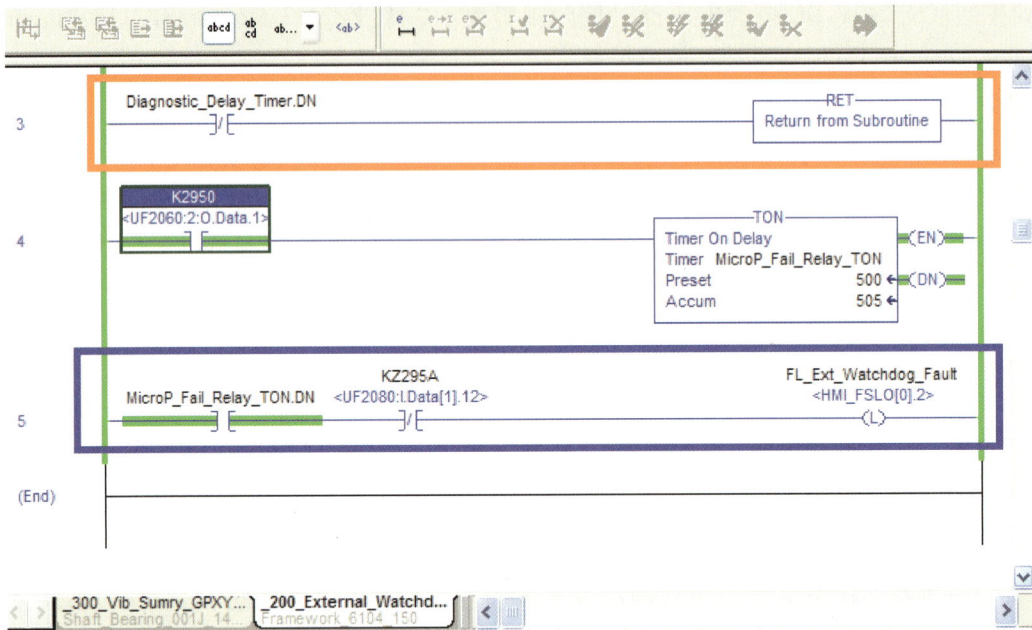

图 4-29　透平外部安全检查程序

（5）随后对控制盘 UF2080、UF2060、Z295、K2950 诊断回路设备线路进行检查，检查确认接线牢固可靠。

（6）此时检查程序执行段 FL_Ext_Watchdog_Fault 逻辑，结果显示正常，因此判断看门狗故障是由干扰造成的。

（7）对整个回路的屏蔽情况进行检查，未发现线路屏蔽层存在破损现象，也未发现明显的干扰源。

（8）经研究决定复位机组重新启机。

（9）对机组进行控制盘、后备系统复位后，重新启机，机组启动正常。

◢ 4.故障实际原因

此次故障停机后，经过复位重新启机，机组运行正常，尚未查出具体的故障原因。

第十一节 ● T5 温度监测系统故障

T5 温度监测系统的常见故障是 T5 温度高故障，下面展开介绍。

T5 温度高故障

1.故障现象

2017 年 1 月 20 日 11:00,透平 B 机按计划启机。启机后,透平空载过程中,T5 温度高达 700 ℃(如图 4-30 所示),远远超出设计值。

随后透平 B 机带负荷至 3 MW,运行约 2 h 后,透平 T5 温度持续升高(如图 4-30 所示)。14:30,透平 B 机报警提示"CN_T5_Delay_Hi/T5 Delayed Temperature High/T5 延时温度高停机"。

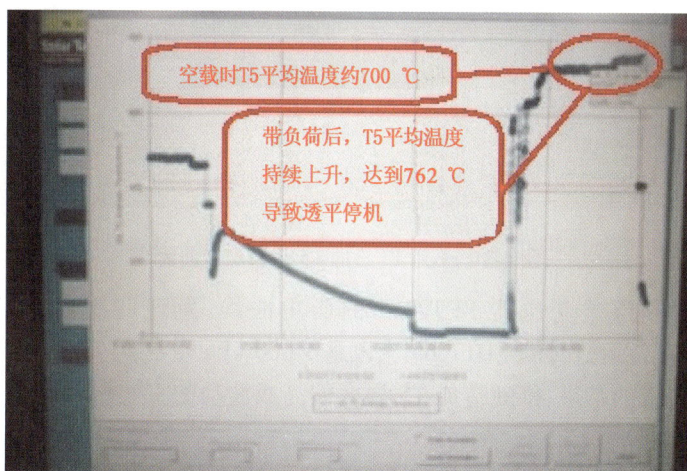

图 4-30　透平 B 机的 T5 平均温度曲线

2.故障原因分析

导致透平 T5 温度高的原因主要有:

(1)T5 温度监测回路故障,导致控制系统监测到的 T5 温度虚高。

(2)天然气供给系统故障,导致燃料供给量太大。

(3)防喘放气系统故障,导致进入燃烧室的空气量太少,进而造成燃烧温度高。

(4)透平进气可调导叶(IGV)开度小,导致进入燃烧室的空气量太少,进而造成燃烧温度高。

(5)进气过滤器脏堵,且进气压差变送器故障,导致进入燃烧室的空气量太少,进而造成燃烧温度高。

3.故障诊断与排除

故障诊断与排除流程如下:

(1)调取透平运行曲线,曲线显示 12 个 T5 温度探头从透平启机运行开始就显示偏高,平均温度约 700 ℃,运行至关断时刻时,平均温度达到 762 ℃,大于关断值 760 ℃。

(2)单个探头的温度同样显示偏高,其中 TC3 探头最高温度甚至达到最高值 792 ℃。

(3)对比。1 月 17 日 T5 平均温度为 560 ℃(如图 4-31 所示),远远低于关断值。

(4)因为 12 个通道温度值同步升高,且信号点分布在两个输入模块上,同时出现故障的可能性较低,可以基本判断为 T5 温度实际异常高温。

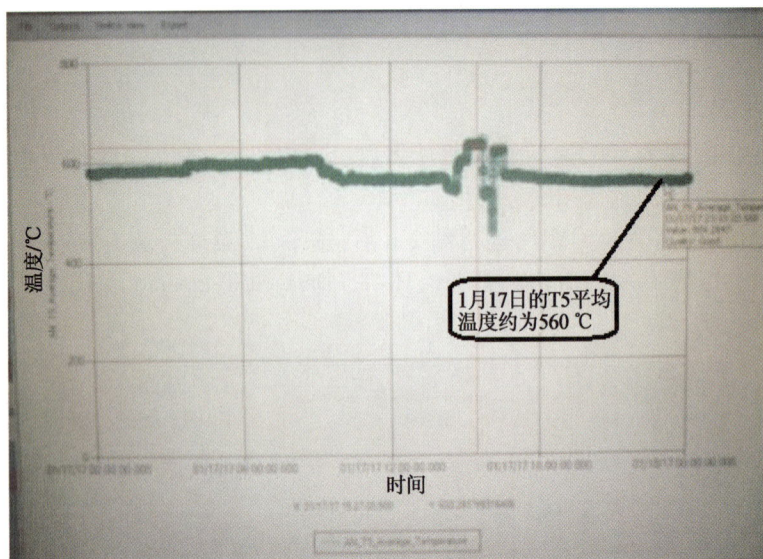

图 4-31　1 月 17 日的 T5 平均温度曲线

（5）检查天然气压差变送器 PDT7065 的历史曲线，发现此次启机后 PDT7065 约为 1 500 kPa，而透平正常运行时的 PDT7065 应该是 1 000 kPa 左右。

（6）结合 T5 检查的结果，推断造成 T5 温度偏高或波动的真实原因可能是天然气管路的故障。

（7）检查 PDT7065，外观良好，接线正常稳固，取压管干净、无堵塞现象，泄压后正常归零，确认天然气压差变送器 PDT7065 工作正常。

（8）重点排查天然气和空气系统。

（9）检查天然气处理橇相关流程的压力、温度，以及 F201 液位、V201 液位，均无异常，拆卸透平天然气入口前的天然气过滤器，未发现异常。查看近期的透平滤器压差曲线，均正常。为确保排除故障点被彻底排除，更换该天然气过滤器滤芯。

（10）抽检喷嘴状态，对 3 点钟方向 T5 对应的喷嘴（根据系统 T5 温度曲线分析，此喷嘴对应的 T5 温度最高）进行拆卸检查，状态良好，非常干净。

（11）为了缩小故障范围，计划以柴油模式启动透平，以判断是否为燃料气系统的问题导致该故障。

（12）2017 年 1 月 20 日 20:00，透平以柴油模式点火，两次均点火失败（2 号、3 号、4 号燃料喷嘴点火失败），这是一个老问题，自从机组交换之后透平发动机柴油模式启动均比较困难，年检时工程师进行简单参数调整便可以启动，过一段时间又出现无法启动的问题，冬天尤为明显。

（13）2017 年 1 月 20 日 20:30，透平以燃气模式点火，点火成功，当转速达到 56%NGP 之后，转速无法上升，T5 在 450~620 ℃波动，紧接着加速失败跳机。

（14）为确保仪表检测回路万无一失，更换了 ZF0073、ZF0074 两个输入模块，再次试启车测试，故障依旧。

（15）停机再次检查，发现 12 个 T5 探头通过一个公共接线板 TX1500 接入两个输入模块，根据电路图和热电偶测温原理,此接线板应该为直通端子,为了使冷端更标准,采用接线板的方式接入,同时接线板上焊接了冷端补偿热敏电阻。测量其对应端子之间的直通电阻为1.2 Ω 左右,判断此电路板没有问题,为了再次验证 TX1500,回装 TX1500,在库里拿一个新的 T5 温度探头接到 JB55 的 TB5501 的 9 号、10 号端子,用温箱逐步加热到 600 ℃,MCC 显示正常,无波动,确认 T5 工作正常,TX1500 检查无异常。

(16)至此,T5 温度监测系统可能的故障点均已排除,接下来从燃气调节阀状态、防喘阀状态、IGV 调节方面进行重点排查。

(17)检查天然气调节阀仪表设备是否存在故障。用电脑连接 PLC,对燃气流量控制阀 FCV7065 进行检查测试,连接 PLC 强制打开天然气调节阀,分别输入 0%、6.3%、25%、50%、75%开度指令,UCP 面板上反馈阀门开度与指令相符,阀门动作迅速无卡滞,实际开度准确,确认天然气调节阀 FCV7065 工作正常。

(18)检查透平进气可调导叶(IGV)系统,测量透平进气可调导叶在停机时的角度,为 -46.5°左右,在设计范围内(透平停机时的 IGV 角度设计值为-47.5°±2°,在透平转速达到 65%NGP 后才开始动作,整个动作范围是-47.5°~+5°)。

(19)拆除 IGV 的传动机构,检查确定 IGV 叶片及其传动机构动作灵活、无卡滞现象,排除因 IGV 故障而导致 T5 温度高的可能性。

(20)检查透平的防喘放气系统,此时防喘放气阀 FCV1026 处于关闭状态,位置状态错误(防喘放气阀在停机时应该处于打开状态,达到 73%NGP 时关闭,机组正常运行时关闭;在接到停机指令后,当转速低于 73%NGP 时,打开防喘阀)。

(21)测试防喘放气阀 FCV1026。此阀门为滑油驱动,双电磁阀控制进油和回油,由于未启机,滑油无压力,现场接入仪表气,通过电路强制电磁阀 SV1026A 和 SV1026B 分别得电与失电,测试 FCV1026 的开关动作,都能很快速地使开关到位,无卡滞现象,确认 SV1026A 和 SV1026B 没有问题。

(22)检查防喘放气阀的伺服油路,检查透平侧内的伺服油过滤器(186211-1),发现其滤芯(186212-100)表面脏污,但滑油清澈、无异常。怀疑该伺服油路有过滤器的滤芯脏堵,导致防喘放气阀未关严。

(23)更换伺服油过滤器的滤芯(186212-100),恢复各系统。

(24)启机进行测试,各项参数正常。停机后再次启机,透平运转正常,故障排除。

▲ 4.故障实际原因

查阅透平 B 机与润滑油、伺服油相关的历史维护记录,发现透平 B 机在 2016 年 10 月出现过一次#2 轴承处高温气流窜入润滑油系统,滑油变质。虽然后来对润滑油进行了净化处理,且化验合格,但是当时未检查伺服过滤器(该过滤器没有压差监测设备,比较隐蔽)。怀疑当时该滤芯已被污染,随着机组继续运转,滑油滤器继续脏堵,进而导致伺服油路流量不足,引起伺服油末端防喘放气阀动作不到位。

第十二节 ◉ Solar Taurus 70 燃气轮机故障处理总结

通过对上述故障的整理和再分析,各常见故障的原因基本已得到确认,为了更直观地了解各种常见故障的原因属性,将各故障整理汇总成表,详见表4-3。

表4-3 Solar Taurus 70 燃气轮机各故障原因汇总表

序号	故障原因	隐患是否可预判/预防
1	进线断路器故障	是
2	电机定子因锈蚀而短路	是
3	滑油泵控制盘主电源回路保险丝型号错误,导致频繁烧坏	是
4	VFD 的电源接口电路板故障	否
5	VFD 的 Power Flex Pcb 电路板的焊点烧熔	是
6	VFD 内部有一螺栓脱落,导致 POWER_INTERFACE_PCB 电路板频繁故障	是
7	控制盘内电源模块故障	否
8	电流互感器故障	否
9	直流滑油泵电机绕组故障	是
10	B/C 机变频器跨接时,通信信号互相干扰	是
11	滑油冷却风扇电机电缆抽头根部断开,造成电机绕组缺相,引起电流过大	是
12	滑油冷却风扇电机现场接线盒内端子排烧毁,冷却风扇电机缺相停转	是
13	滑油冷却风扇电机内部绕组短路	是
14	VFD 内的 Option Board 板故障	否
15	变频器内电容未按厂家公告执行	是
16	控制系统电源模块 PS200 故障	否
17	后备滑油泵电机定子损坏	是
18	主燃气调节阀内部故障	否
19	控制盘电源模块 PS200 电源进线松动	是
20	PLC 输入模块的电源线松动	是
21	热电阻连接导线与接线盒内壁受振动而磨损,与外壳接触,导致回路阻值变化,温度变化异常	是
22	S396-5 风压开关的取压管线进水,堵塞	是
23	#11 压差变送器与燃料气干管压差变送器距离很近,导致压差很小(设计问题)	是
24	#2、#3 轴承温度探头 RT327-2 线路有磨损,导致温度跳变	是

续表

序号	故障原因	隐患是否可预判/预防
25	压差变送器接线端子不够紧固,振动导致信号线松动、虚接,控制系统接收到的模拟输入信号有跳变现象	是
26	FLEX 模块故障	否
27	直流充电器电路板故障	否
28	天然气二次关断阀的 PCD 气源电磁阀故障	否
29	燃气调节阀 EGF388 内部损坏	否
30	超速探测器故障	否
31	T1 温度传感器接线盒内的热电阻连接导线与接线盒内壁受振动而磨损,与外壳接触,导致回路阻值变化,温度波动大	是
32	PCD 排放管线里面存在大量异物及污油导致其到机组橇块外部严重堵塞	是
33	MCC 变频柜信号线虚接	是
34	BOOST Voltage 设定值过高,导致变频器停机时,IGBT 系统高温报警	是
35	润滑油调节阀的不锈钢铭牌卡死在调节阀阀杆上,导致主阀杆动作困难,滑油压力偏低	是
36	燃机间里的紫外线(UV)探头故障	否
37	PIC 扩展卡槽故障	否
38	控制系统电源模块 PS200 故障	否
39	火气控制器线路虚接	否
40	振动开关故障,误动作导致停机	是
41	热电阻模块 ZF2061 故障导致停机	否
42	点火火花塞电极故障,无法打火,导致点火失败	是
43	除霜阀阀体内部球阀密封不严,磨损严重,产生内漏	是
44	润滑油加热器未投运,润滑油温度低,导致润滑油压力低而停机	是
45	仪表气用户太多,导致电磁阀 L303-1 出口仪表气微弱,其控制的气控阀 V2P903-1 阀无法打开,以致 PCD 气无法正常通过	是
46	PLC 主机架插槽与 ZZ2013 MODBUS 通信卡件故障	否
47	传感器破损接地,导致#2 轴承振动值出现不规律波动	否
48	#2 轴承烧毁,导致 X 轴接线线缆烧毁,探头接地故障	否
49	柴油输送泵压差开关接地线碰触电源,造成接地短路	是
50	1784-PCIC(S)卡故障,上位机与 CPU 通信失败	否
51	后备超速传感器 G383-1 故障,2 次	否
52	8 通道 RTD 模拟输入模块 ZF2122 故障	否
53	PCD 回路 V2P903-1 阀和 V2P903-2 阀的密封损坏,阀杆处均有漏气	是

续表

序号	故障原因	隐患是否可预判/预防
54	液位变送器内部传感器故障	否
55	一级涡轮叶片入口处热腐蚀造成部分脱落,脱落部分打碎涡轮叶片和 T5 探头,T5 探头高温关断机组	是
56	除霜阀阀体内漏	是
57	速度探头损坏,无法检测转速	是
58	PCV-933 阀门内弹簧年久老化,导致动作时断裂戳破膜片,致使高温 PCD 气窜入下面仪表气线路	是
59	后备速度 G383-1 探头磨损,造成速度探头检测信号不稳定	否
60	速度探头电缆线路故障,无法正确检测转速	是
61	转速探头本体故障	否
62	PS2130 电源模块,导致振动高而故障停机	否
63	控制器上电故障,导致主程序丢失	否
64	滑油回油压力调节阀阀杆发生断裂,无法调节滑油压力	是
65	预/后滑油泵泄压单向阀孔板尺寸错误,导致滑油母管压力低	是
66	天然气一次关断阀气缸漏气,造成阀检失败	是
67	燃油总管清吹管线一次阀执行器内漏,造成阀门未打开,导致燃油总管无清吹	否
68	#12 喷嘴密封垫损坏,导致漏气	是
69	滑油泵滑油出口管线法兰 O 形密封圈损坏,导致密封不严	是
70	燃机间冷却风道中的防火风闸滤网脏堵,导致燃机间压力低	是
71	柴油高压滤器脏堵,导致点火失败	是
72	透平压气机叶片脏,导致爬坡超时	是
73	滑油冷却风扇皮带松紧度低,造成风扇转速低,冷却风量小,滑油得不到冷却	是
74	滑油冷却风扇轴承间隙大,导致滑油冷却风扇振动高	是
75	滑油冷却器脏堵,导致轴流式风机过载,热继电器动作,最终风机停止运行	是
76	机组交换期间厂家工程师未检查发动机与齿轮箱连接螺栓预紧力,造成机组振动强烈	是
77	滑油冷却风扇轴承损坏,造成冷却风扇晃动	是
78	IGV 开启角度严重偏离标准值,导致机组停机降速时 IGV 关闭不及时,机组喘振	是
79	备用回油泵电机控制箱主回路熔断器烧断,回油泵无法正常启动,引起停机	是
80	VS6040 内部线鼻子磨破,与盒盖接触接地,导致 FU0140 熔断	是
81	PLC RTD/TC 卡件 ZF0084 故障,导致滑油温度低报警	否
82	燃气窜入轴承箱造成高温,滑油污染导致#2、#3 轴承温度高、滑油滤器压差高	否

续表

序号	故障原因	隐患是否可预判/预防
83	透平伺服滑油滤器脏堵,造成作为液压动力源的滑油流量不足,导致防喘阀执行器和IGV调节执行器失效,进而引起T5异常高温,透平停机	是
可预判/预防的故障次数		53 次
可预判/预防的故障占比		63.86%

说明:

1.表中标注可预判/预防的故障是其故障点在日常巡检、日常维护、定期维护时能检查到且能发现故障端倪的故障;

2.表中标注不可预判/预防的故障是指其故障点是隐蔽在某个设备中,且在日常巡检、日常维护、定期维护时无法检查到的故障,且该故障设备尚未达到或未接近其使用寿命。

从表中可以看出,在此次收集到的故障案例中,有高达63.86%的故障是可以在日常巡检、日常维护、定期维护中发现故障隐患的,通过提前预防可以将故障隐患消除在萌芽中。当然,这63.86%故障的预判难度大小不一,要想完全消除这些故障不仅需要认真的工作态度,更需要拥有相当高的燃气轮机维护、保养、维修管理水平和技术水平。

第五章
Solar Taurus 60 燃气轮机常见故障

第一节 ◉ 启动系统常见故障分析

启动系统常见故障有透平盘车失败和透平齿轮箱振动高等。

一、透平盘车失败

◤ 1. 故障现象

2017 年 3 月 18 日,透平进行计划性倒机(C 机倒 A 机)时,发现透平 A 机盘车失败,且转速为 0%。现场再次启动盘车测试,发现启动电动机运行正常,但是透平 NGP 转速为 0%。停机后对机组进行手动盘车,发现仅启动电动机旋转,启动电动机与齿轮箱脱离,无啮合。

◤ 2. 故障原因分析

由图 5-1 可以看出,通过联轴器与减速齿轮箱相连,并通过减速齿轮箱带动透平转子盘车,因此,在启动电机旋转而透平转子转速为零的情况,其故障点即为减速器或启动电机与减速器之间的联轴器。

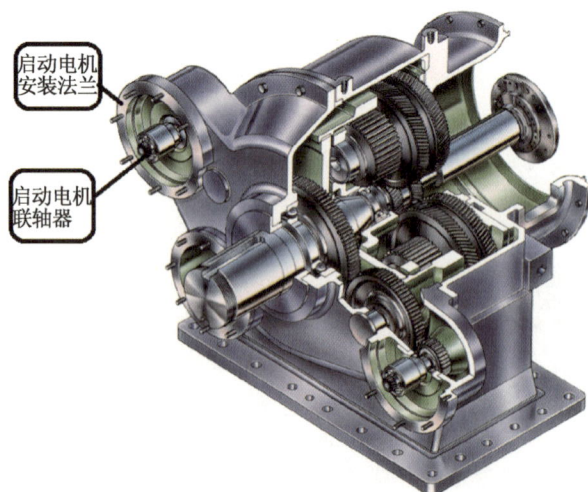

图 5-1　减速齿轮箱

3.故障诊断与排除

故障诊断与排除流程如下：

（1）拆卸启动电动机，并将其移至安全位置。

（2）检查发现启动电动机连接部位有损伤（如图 5-2 所示）。

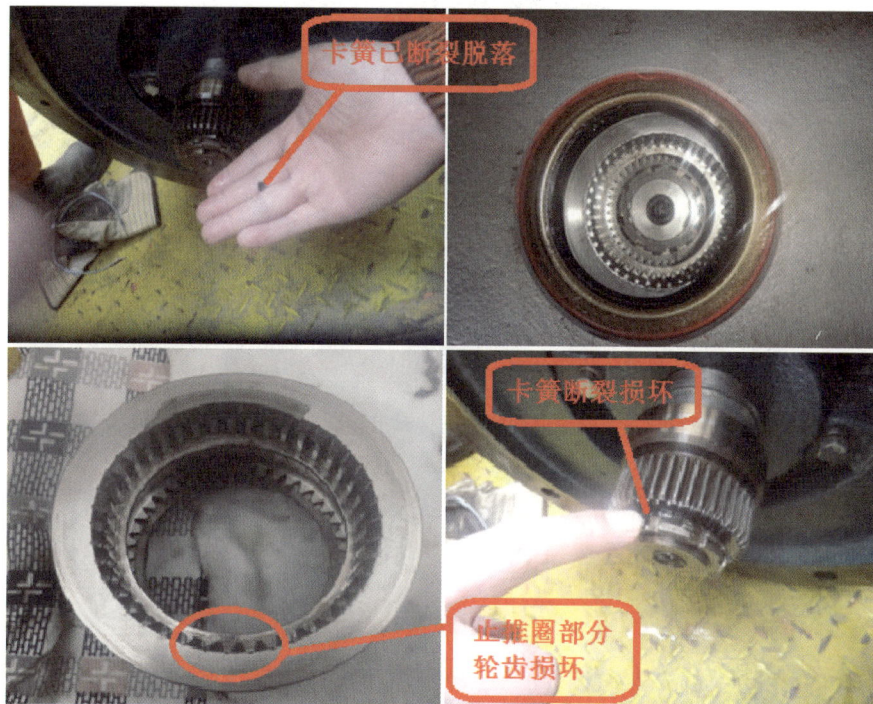

图 5-2　启动电动机连接部件损坏照片

（3）进一步脱开中间传动节。检查传动齿轮，其已与内部齿轮箱脱落，手动转动非常灵活。

（4）检查连接点，发现内部轴承已损坏（如图 5-3 所示）。

（5）判定为离合器故障。

（6）对启动电动机的传动总成进行拆检。

（7）通过以上拆检，判断为离合器故障，受破损零件残片的影响，离合器尚未成功解体，内部其他部件是否损坏还未确定。

（8）回装新的离合器总成，并更换新的变频启动电动机，完成回装工作后检查试运转，运行正常，启动电动机在 NGP 转速达到 66% 后可自动脱开。

4.故障实际原因

透平离合器轴承长期磨损导致高温，离合器轴承外圈与离合器外套粘连，造成轴承失效。

图 5-3　启动电动机中间传动节内部轴承已损坏

二、透平齿轮箱振动高

1.故障现象

2017 年 10 月 12 日 16:18,透平齿轮箱出现振动高报警,运行人员手持振动设备测量曲轴箱振动值为 2.0g,该振动值正常;16:22,透平齿轮箱振动高报警,机组停机。

2.故障原因分析

故障原因有以下几种可能:

(1)振动探头故障,造成振动监测不准确。

(2)振动探头松动,造成振动监测不准确。

(3)振动探头与 PLC 的连接线松动,造成振动监测不准确。

(4)振动监测模块卡件松动,造成振动监测不准确。

3.故障诊断与排除

故障诊断与排除流程如下:

(1)由于运行人员使用手持式振动测量仪测得的齿轮箱振动值为 2.0g,因此基本可以判定透平齿轮箱振动高报警为误报。

(2)仪表工程师检查探头安装是否松动,发现振动探头底座与探头本体连接处断裂脱落(如图 5-4 所示)。

(3)检查振动探头与 PLC 的接线,确认接线牢固可靠。

(4)检查振动监测模块卡件,确认卡件安装牢固可靠。

(5)更换新的振动探头后测试,透平带载至 1 588 kW,测得振动值 2.0g,符合设计要求。

4.故障实际原因

透平齿轮箱振动探头底座与本体连接处断裂脱落,造成振动高报警而关停。

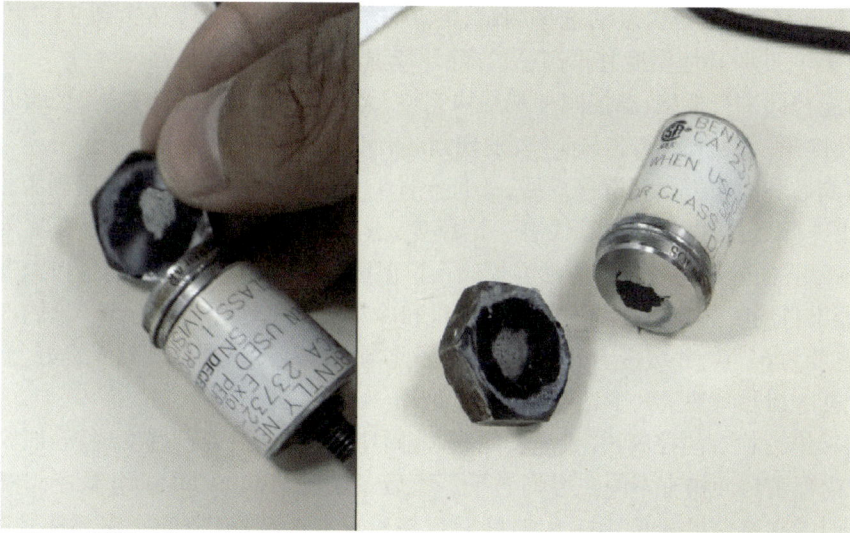

图 5-4　振动探头底座与探头本体连接处断裂脱落

第二节 ⊙ 润滑油系统常见故障分析

润滑油系统常见故障为透平滑油温度高报警和透平滑油压力低且压力不稳定等故障。

一、透平滑油温度高报警

◣ 1.故障现象

2015 年 2 月,透平出现滑油高温报警,温度为 72.6 ℃(设定值为 71 ℃报警,74 ℃关断)。

◣ 2.故障原因分析

故障原因有以下几种可能:

(1)滑油冷却器脏堵,造成滑油冷却效果差,引起滑油温度高。

(2)滑油黏度大,造成滑油冷却效果差,引起滑油温度高。

(3)环境温度高,造成滑油温度高。

(4)温控阀卡滞,造成经过冷却器的滑油量减少,引起滑油温度高。

◣ 3.故障诊断与排除

故障诊断与排除流程如下:

(1)对滑油冷却器进行检查,冷却器较为清洁,没有脏堵现象,冷却风扇运转良好。检查文档发现,滑油冷却器是上个月新换的。排除滑油冷却器脏堵造成滑油温度高。

(2)检查透平滑油品质没有问题,透平滑油是 2014 年 3 月 5 日透平运转 8 000 h 更换的,基本可以排除滑油品质问题。继续抽取滑油样品返回陆地进行化验,等待后期化验结果作为参考。

（3）2月6日0:00，再次启动透平测试，0:20，透平滑油高温报警（达到72.2 ℃，71 ℃报警，74 ℃关断），此时环境温度并不高，故排除环境温度造成滑油温度高。

（4）对温控阀进行拆检，温控阀外观结构完整，无损坏；测试阀芯开关情况，阀芯随温度升高可以缓慢打开；来回活动阀芯与阀座，发现阀芯有明显卡塞现象。

（5）对阀芯和阀座进行润滑保养后，2月6日11:00，启动透平，20 min后利用测温仪对滑油系统管线进行测温（由于滑油管线有一定厚度，点温仪测量的数据比管内真实滑油温度偏低1~2 ℃），测得的数值分别为：滑油温控阀入口温度为64 ℃，滑油冷却器进口温度为64 ℃，滑油冷却器出口温度为28 ℃，滑油温控阀出口和冷却器出口母管温度为58 ℃，这时透平机组显示滑油温度为67 ℃，并缓慢上升至70 ℃。因此判断滑油冷却器冷却效果良好，温控阀没有全开到位，进冷却器滑油量太少，造成滑油温度高。

（6）停机继续检查温控阀，并找出新的阀芯、阀座配件，仔细观察后发现新、旧阀座外观是一样的，但内部密封面稍有不同。咨询透平厂家后了解到，Taurus 60机组温控阀阀座部件确实升级过，旧的阀座效果不好，用一段时间后容易出现卡涩现象（旧的阀座部件号为190185-9，新的为190185-10）。

（7）换装新的阀芯、阀座后，恢复流程，并启机测试。透平运转稳定，带载2 150 kW状态下滑油温度为62 ℃，且温度稳定。

4.故障实际原因

透平滑油系统温控阀在高温时应逐渐打开，实际动作时存在卡滞、不灵敏、阀门不能全开等情况，造成润滑油不能充分、及时地经过滑油冷却器冷却，因而出现高温报警。

二、透平滑油压力低且压力不稳定

1.故障现象

2017年6月15日15:44，透平A机滑油压力低报警，随后很快低压报警又复位。当时滑油母管温度为69 ℃（滑油母管温度71 ℃报警，73 ℃关断），现场判断可能是滑油温度升高导致滑油黏度降低，进而导致滑油压力降低。动力装置主操员带领锅炉发电工对滑油冷却器进行清洁冲洗，同时准备将加装在透平B机滑油冷却器处的临时风机转移到透平A机滑油冷却器处，希望降低滑油温度，提高滑油压力。在此期间，透平A机滑油再次出现低压报警（时间15:47），15:50，滑油压力又出现低压报警，透平A机关断，随后将透平B机拉停，平台失电。

2.故障原因分析

故障原因有以下几种可能：

（1）压差变送器故障。

（2）滑油系统存在漏点，造成滑油压力低。

（3）滑油过滤器脏堵，造成滑油压力低。

（4）主滑油泵故障，造成滑油压力低。

（5）温控阀故障，造成滑油温度高，黏度降低，引起滑油压力低。

（6）滑油压力调节阀故障，造成滑油压力低。

（7）滑油压力安全阀故障，造成部分滑油回泄至油箱，引起滑油压力低。

3.故障诊断与排除

故障诊断与排除流程如下：

（1）检查 PT3200 压差变送器，正常；查看滑油压力趋势图，发现滑油压力确实达到低压报警（275 kPa）。因此，可以判断当时滑油系统压力确实低，并非压差变送器传输虚假信号所致。

（2）停机后观察橇内无滑油泄漏痕迹，排除滑油泄漏导致的低压。

（3）滑油滤器压差变送器显示压差为 60 kPa（报警值 207 kPa），可以排除滑油系统滤器堵塞导致的低压。

（4）停机后检查主滑油泵，正常，后来透平 A 机启动后，滑油压力也维持在正常范围内，并且主滑油泵为机带泵，在正常运转中不存在控制信号误动作而导致的偶然停泵，因此可以排除主滑油泵故障导致的滑油低压。

（5）温控阀卡滞、开度不够导致滑油温度偏高，滑油黏度降低，可以引起滑油压力降低。当时滑油温度达到 69 ℃时，虽未到达报警值，但是较以往温度已经偏高，存在温度偏高引起压力下降的可能，但是由温度导致的压力降低变化比较缓慢，压力控制阀应该有足够的动作时间调整压力到正常范围，因此温控阀卡滞应该不是主因。

（6）PCV3200 滑油压力控制阀不灵敏，在滑油低压时调节不及时，造成机组滑油压力低关停。鉴于透平 A、B 机使用至今均出现过滑油压力不稳、压力波动较大的情况，最初透平 B 机组滑油压力波动比较频繁，现场人员查找相关原因，当时拆检过透平 B 机的压力控制阀，阀体无异常，阀芯动作灵活、无卡塞，回装后滑油压力依然大幅波动，但是，机组运行一段时间后压力波动范围逐渐变小，趋于正常值。另外，两台机组的压力控制阀使用至今已接近 30 000 h，均未进行更换。因此，压力控制阀不灵敏引发透平停机的概率较大。

（7）滑油压力安全阀 PSV3110 误动作，导致滑油大部分回流到油箱内，造成系统滑油压力低，机组关停。后来重新启动透平 A 机后为避免透平滑油压力波动导致低压，调高滑油压力控制阀的设定，在此期间，滑油压力最高达到 550 kPa（瞬时达到，滑油压力高报警值为448 kPa，无压力高关断），安全阀没有动作，因此基本可以排除安全阀误动作的可能。

4.故障实际原因

滑油压力长期波动较大，现场调节滑油压力控制阀比较频繁，而每次调节都要将锁紧调节螺栓的螺母松开和拧紧，导致调节螺栓疲劳，最终导致调节螺栓在内部弹簧的压力作用下断裂，导致 PCV3200 滑油压力控制阀失灵。

第三节 ● 气体燃料系统常见故障分析

气体燃料系统常见故障主要为透平燃气系统故障，下面就透平燃气系统高压漏检失败展开介绍。

1.故障现象

2017 年 05 月 18 日下午，启动透平 A 机，阀检期间出现"透平燃气高压检漏失败"（Gas_Fuel_HP_Leak_Fail）报警，阀检失败，机组启动失败。再次启机，故障复现。

◼ 2.故障原因分析

根据该机组的天然气系统图(如图 5-5 所示),该故障的可能原因如下:

(1)二次节流阀存在内漏,导致阀检期间不能保压,阀检失败;

(2)燃料气供给系统存在外漏点。

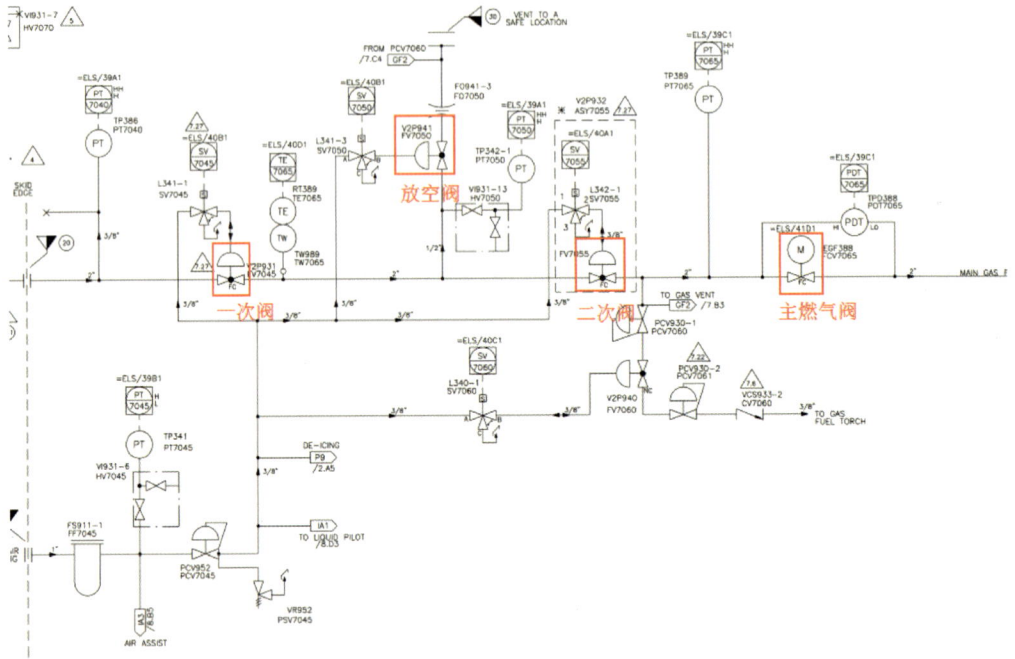

图 5-5　Taurus 60 燃气轮机燃气系统图

◼ 3.故障诊断与排除

故障诊断与排除流程如下:

(1)对燃气流程、透平机组状态进行初步检查。经检查后确认流程正确,燃气参数正常。

(2)对报警记录和 log 文件做进一步分析。阀检期间,在供气管路,一次节流阀与二次节流阀检查保压期间,失压较快,造成检测失败,怀疑系统存在外漏点。

(3)对机组的 PLC 程序进行读取分析,经过分析,确认在进入 Gas_Fuel_HP 检查程序时出现故障。在此检查程序中,会先行打开燃气一次节流阀,2 s 后关闭,持续检测一次节流阀与二次节流阀之间的压力,最后计算 20 s 与 25 s 时的压力差值,若此差值大于 10 psi,即报警"Gas_Fuel_HP_Leak_Fail",阀检失败停机。

(4)机组在此检测程序中,打开一次截流阀,对一次节流阀与二次节流阀之间的管线建压,并检查一段时间内此段管线的压降,若压降大于 10 psi,即认为此部分存在泄漏,阀检失败停机。

(5)基于此,对现场管线进行测试排查。

首先,对故障段管线进行隔离,建立起压力后做保压实验。开启一次节流阀后,管线建立起正常压力,约为 1 890 kPa,在 30 min 内压降约为 40 kPa,保压正常。在此期间,对此段管线两端的法兰接口、仪表附件(有 1 个 TT 和 1 个带表阀 PT)、一处放空节流阀均使用试漏液检漏,未发现漏点。同时观察二次节流阀后端的压力,没有明显变化,即机组在此段管线本身及仪表附件不存在外漏。

其次,拆除放空节流阀后端的仪表接头,启机阀检,在此期间对放空阀处进行持续检测,未检测到泄漏。即启机期间,此放空阀逻辑动作正常,不存在泄漏。

再次,对一次节流阀与主阀之间的管线建压 1 890 kPa,做保压实验,其间关闭二次节流阀。保压实验成功,半小时后压力为 1 850 kPa,压降在正常范围内。即主阀正常,不存在闭合不严,且此段管线正常,无泄漏。

最后,对二次节流阀与主阀之间的管线建压,同时,卸载掉建压过程中一次节流阀与二次节流阀之间的压力。观察到二次节流阀与主阀间压降很快,不能保压,同时一次节流阀与二次节流阀间压力升高。二次节流阀为气动球阀,故判断此二次节流阀存在内漏。

(6)找到二次节流阀的备件,进行更换。再对此阀门前、后法兰盘和管线做保压实验,没有外漏,也能够保压,正常。

(7)启动机组,阀检通过,启机成功。再次停机后进行启机测试,机组阀检正常,故障排除。

◆ 4.故障实际原因

二次节流阀存在内漏,导致阀检期间不能保压,阀检失败。

第四节 ◉ 液体燃料系统常见故障分析

液体燃料系统的常见故障是燃油清吹空气压力低。

◆ 1.故障现象

2017 年 2 月 4 日,透平 A 机 PCD 吹扫压力低,机组运行时柴油分配器管路有烧红现象。

◆ 2.故障原因分析

查阅图纸可知:PCD 气经冷却后,经过由 L303-1 电磁阀控制的 V2P903-1、由 L303-2 电磁阀控制的 V2P903-2 气控阀,然后进燃油分配器。其间 PCD 气的进气压力由 V2P903-1 检测(如图 5-6 所示)。

由图可知,造成该故障的原因可能为:

(1)电磁阀 L303-1 故障,造成驱动 V2P903-1 的仪表风未接通,导致 V2P903-1 未动作。

(2)V2P903-1 的执行机构故障,造成 V2P903-1 阀无法打开。

(3)V2P903-1 阀体卡涩,造成阀门无法打开。

(4)V2P903-1 阀门仪表风气路堵塞,造成阀门无法打开。

(5)V2P903-1 阀门仪表风气路漏气,造成仪表风压力不足,导致阀门无法开启。

(6)电磁阀 L303-1 电气回路故障,造成电磁阀 L303-1 未能开启。

◆ 3.故障诊断与排除

故障诊断与排除流程如下:

(1)该故障主要针对控制气路电磁阀、气控阀的工作情况进行检查并确认其状态。通过

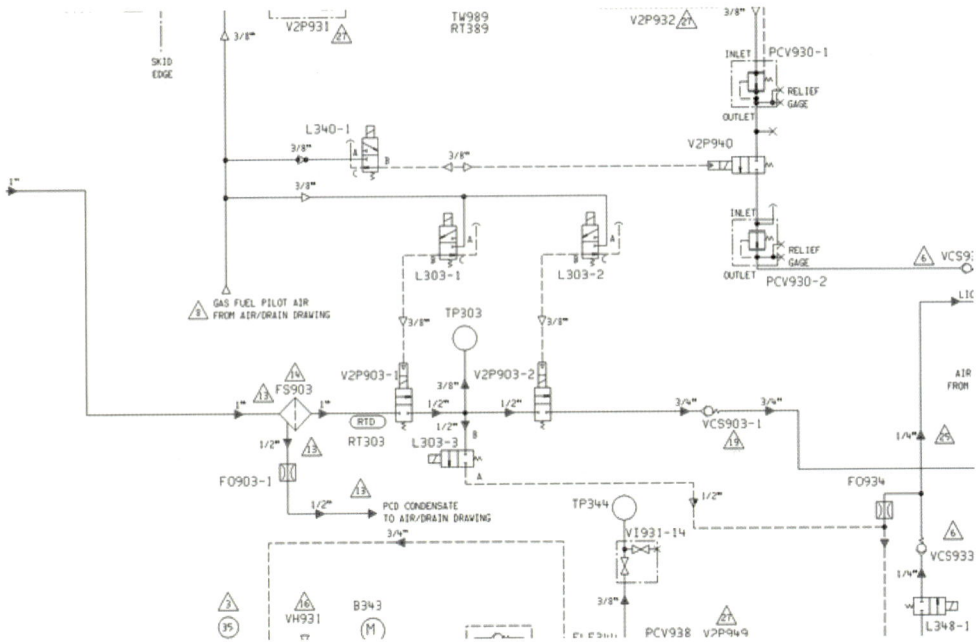

图 5-6　PCD 吹扫系统图

笔记本电脑 Logix 5000 程序上线连接透平 A 机控制器,通过程序强制 L303-1、L303-2、L303-3(卸放时使用)。

(2)经程序强制,现场三个电磁阀 L303-1、L303-2、L303-3 动作均正常,其控制的气动阀 V2P903-1 不动作,V2P903-2 动作正常。确认 PCD 吹扫低压由 V2P903-1 不动作所致。

(3)对电磁阀 L303-1 出气口气路进行拆卸检查,通过程序强制电磁阀开启,检查电磁阀出口有输出,但气量微弱。

(4)取消对电磁阀 L303-1 的强制开启动作,连接外部气源,通过临时接减压阀接进 350 kPa 压力气源接入电磁阀 L303-1 电磁阀入口,程序再次强制开启电磁阀 L303-1,此时 V2P903-1 气动阀执行机构阀动作,阀门开启。

(5)判断 L303-1 电磁阀气路可能有堵塞现象,造成输出气源压力过低。拆除原电磁阀,更换新电磁阀。

(6)再次通过程序对电磁阀 L303-1 进行强制开启动作,强制后 V2P903-1 仍然不动作。检查 V2P903-1 气动执行机构未发现异常泄漏情况。

(7)由于 L303-1 电磁阀为仪表气减压阀 PCV952 出来的用户中为最末尾的用户,怀疑仪表气压力衰减导致阀门无法打开。

(8)针对 V2P903-1 气动阀不动作,对气动执行机构、阀体进行拆卸分离检查,未见异常。

(9)对仪表气源进行压力检查,在 PCV952(621 kPa±34.5 kPa)减压阀出口管路上三通处加装一个量程为 0~1 600 kPa 的压力表,检查减压后仪表气的压力,经查气源压力为 700 kPa,应满足使用要求。

(10)根据以上检查情况,判断此路改造仪表气路的电磁阀气源压力衰减严重。因此,关闭机组仪表气进气总阀,重新从机组仪表气的气源新增一路仪表气管线单独给 L303-1 供气,并在气源管线间安装减压阀(调压范围为 0~60 psi),并将压力调至 50 psi。

(11)打开进气气源总阀,强制开阀,V2P903-1 仍不动作。

(12)拆卸掉减压阀,采用接仪表气直接供气后,V2P903-1 动作正常。随后反复进行测试,均动作正常。

(13)后续检查中发现,V2P903-1 气动执行机构阀轴下端与阀体连接处有泄漏现象,同时考虑到 V2P903-2 与 V2P903-1 使用的是并联仪表风气源,因此,V2P903-1 无法开启是由仪表风气源衰减和执行机构漏气共同导致的。

(14)在燃气模式下启机,机组启动,运行正常。机组在未加载期间 PCD 压力为 1 200 kPa 左右,带载后 PCD 气压力为 1 400 kPa。运行一下午,柴油分配器未出现烧红现象,且 PCD 吹扫压力低报警消除。

❖ 4.故障实际原因

综上,故障实际原因如下:

(1)PCD 回路为透平后期改造加装的,其使用的仪表风为 PCV952 减压后一路分出来的。改造后此路仪表风用户较多,造成电磁阀 L303-1 出口仪表风压力已衰减至 V2P903-1 阀门开启所需仪表风压力的临界值。

(2)V2P903-1 气动执行机构阀轴下端与阀体连接处存在漏点,导致仪表风压力进一步衰减,造成 V2P903-1 阀门无法开启,致使 PCD 气无法正常通过。

第五节 ◉ 电气控制系统常见故障分析

电气控制系统的常见故障为透平 LSM 模块通信故障,下面就透平 LSM 模块通信故障停机展开介绍。

透平 LSM 模块通信故障停机

❖ 1.故障现象

2011 年 6 月 22 日 21:50,透平 D 机关断,报警显示"FL334 LSM_BT_FL",机组停机后,故障报警"FL334 LSM_BT_FL"频繁出现,并增加一项报警"AL113 VIB MON BLOCK TRANSFER ERR"。

❖ 2.故障原因分析

故障原因有以下几种可能:

(1)模块输入、输出线路异常。

(2)线性同步模块所在卡槽存在问题。

❖ 3.故障诊断与排除

故障诊断与排除流程如下:

(1)故障停机后确认报警信息并复位,半小时后报警再次出现,并且报警越来越频繁。增加一项报警"AL113 VIB MON BLOCK TRANSFER ERR",怀疑通信模块、线性同步模块或振动模块故障。对各模块进行清洁,插拔试验后报警状态没有变化,随后逐一更换模块,报警状态都没有变化。

(2)对模块输入、输出线路进行检查紧固,未发现异常。

(3)对机架进行检查,发现线性同步模块所在卡槽存在问题,部分弹性片变形失去弹性,导致线性同步模块接线端子无法接触或虚接。记录下对应触点间阻值,对卡槽弹性片进行修复,完成后与之前阻值进行比较,阻值发生明显变化。确认模块与卡槽正常接触后上电试验,报警信息依然存在,但报警出现的间隔时间延长,因此判断还存在故障点。

(4)再次对机架和 PLC 间的通信线路进行检查,用一根新线逐一替换,发现更换一根通信线后报警复位,观察几个小时后,没有出现任何报警。

(5)6 月 24 日 19:00,启机,空载试运转(燃气状态),运转正常。

(6)6 月 25 日 14:00,并车,运转正常。

■ 4.故障实际原因

综上,故障实际原因如下:

(1)直接原因

经检查发现,线性同步模块所在卡槽的部分弹性片发生变形,导致线性同步模块与机架内的接线端子无法接触或虚接,并且通信模块与 PLC 之间的一根通信线有问题。

(2)可能的间接原因

①设备插拔次数多,造成接口损坏,导致线性同步模块与机架无法传输。

②机架与 PLC 之间有一根通信线故障。

第六节 ● 启动失败故障分析

启动失败故障常见的有透平点火失败和透平气体燃料热值低导致加速失败等。

一、透平点火失败

■ 1.故障现象

透平 4 000 h 维护保养完成后,启动透平测试时发现燃气模式无法正常启动,控制盘故障报警显示"FN406 IGNITION FAILURE"点火失败。

■ 2.故障原因分析

故障原因有以下几种可能:

(1)点火器电极受潮,燃气模式不易点火。

(2)燃气调节阀故障。

(3)天然气点火电磁阀故障。

(4)燃气供给系统堵塞。

(5)天然气供给压力低。

3.故障诊断与排除

故障诊断与排除流程如下：

(1)首先根据经验判断,故障原因可能为洗车后点火电极受潮,燃气模式不容易点火。因此切换为燃油模式启动透平,透平能够正常启动;进行油切气、气切油测试,正常。

(2)运行 30 min 后,手动停机,再次以燃气模式启动透平,透平无法启动,故障原因仍为点火失败,因此排除点火电极和燃气调节阀故障。

(3)根据透平燃气流程图,检查天然气点火电磁阀 L340-1,外加 24 V 直流电源,电磁阀能够正常开启,并多次活动电磁阀。

(4)拆下燃气喷嘴检查燃气节流孔板,正常,无堵塞;检查并吹扫燃气点火管线,正常,无堵塞。

(5)再次燃气模式启机测试,仍点火失败。

(6)查阅燃气流程图,根据燃气流程图,点火的燃气压力设计为 69 kPa。

(7)在燃气点火回路的减压阀后端加装三通接头和压力表。再次启机测试,压力表显示实际点火时的燃气压力为 65 kPa,稍微偏低。通过调节点火回路减压阀的设定值将点火的燃气压力升到 90 kPa(与透平厂家沟通过,可适当调高一点),再次燃气模式启动透平,可正常启动。

(8)反复启机测试 3 次,每次间隔 40 min,均正常。

4.故障实际原因

透平天然气点火回路减压阀设定值漂移,点火时减压阀后压力偏低,造成点火失败。

二、透平气体燃料热值低导致加速失败

1.故障现象

(1)爬坡失败:2012 年 3 月,当 NGP 达到 60%以后,启动电动机脱扣,机组进入加速阶段,此阶段是流量控制模式,在预设时间(爬坡时间)60 s 内 NGP 不能达到 70%系统提示"FN_Ngp_Under_Speed"(Gas Producer Under Speed)报警,机组关停。

(2)NPT 上升缓慢:将爬坡时间修改为 120 s,机组爬坡成功,NGP 上升到 70%以上,NPT 开始上升,但上升速度很慢,半小时左右 NPT 刚刚达到 30%,并维持此值不再变化(以往 NPT 升到 50%所用时间为一两分钟)。

2.故障原因分析

故障原因有以下几种可能:

(1)燃料热值低,造成爬坡缓慢甚至失败。

(2)熄火保护开关故障,造成误动作。

(3)V2P931 燃气一次阀故障。

(4)EGF344 燃料气调节阀故障。

(5)压气机进气不足,导致热悬挂。压气机进气不足的原因有:

①IGV 开度不够;

②压气机叶片脏;

③防喘 BV 阀关不上；

④助燃空气入口过滤器脏；

⑤燃料气热值变化。

3.故障诊断与排除

故障诊断与排除流程如下：

(1)更换压缩机进口空气滤网。

(2)检查可转导叶(IGV)，IGV 开度符合设计要求。

(3)检查点火头是否积炭，点火气管线无积水，清洁点火头。

(4)PLC 强制燃料气关断阀(GAS FUEL TORCH VALVE L340-1 V2P940 VALVE)，动作正常。

(5)PLC 强制输出点火，现场点火头放电正常。

(6)检查点火气控制阀(PCV-930-2)进出口，无积水。

(7)启动机组，点火成功。

(8)爬坡结束，NGP 未达到 70%，机组关停。

(9)修改爬坡时间为 60~120 s，调整启动电动机脱扣 NGP 值为 60%~62%。

(10)重新启动机组，爬坡结束，NGP 上升到 78%，NPT 上升到 30%后几乎不再上升，人为关停机组。

(11)水洗透平。

(12)启动机组，NGP 稳定在 80%，NPT 上升速度略高于上一次。

(13)将#1 井的井口气引至燃料气系统，NPT 上升速度明显加快，很快达到 50%。

(14)手动将 NGP 调整到 87%，不带载运行 1 h 至机组稳定后，A 机开始带载，B 机慢慢减载，完成机组切换。

4.故障实际原因

燃气轮机压缩机在启动过程中对燃料气组分要求较高，B 机之前使用的#2 井的井口气热值较低，能够满足 B 机的正常运行要求，但无法满足 B 机的启机要求。

第七节 ● 轴承振动监测系统故障原因分析

轴承振动监测系统常见故障为轴承振动探头故障，下面就#2 轴承振动探头故障展开介绍。

#2 轴承振动探头故障

1.故障现象

2012 年 11 月 14 日中午，现场值班人员发现透平 B 机控制盘报警，报警信息为"Al_ZZ2112_Ch_A_Fault/ZZ2112 Vibration Monitor Channel A Fault/ZF2112 振动监控通道 A 故障报警""Al_ZZ2112_Ch_B_Fault/ZZ2112 Vibration Monitor Channel B Fault/ZF2112 振动监控通道

B 故障报警"。#2 轴承的历史振动曲线显示其振动值呈无规律的跃升（如图 5-7 所示）。

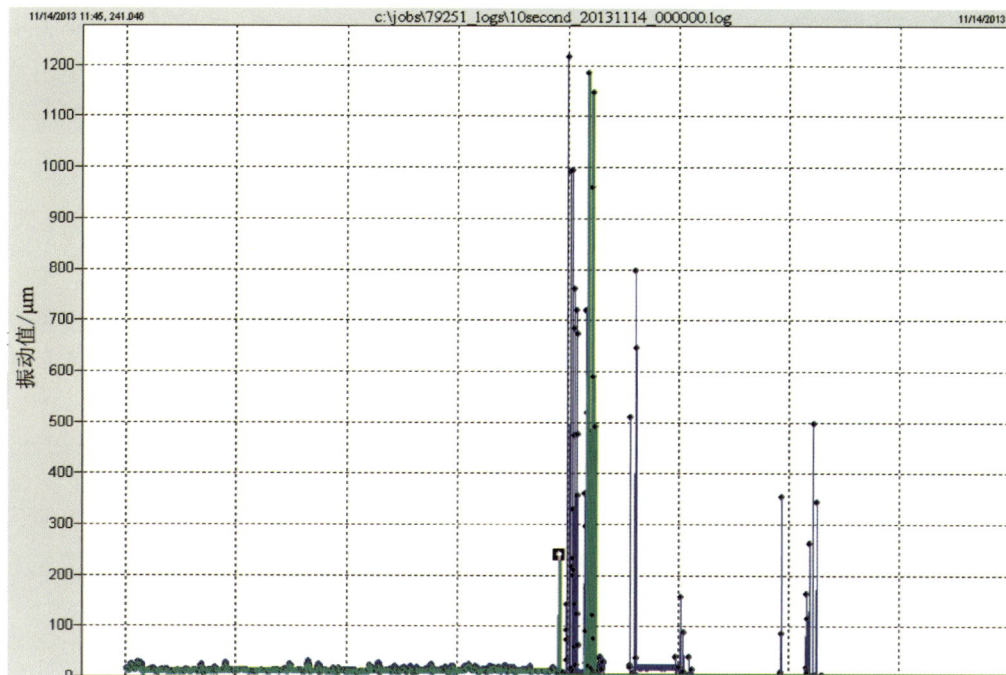

图 5-7 #2 轴承历史振动曲线

2.故障原因分析

故障原因有以下几种可能：

(1)#2 轴承振动电气回路故障。

(2)#2 轴承振动卡件故障。

3.故障诊断与排除

故障诊断与排除流程如下：

(1)根据报警信息初步判断#2 轴承通信检测失败。使用万用表检测端子电压均正常，故初步判断为控制盘内振动检测系统的前置输入装置故障导致通信失败。

(2)断开轴承振动监测系统电源，更换前置输入卡件 ZZ2112、ZZ2112T，送电后重新启动 PLC 控制系统，故障报警依旧存在。

(3)检测现场控制箱 ZV352X、ZV352Y 到 MCC 控制柜 ZZ2112、ZZ2112T 的直接电缆情况，对地电阻正常，两线直接测量通断正常。

(4)检测 ZV352X 到传感器端同轴电缆铜芯对地电阻，万用表显示为 104 Ω，正常应该为无穷大，判断这一段线路或设备接地。

(5)拆除现场接线箱，检测接线箱传感器端电缆铜芯对地电阻，万用表显示为 104 Ω，初步判断传感器接地，可能存在故障：传感器或电缆外皮破损接地。

(6)拆出#2 轴承振动探头，检查发现该探头一次线的绝缘层局部磨损，由此可确定该故障是该振动探头一次线绝缘磨损造成导线间歇性接地，导致振动值出现无规律的跃升。

■ 4.故障实际原因

#2 轴承振动探头的一次线绝缘层磨损,伴随着机组运行时的振动,#2 轴承振动探头一次线间歇性地接地,导致振动值出现间歇性无规律的跃升。

第八节 ⦿ T5 温度监测系统故障原因分析

T5 温度监测系统的常见故障为透平 T5 温度低报警停机,下面就透平 T5 温度低报警停机展开介绍。

透平 T5 温度低报警停机

■ 1.故障现象

透平故障停机,报警显示为"FLAMEOUT LOW T5",T5 低温关停。

■ 2.故障原因分析

故障原因有以下几种可能:

(1)T5 温度传感器故障。

(2)透平天然气入口压力低,天然气供给量低。

(3)天然气调节阀卡滞。

■ 3.故障诊断与排除

故障诊断与排除流程如下:

(1)首先对 T5 温度探头进行逐个排查,均正常,误差都在 10 ℃以内,排除温度传感器故障因素。

(2)对透平天然气入口压力进行检查,压力为 1 900 kPa 左右,正常。

(3)对透平燃气流程进行隔离,关闭前端燃气关断阀。拆下燃气调节阀 EGF344,并接通控制柜内 24 V 供电电源。用信号发生器给燃气调节阀提供 4~20 mA 的信号源,发现燃气调节阀开度与控制信号基本一致,但是有滞后现象,动作不是很灵敏。

(4)怀疑 T5 低温的原因就是燃气调节阀卡滞。随后用 WD40 清洗剂冲洗阀芯,并多次给信号开关活动调节阀。

(5)清洗 30 min 后,外接仪表气管线,对阀芯内部进行吹扫,将里面的油污吹出,并用棉签擦拭清洁阀芯,发现天然气中含有较多粉状杂质(如图 5-8 所示)。

(6)清洁完成后,再次开关活动燃气调节阀,且开度与控制信号一致,测试效果如下:

①手动给出 4 mA,显示阀开度约为 0%;

②手动给出 8 mA,显示阀开度约为 25.1%;

③手动给出 12 mA,显示阀开度约为 49.8%;

④手动给出 16 mA,显示阀开度约为 75%;

⑤手动给出 20 mA,显示阀开度约为 100%。

图 5-8 天然气调节阀清洗出粉状杂质

（7）与此同时,机械专业对透平燃气入口管线上的 Y 形滤器和透平燃气滤器滤网进行清理,滤网上均有明显粉末状杂质。后期每季度或半年对滤网进行清理或更换。

（8）回装燃气调节阀、燃气滤网等,并恢复流程,启动透平后运转正常。

◆ 4.故障实际原因

供应透平天然气不纯净,含有非常细小的杂质。燃气调节阀 EGF344 卡滞,阀动作不灵敏,导致燃料供应不足,造成 T5 低温停机。

第九节 ◉ Solar Taurus 60 燃气轮机故障处理总结

通过对上述故障的整理和再分析,各常见故障的原因基本已得到确认,为了更直观地了解各种常见故障的原因属性,现在将各故障的原因整理汇总成表,详见表 5-1。

表 5-1 Solar Taurus 60 燃气轮机各故障原因汇总表

序号	故障原因	隐患是否可预判/预防
1	燃气二次关断阀内漏,导致阀检失败	是
2	TP341_4 压差变送器本体故障,导致燃气切燃油失败	否
3	防喘放气阀 PCV-942 阀芯内漏,导致防喘放气管异响、高温	是
4	润滑油温控阀卡滞,导致润滑油母管温度高	是
5	天然气杂质多,造成天然气调节阀 EGF344 卡滞,阀动作不灵敏,导致燃料供应不足,T5 低温停机	是
6	天然气点火回路减压阀设定值漂移,点火时阀后压力偏低,造成点火失败	是
7	透平齿轮箱振动探头底座与本体连接处断裂脱落,造成振动高报警关停	是
8	透平离合器轴承长期磨损导致高温,离合器轴承外圈与离合器外套粘连,造成轴承失效	是

续表

序号	故障原因	隐患是否可预判/预防
9	滑油压力长期波动较大,频繁调节滑油压力控制阀,导致调节螺栓疲劳断裂	是
10	线性同步模块所在卡槽存在部分弹性片变形失去弹性,导致线性同步模块接线端子无法接触或虚接	是
可预判/预防的故障次数		9 次
可预判/预防的故障占比		90%

说明:

(1)表中标注可预判/预防的故障是其故障点在日常巡检、日常维护、定期维护时能检查到且能发现故障端倪的故障;

(2)表中标注不可预判/预防的故障是指其故障点是隐蔽在某个设备中,且在日常巡检、日常维护、定期维护时无法检查到的故障,且该故障设备尚未达到或未接近其使用寿命。

从表中可以看出,在此次收集到的故障案例中,高达90%的故障是可以在日常巡检、日常维护、定期维护中发现故障隐患的,通过提前预防可以将故障隐患消除在萌芽中。当然,这90%故障的预判难度大小不一,要想完全消除这些故障不仅需要认真的工作态度,更需要拥有相当高的燃气轮机维护、保养、维修管理水平和技术水平。

第六章
Solar Centaur 40 燃气轮机常见故障

第一节 ◉ 启动系统常见故障分析

一、变频器温度高故障

▶ 1.故障现象

2015 年 5 月,透平 B 机水洗时启机旁机运行时变频器高温故障停机。

▶ 2.故障原因分析

故障原因有以下几种可能:

(1)启动电动机有故障。

(2)变频器过载。

(3)电源缺相。

(4)变频器冷却风扇故障。

(5)变频器周围温度过高。

▶ 3.故障诊断与排除

故障诊断与排除流程如下:

(1)电源隔离。

(2)对电机验电、放电,检测直流电阻和对地绝缘正常,确定电机没坏。

(3)检查抽屉柜内电气元件,正常。

(4)临时解锁通电测试运行时的电压和电流,正常;但是变频器运行,内部冷却风扇不运行,几分钟后高温故障停机,透平显示"FN-VFD430-FAULT"报警,经仪表用电脑连接查看,PLC 程序报故障码是 9,查看变频器说明书,判断是变频器的冷却风扇回路有问题。

(5)对变频器进行断电隔离、验电、放电后,拆开变频器外壳,检查冷却风扇直流电阻、绝缘均正常。

(6)检测冷却风扇启动电容,已由 6 μf 降至 2.4 μf,更换新的 6 μf 电容。

(7)检测冷却风扇电源回路时,发现 400 V 变 220 V 的控制变压器有一次侧开路,更换新的变压器。

(8)回装变频器,启动变频器,测试风机和启动电动机运行方向是否正确。

◢ 4.故障实际原因

故障实际原因如下:

(1)冷却风扇启动电容故障。

(2)冷却风扇控制变压器故障。

二、变频器风扇故障

◢ 1.故障现象

2015 年 8 月,透平 A 机变频器散热风扇的变压器和散热风扇因过电流烧毁。

◢ 2.故障原因分析

故障原因有以下几种可能:

(1)变频器散热风扇故障,使变压器原边被烧毁。

(2)风扇转动不顺畅,使电流过大。

(3)控制面板故障,使散热风扇长时间超负荷运行。

(4)变压器原边电流过大。

(5)变频器电源板损坏。

◢ 3.故障诊断与排除

故障诊断与排除流程如下:

(1)电源隔离。

(2)对变频器进行验电、放电后拆开变频器外壳。

(3)检测散热风扇电源回路时,发现 400 V 变 220 V 的控制变压器一次侧开路,故需更换新的变压器。

(4)检测散热风扇直流电阻,发现散热风扇为断路状态,故需更换新的散热风扇。

(5)完成变压器、散热风扇更换。

(6)拆下烧毁的散热风扇和变压器,并将变频器的外壳回装。

(7)启动变频器,测试风机和启动电动机运行方向是否正确。故障排除。

◢ 4.故障实际原因

故障实际原因如下:

(1)控制变压器故障,使散热风扇长时间超负荷运行而发生绕组,被烧坏。

(2)变频器散热风扇故障,导致变压器原边被烧毁。

第二节 ● 润滑油系统常见故障分析

润滑油系统常见的故障有以下几种：

一、润滑油压力开关检测故障

◆ 1.故障现象

2013 年 5 月 25 日,透平 A 机停机时报警"AL_322_5_Fail""后备润滑油泵压力开关检测故障/Backup Lube Pump Check Switch Failure",本应退出运行状态的后备润滑油泵一直处于运行状态,且报警无法复位。

◆ 2.故障原因分析

故障原因有以下几种可能：

（1）后备润滑油泵控制回路故障,造成后备润滑油泵无法接收到停机指令。

（2）润滑油压力开关故障,造成控制系统无法检测到润滑油压力,导致控制系统没有给后备润滑油泵发出停机指令。

（3）后备润滑油泵电源开关故障,造成控制系统发出停机指令后电源开关未动作,导致后备润滑油泵的电源一直处于接通状态。

◆ 3.故障诊断与排除

故障诊断与排除流程如下：

（1）查看透平控制程序,发现滑油压力开关的检测开关一直动作。

（2）经检查发现滑油一直有压力,现场检查发现后备滑油泵一直在运行。

（3）断开后备润滑油泵电源开关,后备润滑油泵停止运行。

（4）打开后备润滑油控制盘,经检查发现主接触器的触点粘连,导致接触器一直闭合,后备润滑油泵一直在运行。

（5）对主接触器进行拆解检修,对粘连的触点进行打磨处理,重新装配后故障解除,运行正常。

◆ 4.故障实际原因

后备润滑油泵启动单元主接触器的触点粘连,导致后备润滑油泵一直运行。

二、滑油冷却风扇电机故障

◆ 1.故障现象

2017 年 4 月 7 日,透平 A 机例行月检,对透平 A 机冷却风扇进行检查保养时发现电机在盘车时有卡涩现象。

◆ 2.故障原因分析

故障原因有以下几种可能：

(1)冷却风机电机轴承卡涩。

(2)冷却风机叶轮与风机壳体之间卡住。

3.故障诊断与排除

故障诊断与排除流程如下：

(1)经检查,确认滑油冷却风机叶轮与风机壳体之间有间隙,且间隙符合设计要求,排除冷却风机叶轮与风机壳体之间卡住的可能,基本可以确定盘车卡涩是由电机轴承损坏造成的。

(2)对透平 A 机冷却风扇进行电气隔离。

(3)拆下滑油冷却风机。

(4)分解滑油冷却风机(将风机叶轮与电机分离)。

(5)手动盘动滑油冷却风机电机,发现电机转子被卡住。

(6)更换新的电机后,回装滑油冷却风机,盘动冷却风机叶轮,叶轮转动平顺。

(7)将电缆装回,检查绝缘,无异常;电机试运行,测试电机转向,无异常。

(8)透平 A 机启动后,观察滑油温度无异常。

4.故障实际原因

透平 A 机滑油冷却风机电机轴承卡涩。

三、直流滑油泵自检失败

1.故障现象

2017 年 11 月,透平 C 机在运行过程中多次出现直流滑油泵自检失败,在当月的一次自检过程中,出现电池电压低于关断值的现象,导致透平故障停机。

2.故障原因分析

故障原因有以下几种可能:

(1)电池容量不够。

(2)滑油泵或者电机出现故障。

3.故障诊断与排除

故障诊断与排除流程如下:

(1)多次手动测试滑油泵,偶尔几次会出现自检失败现象,自检失败时,电流为 140 A,正常运行电流为 32 A;加上 2017 年 9 月份刚做完电池活化,C 机电池为新换电池,由此基本可以排除电池本身存在故障的可能。

(2)2017 年 11 月 13 日,更换一台新的滑油泵电机。在第一次测试过程中发现,直流滑油泵电机在启动后约 10 s 的时间内转动缓慢,且电流为 120~140 A,然后逐渐达到正常转速,同时电流降至 40 A;在第二次测试过程中,还发现直流滑油泵电机在测试时间段内(检测时间为 30 s)不能启动。以上两种现象均导致透平电瓶蓄电池急剧下降,最低降到 20.2 V(透平 C 机设定电瓶报警值是 21.5 V,关断值是 21 V),并且蓄电池充电器自动调整到强充电状态。

(3)对电机进行手动盘车,电机转子可转动,但有轻微的卡滞现象,脱开滑油泵,电机卡滞现象消失,通电单试电机,电机运转正常,初步判断为泵体存在问题。

(4)对从 MCC 控制盘到透平现场接线箱的电缆进行测试,绝缘良好,将现场控制箱内的电缆接头重新制作连接端子,并做压接处理以保证连接良好,防止电压降,再次连接滑油泵进行测试,测试结果同上。

(5)为最终确认是否是蓄电池容量问题,将工作正常的透平 A 机的蓄电池和 C 机的蓄电池互换,并进行测试,用 C 机的蓄电池带为 A 机滑油泵的电机供电,2 次均瞬间启动,运行电流为 32 A,电压压降最低为22.5 V;用 A 机的蓄电池带为 C 机滑油泵的电机供电,2 次启动中1 次未能启动,1 次在电机缓慢转动 10 s 后达到正常转速,电流由 140 A 降到 41 A,电压压降分别为 20.5 V、21.6 V,且蓄电池充电器进入强充状态,由此排除蓄电池存在故障。

(6)将蓄电池组恢复到原状态,对透平 C 机的蓄电池进行数次充放电,以提高其效能,通过提高透平 C 机滑油箱的温度,调整降低 C 机滑油压力的方法,对滑油泵进行运行测试,在3 次启动试验中有 2 次可启动起来,但启动时缓慢转动的时间仍为 10 s 左右,电流为 125~136 A,正常转动时的电流为 37 A,电压降最低分别为 20.9 V(未启动)、21.6 V、22 V,3 次试验时充电器均进入强充状态,由此最终排除了蓄电池存在故障和滑油温度低导致润滑油黏度大进而造成该故障。

(7)为最终确定是否是泵存在问题,将新装到 C 机上的滑油泵拆卸到 A 机上进行测试,经多次测试,均运转正常,排除泵的问题。

(8)问题再次回到电机上,电机不带负荷运行正常,带负荷情况无法得知。将 A 机和 C 机直流滑油泵电机互换并测试,结果 A 机多次启泵失败,C 机测试均正常,至此,最终确定为电机故障。

■ 4.故障实际原因

透平 C 机直流滑油泵的电机使用年限过长,内部线路老化严重,电机带负荷能力差。

四、直流滑油泵故障

■ 1.故障现象

14:30,在柴油状态下启动透平 B 机带负荷成功后将燃料模式切换成天然气模式,切换天然气模式成功后停透平 A 机,由于滑油温度偏高,于是给 A 机变频器送电进行盘车冷却,第一次盘车成功。盘车一段时间后停机。但由于滑油温度还是高,于是开始第二次盘车,此时出现了"滑油压力低""直流滑油泵故障""预润滑失败"报警关停信号,导致盘车失败,并发现盘车启动过程中控制面板上滑油压力无变化。

■ 2.故障原因分析

故障原因有可能为直流滑油泵电机卡滞和直流滑油泵电机控制箱内热继电器故障,导致电机无法正常运转。

■ 3.故障诊断与排除

故障诊断与排除流程如下:

(1)根据报警查询程序,分析如下:

由报警程序查得,当机组未脱扣前滑油检测压力为 6 psi 时触发润滑油压力低报警,4 psi时触发润滑油压力低关停。机组盘车的泵检过程中先检测 DC 泵的滑油压力,滑油压力为4 psi 时DC 泵检才能通过,所以判断 DC 泵检没通过。由此可确定是 DC 泵或控制回路故障。

（2）故障处理：

①根据电气图纸用万用表对线路故障进行排查，未发现短路、断路故障，故排除线路故障。检查 DC 泵控制箱，发现热继电器无法复位，判断热继电器故障。于是拆下热继电器，将热继电器主线和常闭触点分别短接后进行盘车测试，故障依然存在，于是判断 DC 泵相关设备故障。

②现场检查 DC 泵电机，发现电机卡滞，无法正常运转，拆解齿轮泵，发现齿轮泵正常，无卡滞现象，故排除齿轮泵故障。

③对电机进行 4 次盘车测试，其中 2 次运转正常（用钳形表测得试运转电流为 36 A），2 次无法运转，回装齿轮泵后继续测试，故障依然存在。故得出的结论是直流滑油泵电机故障，于是更换控制箱内热继电器和 DC 泵电机。

■ 4. 故障实际原因

直流滑油泵电机卡滞及直流滑油泵电机控制箱内热继电器故障，导致电机无法正常运转。

五、温控阀组 VMF921 故障

■ 1. 故障现象

2012 年 7 月 5 日，启动备机透平 B，当 NGP 转速达到 66% 时，TP380L 报警，滑油压力为 190 kPa（表压）。当 NGP 转速达到 100% 后，滑油压力为 249 kPa（表压），此时滑油温度为 38 ℃。透平空载运行 10 min 后，滑油温度上升至 56 ℃，滑油压力下降至 210 kPa（表压），此时带负荷透平 A 滑油温度为 66 ℃，滑油压力为 330 kPa（表压）。

■ 2. 故障原因分析

故障原因有以下几种可能：

（1）阀门 VR901 故障。

（2）阀门 PCV901 故障。

■ 3. 故障诊断与排除

故障诊断与排除流程如下：

（1）分别在主滑油泵出口和滑油滤器入口安装 1 块压力表。启机，观察 VMF921 入口压力为 380 kPa（表压），滑油滤器入口 TPD397 压力为 210 kPa（表压），说明主滑油泵出口压力低，可能是由于 VR901 和 PCV901 滑油控制阀故障而导致的。

（2）透平启机，观察滑油压力，压力为 220 kPa，由于主滑油泵出口压力低，因此，首先调节 VR901，顺时针调节一圈，发现滑油压力无明显变化。继续顺时针调节，直至调节按钮无法调节，此时滑油压力仍然为 220 kPa。恢复 VR901 直至原位。

（3）顺时针调节 PCV901，发现滑油压力仍然不起作用。更换 PCV901，再次启机测试。当 NGP 达到 66% 时，TP380 显示值为 420 kPa（表压），逆时针调节 VR901 主滑油路减压阀，减压至 330 kPa（表压）。当 NGP 达到 100% 时，TP380 显示值为 380 kPa（表压），滑油压力正常。

（4）拆检 PCV901 主滑油压力控制阀，发现控制阀内有异常的声响，因此判断 PCV901 控制阀损坏。

■ 4. 故障实际原因

透平滑油管线温控阀组 VMF921 内的压力控制阀 PCV901 不能有效调节压力，造成滑油压力低。

六、滑油温控阀故障

◤ 1.故障现象

透平 A 机主滑油系统压力持续偏低(滑油滤器出口压力为 44 psi),同时导致滑油温度偏高,发电机轴承温度高报警。

◤ 2.故障原因分析

故障原因有以下几种可能:

(1)润滑油滤脏堵,导致主润滑油系统压力低。

(2)润滑油液位低,导致主润滑油系统压力低。

(3)主润滑油泵故障,导致主润滑油系统压力低。

(4)温控阀故障,导致润滑油回油量增大,供油压力低。

◤ 3.故障诊断与排除

故障诊断与排除流程如下:

(1)检查滑油滤器压差,其值为 2 psi,确定在正常范围内。

(2)检查滑油液位,在绿色区域 2/3 处,确定滑油液位正常。

(3)检查主滑油泵,声音、振动、温度均无异常。

(4)根据滑油液位无变化,可初步确定滑油压力低的原因为系统内部出现非正常卸压。

(5)分析润滑油系统流程,初步判断可能是温控阀出现故障,阀芯位置不准确,造成润滑油压力泄放量过高,才导致润滑油系统系统压力过低,泄放途径如图 6-1 红色标识所示。

(6)开工单许可证,准备 9/16 套筒、9/16 开口扳手、抹布等。

(7)关停透平,关闭燃料进口阀门。

(8)待滑油冷却并全部回流至滑油箱,更换温控阀。

(9)恢复相应隔离,启机试运转,待滑油温度达到正常(滑油温度为 61 ℃,环境温度为 33 ℃),检查滑油滤器出口压力,其值为 55 psi,正常,确定故障已排除。

◤ 4.故障实际原因

温控阀阀芯故障,阀芯动作异常,其开启度不准确,造成管路中过量的滑油经过阀芯泄放至滑油箱,进而导致滑油系统压力过低。

七、滑油泄压阀故障

◤ 1.故障现象

透平 A 机启动点火后加速慢,转速达到 32% 左右无法继续上升,最终加速失败。

◤ 2.故障原因分析

故障原因有以下几种可能:

(1)燃料调节阀故障,造成燃料油供给量不足。

(2)燃料调节阀驱动器故障,造成阀门开度小,供油量不足。

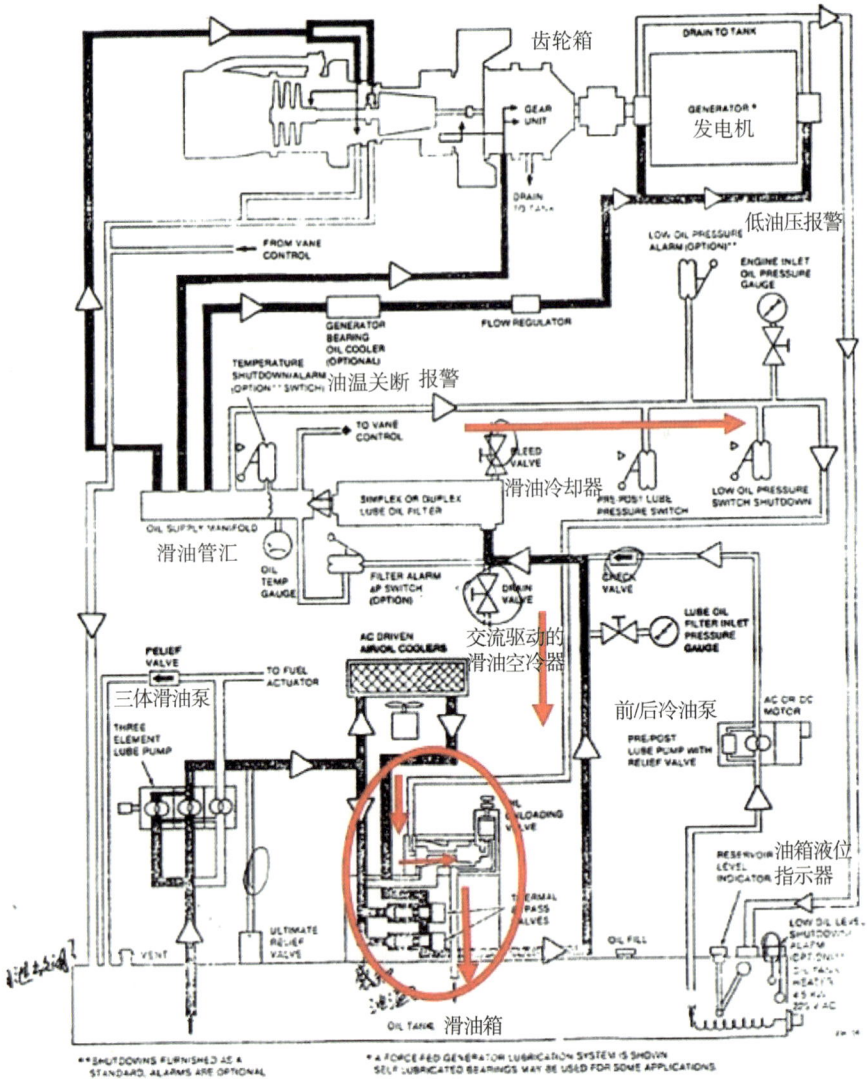

图 6-1　Solar Centaur 40 燃机润滑油系统流程图

❇ 3.故障诊断与排除

故障诊断与排除流程如下:

(1)透平 A 机点火成功,在加速过程中,表现出机组加速慢,在加速限定时间 140 s 内未达到 NGP 转速的 66%,机组报警提示加速失败,停车。

(2)怀疑燃料柴油供给量不足,随后调节驱动器拉杆,以增大油门。启机试验,机组加速后无明显的速度提升,但 T5 温度整体平均值报警提示延时高温而停机。

(3)反复多次调节驱动器拉杆进行试验,只得到两种结果:加速失败或 T5 延时高温。其间最高可达到转速的 32%。

(4)在加速过程中观察驱动器,发现拉杆未动作,怀疑伺服油路滤器脏堵。

(5)拆解更换伺服油路滤器的滤芯,再次启机试验,故障现象依旧。怀疑作动器内部密封磨损,造成油压泄漏,无法正常动作。

（6）更换新作动器，再次启机试验，故障现象依旧。此时开始怀疑伺服油路整体油压不足，导致作动器无法完成正常动作（伺服油路上没有压力监测装置）。

（7）拆检伺服油路泄压阀，发现阀芯密封面有明显磨损（如图6-2所示），在压力未达到设定动作值145 psi时，滑油已从磨损面泄漏至油箱，无法保持该油路的正常油压。至此，找到故障点。

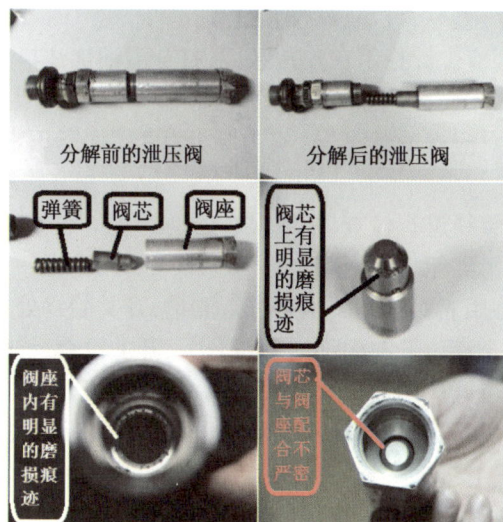

图6-2　泄压阀分解前、后的照片

（8）更换伺服油路泄压阀，启机试验，机组加速成功，故障排除。

4.故障实际原因

主滑油泵伺服油路上的泄压阀由于阀芯密封面磨损而产生内漏，造成伺服油路压力低于正常值（145 psi），驱动器动作困难，机组加速慢。

八、润滑油液位开关故障

1.故障现象

2013年5月15日，透平A机滑油低液位报警，且无法复位。

2013年9月9日，透平B机并网运行。2：00，透平B机滑油油箱出现液位低（S388报警），并停机。

2.故障原因分析

故障原因有以下几种可能：

（1）滑油液位低，导致报警停机。

（2）液位开关浮子故障，导致报警停机。

（3）液位开关线路故障，导致报警停机。

（4）滑油低液位开关故障，导致报警停机。

3.故障诊断与排除

故障诊断与排除流程如下：

（1）2013年9月9日,透平B机故障排查过程:

①检查滑油玻璃液位,液位计指示在正常区域,打开滑油加注口再次确认,液位正常。

②检查液位开关浮子,无损坏、卡滞现象。

③检查液位开关线路,发现液位开关接线盒内接线断开,导致报警停机;重新接线并紧固。

④在控制盘上对报警进行复位,复位后报警消除,可正常启机。

（2）2013年5月15日,透平A机故障排查过程:

①检查滑油玻璃液位,液位计指示在正常区域,打开滑油加注口再次确认,液位正常。

②检查液位开关浮子,无损坏、卡滞现象。

③检查输入模块状态对应点的状态,确实为断开状态,状态正常(液位开关闭合正常,断开报警)。

④打开现场接线盒对接线进行检查,接线没有松动。

⑤将滑油液位开关从滑油箱里拆出。

⑥活动液位开关,用万用表对其开关状态进行测量,开关始终处于断开状态。

⑦尝试使用磁铁来吸合液位开关内部的磁簧开关,开关没有反应。

⑧判断故障为浮子液位开关内部磁簧开关故障,需对液位开关进行更换。

⑨对损坏的液位开关进行拆除,更换新的液位开关,活动新开关的浮子,检查磁簧开关的动作状态,正常。

⑩将滑油液位开关进行回装,恢复接线。

⑪从透平A机控制柜对滑油低液位报警进行复位,报警复位消除。

◤ 4.故障实际原因

故障实际原因如下:

（1）2013年5月15日,透平A机浮子液位开关内部磁簧开关故障,使液位开关始终处于断开状态,导致故障报警。

（2）2013年9月9日,透平B机液位开关线路损坏,导致故障报警停机。

第三节 ◉ 气体燃料系统常见故障分析

气体燃料系统的常见故障有以下几种。

一、天然气流量控制阀故障

◤ 1.故障现象

2013年6月29日,透平A、B机并联运行。13:13:01,透平B机天然气流量控制阀EGF344故障报警;13:13:03,熄火保护开关S349动作,造成B机紧急停车(如图6-3所示)。

13:17:00,透平A机T5高温报警,停机(如图6-4所示)。平台失电,造成3级关断。

◤ 2.故障原因分析

根据报警信号,13:13:01,"Main Gas Fuel Valve Position Failure/主气体燃料阀位置错误快

ALARM	AL_EGF344_Fault	Main Gas Fuel Valve Actuator Fault	6/29/2013 1:13:58:457 PM	1	6/29/2013 1:16:
ALARM	AL_EGF344_OverTe	Main Gas Fuel Valve Actuator Over Temperature	6/29/2013 1:13:58:457 PM	1	6/29/2013 1:16:
FSLO	FL_VFD430_Node_F	VFD430 Turbine CNet Node Fault	6/29/2013 1:13:07:258 PM	1	6/29/2013 1:16:
FSNL	FN_VFD430_Fault	Starter Motor VFD Fault	6/29/2013 1:13:07:258 PM	1	6/29/2013 1:16:
FSLO	FL_S349_Fail	Flameout Switch failure to transfer on shutdown	6/29/2013 1:13:03:522 PM	1	6/29/2013 1:16:
FSNL	FN_Gas_Fuel_Main	Main Gas Fuel Valve Position Failure	6/29/2013 1:13:01:506 PM	1	6/29/2013 1:16:

图 6-3　透平 B 机天然气流量控制阀 EGF344 故障报警

FSLO	FL_T5_High	T5 Temperature High	6/29/2013 1:24:38:170 PM	0	6/29/2013 1:19:
ALARM	AL_TP380_L	Lube Oil Header Pressure Low	6/29/2013 1:17:52:636 PM	1	6/29/2013 1:19:
FSNL	FN_VFD430_Fault	Starter Motor VFD Fault	6/29/2013 1:17:52:636 PM	1	6/29/2013 1:19:
FSLO	FL_VFD430_Node_F	VFD430 Turbine CNet Node Fault	6/29/2013 1:17:52:636 PM	1	6/29/2013 1:19:
FSLO	FL_T5_High	T5 Temperature High	6/29/2013 1:17:44:634 PM	1	6/29/2013 1:19:

图 6-4　透平 A 机 T5 高温报警

速停车";13:13:03,"Flameout Switch Failure to Transfer on Shutdown/停车时熄火保护开关故障快速停车",基本可以判定故障源于天然气流量控制阀 EGF344 故障。其故障原因可能为：

(1)阀门本身的机械故障。

(2)阀门驱动电机故障。

(3)阀门位置信号反馈线路故障。

▍3.故障诊断与排除

故障诊断与排除流程如下：

(1)强制 EGF344_EN 信号,对 EGF344 模拟量输入、输出回路进行检查、校线,正常。输出信号为控制盘内 ZF2071 的 04 和 05,分别对应透平橇内接线箱的 TSEGF344-1 和 TSEGF344-2;输入信号为控制盘内 ZF2064 的 02 和 COM19,分别对应透平橇内接线箱的 TSEGF344-5 和 TSEGF344-6。用信号发生器连接控制盘内 ZF2071 的 04 和 05,输出指令 8 mA,但天然气流量控制阀无输出和反馈指令。

(2)检查伺服电机电源(透平橇内接线箱的 TSEGF344A-1 和 TSEGF344A-3),确认无 110 V 直流电压,检查保险 F200-2,发现保险丝烧断。现场测量伺服电机电阻,其值为 0,确认电机内部短路、损坏。检查透平 B 机充电器 120 V 直流开关出口至电机现场接线端子、校线,结果正常,且整个回路无接地现象,排除 120 V 直流回路接地导致保险烧坏的可能。

(3)拆除故障 EGF344 附近管线,现场标记伺服电机线路和天然气流量控制阀控制线路。

(4)拆除故障 EGF344,更换新的 EGF344,强制 EGF344_EN 信号,对 EGF344 进行测试,现场观察确认阀门开度正常,MCC 控制盘开阀指令与反馈指令一致。

(5)燃气模式启动透平 B 机,观察天然气流量控制阀输出指令和阀反馈指令,差值为 0.3%,燃气调节阀运转正常。手动进行油/气切换测试,运转正常。

(6)拆检更换天然气流量控制阀 EGF344 的电机部分,发现内部元器件被击穿,更换内部元器件,回装电机。

(7)连接 110 V 直流电源,提供 24 V 运行信号,模拟输出 4~20 mA 电流信号,测试天然气流量控制阀,运转正常。

▍4.故障实际原因

在并联运转过程中,透平 B 机燃气调节阀 EGF344 电源模块损坏,造成 EGF344 失去电源,调节阀瞬间关闭,阀位反馈值为−25%,阀门跟踪失败,且熄火保护开关 S349 动作,造成

B 机紧急停车。这与图 6-3 显示的报警、停机信号吻合。

透平 B 机燃气调节阀 EGF344 故障报警,按照逻辑,B 机出口断路器此时 VCB2 不分闸,2 s 后熄火保护开关 S349 动作,造成 B 机紧急停车,此时给出 VCB2 分闸信号。

由于 EMS 热备计算时没有考虑到透平机组出现逆功的情况,所以在 B 机故障报警负荷甩至 A 机的同时,B 机出口断路器 VCB2 没断开之前出现的约 560 kW 逆功率(如图 6-5 所示)也加载到了 A 机上,造成 A 机功率瞬间上升到 3 400 kW 左右(如图 6-6 所示),造成 T5 瞬间高温高达 669 ℃ 左右(如图 6-7 所示)。这与图 6-4 显示的报警停机信号吻合。

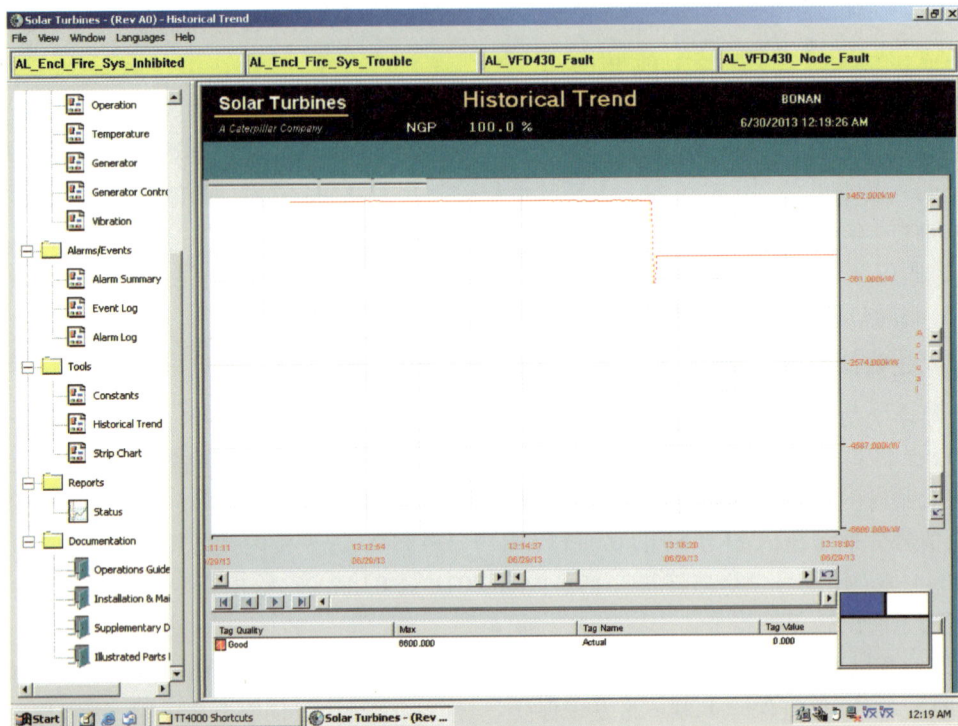

图 6-5　B 机功率曲线

二、天然气流量控制阀 EGF344 故障

1.故障现象

2012 年 8 月 26 日,备机透平 B 洗车后燃气模式启动,启动过程中报警提示"FN_Gas_Fuel_Vlv_Check_Fail/天然气阀检失败"(如图 6-8 所示),停机。

2.故障原因分析

故障原因有以下几种可能:

(1)天然气流量控制阀 EGF344 的阀体出现卡涩,造成阀门不动作。

(2)天然气流量控制阀 EGF344 的伺服电机故障,造成阀门不动作。

(3)天然气流量控制阀 EGF344 的控制回路故障,造成阀门动作信号丢失。

(4)天然气流量控制阀 EGF344 的伺服电机的电源线路故障,造成伺服电机不工作。

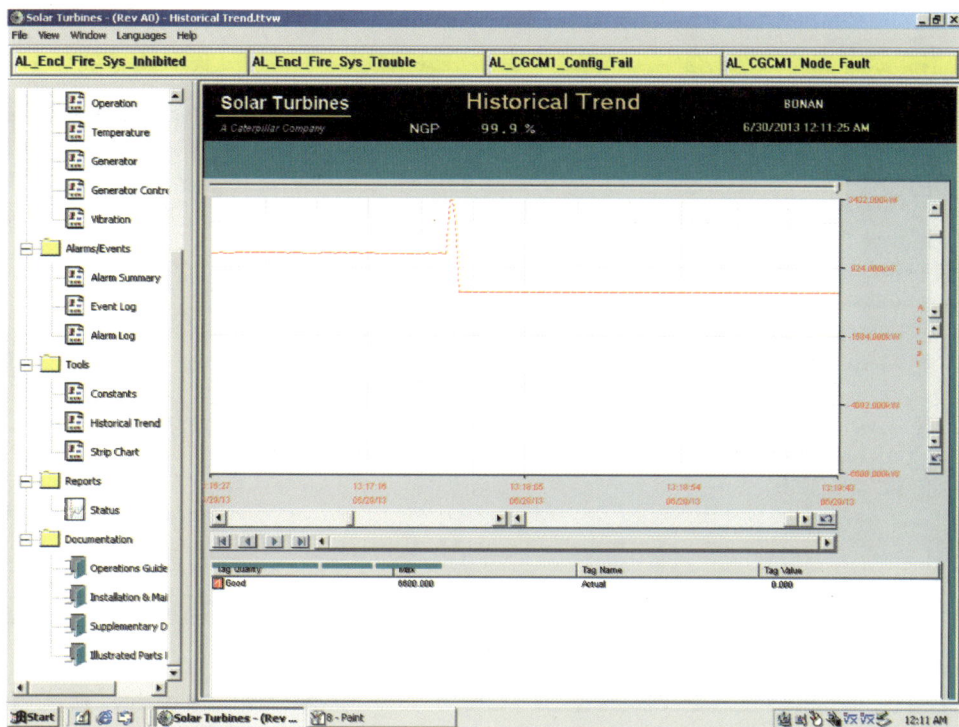

图 6-6　A 机功率曲线

3.故障诊断与排除

故障诊断与排除流程如下：

（1）对 EGF344 的模拟量输入、输出回路进行检查、校线，正常。输出信号为控制盘内 ZF2071 的 04 和 05，分别对应透平橇内接线箱的 TSEGF344-1 和 TSEGF344-2；输入信号为控制盘内 ZF2064 的 02 和 COM19，分别对应透平橇内接线箱的 TSEGF344-5 和 TSEGF344-6。

（2）拆除 EGF344 出口管线，检查伺服电机电源（透平橇内接线箱的 TSEGF344A-1 和 TSEGF344A-3），确认有 110 V 直流电压，在程序中对 EGF344_EN 进行强制输出，接信号手操器手动输出阀开度，现场观察阀开度，EGF344 不能正常打开，阀门反馈信号为 0%，可以确定 EGF344 阀门存在故障。

（3）更换 EGF344，按照步骤（2）对 EGF344 进行测试，现场观察到阀开度正常，开阀指令与反馈指令一致，透平 B 机燃气模式启机后运转正常。

（4）检查拆下的 EGF344，对阀体部分进行拆检，清除阀体部分污垢，确认阀体部分无卡滞后回装。伺服电机（对应调节阀上的 PRI PWR 和 PRI RTN 两个点）接 110 V 直流电源，EGF344_EN（对应调节阀上的 POSITION 和 POSITION SRC 两个点）接 24 V 直流电源，连接信号手操器手动输出阀开度测试，故障现象与步骤（2）中测试现象相同。故障可能发生在伺服电机上。

（5）在步骤（4）中，确认电机有运转声音，并且运行稳定，可以排除伺服电机本身存在故障。

（6）针对以上检查和测试判断，透平启机时故障报警为透平 EGF344 故障，与控制系统无关。经现场和拆检后测试，排除阀体卡滞和电机故障，初步判断为伺服电机和阀体连接部分

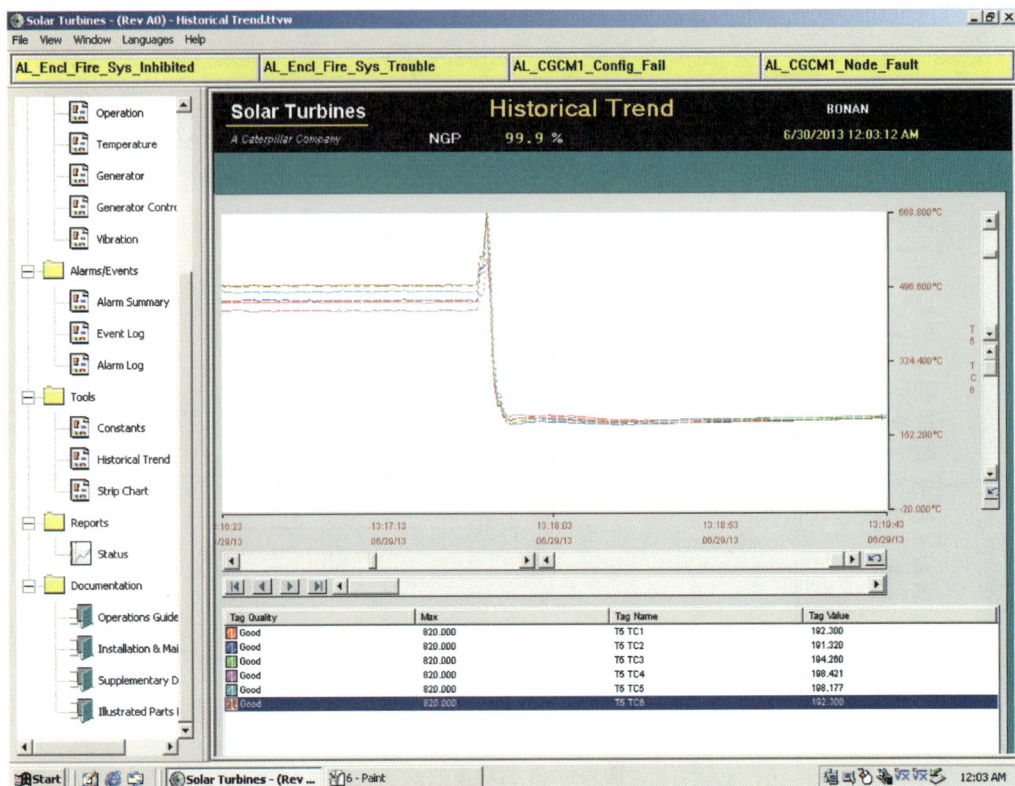

图6-7　透平A机T5温度曲线

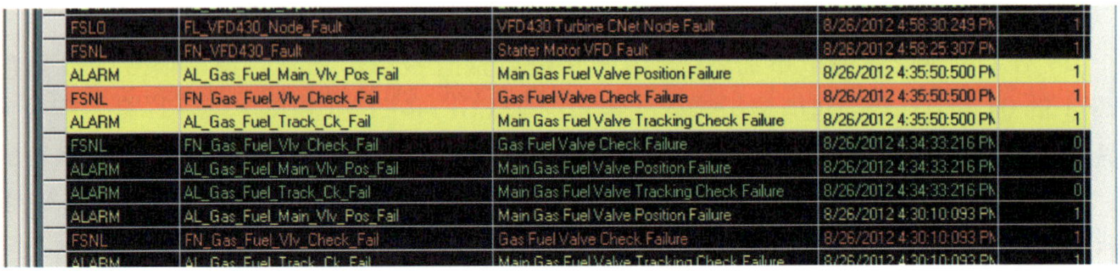

图6-8　透平B机报警信息

故障。

（7）拆解伺服电机与阀体之间的连接件，发现连接件已损坏。

4.故障实际原因

伺服电机与阀体之间的连接件损坏，导致阀门无法动作。

三、天然气流量控制阀故障

1.故障现象

2014年3月5日9：30，透平B机报警"AL_EGF344_FB_Fail"（Main Gas Fuel Valve Position Transmitter Failure/主燃料气调节阀阀位变送器故障）和"AL_EGF344_OverTemp"（Main Gas Fuel Valve Actuator Over Temperature/主燃料气调节阀执行器超温），随即出现停机

关断"FL_OSM_Tracking_Error"（Backup OverSpeed Monitor Speed Tracking Error），透平 B 机停机。

2.故障原因分析

故障原因有以下几种可能：

（1）EGF344 天然气流量控制阀自身故障。

（2）EGF344 天然气流量控制阀的伺服电机故障或伺服电机电源故障。

3.故障诊断与排除

故障诊断与排除流程如下：

（1）通过报警和停机概况，判断透平停机的直接原因为 EGF344 阀位指令和反馈值偏差大。

（2）查看到 EGF344 阀位指令值为 0%，阀位反馈值为−25%，判断伺服电机 110 V 直流电源缺失。测量天然气流量控制阀伺服电机 110 V 直流供电回路，供电电源保险后端电压值为 0 V DC，保险前端电压值为 113 V DC，保险丝损坏，更换保险丝。

（3）闭合保险丝，更换后的保险丝过电流烧损。断开控制盘内和现场橇内接线箱内端子处的接线，用万用表分别对地测量正、负端电阻值，阻值为无穷大；测量正、负端电阻值，阻值为无穷大。

（4）测量天然气流量控制阀伺服电机直流电阻，阻值为 100 Ω，伺服电机正常阻值为 30 MΩ 左右，伺服电机阻值过低，初步判断为电机自身故障。

（5）在保持现场橇内接线箱内端子断开的情况下，恢复控制盘内端子接线，更换新的保险丝并闭合，保险正常，现场接线箱内端子断开处电压为 112 V DC，排除 MCC 控制盘与现场透平橇内接线箱之间的线路故障。

（6）断开控制盘内保险，恢复现场橇内接线箱端子处接线，闭合保险丝，保险丝烧损，由此基本确定为天然气流量控制阀 EGF344 自身故障。

（7）为进一步确认故障点，对燃气管线泄压，拆除故障阀 EGF344 及其附属管线和电气线路；对 MCC 控制盘内至现场仪表接线箱内的 110 V DC 电源线进行绝缘测试，相间及对地绝缘均为 1 000 MΩ，绝缘正常，对 1 对电源线和 7 对信号线进行校验，线路正常。

（8）至此，已经基本确认是 EGF344 自身问题导致故障。

（9）对故障的 EGF344 伺服电机电路板部分进行拆检，发现内部电路板及线路烧损，如图 6-9、图 6-10、图 6-11 所示。

（10）安装新的 EGF344 燃料气调节阀，连接其附属管线和电气线路。

（11）EGF344 安装完毕后，对各拆装点再次进行检查、紧固；检查电气线路各连接点，并用万用表测量对地阻值和各线路间阻值，确保无接地和短路。

（12）闭合控制盘内保险丝，在程序中对 EGF344_EN 强制，连接信号发射器发送 4~20 mA 电流信号至 EGF344，通过 0%、25%、50%、75%、100% 至 75%、50%、25%、0%，测试 EGF344 开度，对比阀开度指令值和反馈值，两者保持一致。

（13）透平 B 机燃气模式启机，运行观察 30 min，然后并入电网运行。

4.故障实际原因

EGF344 天然气流量控制阀的伺服电机内部的电路板及线路烧损。

图 6-9　烧损的电路板

图 6-10　烧损的线路

四、天然气二次关断阀故障

1.故障现象

天然气二次关断阀 V2P932 微漏。

2.故障原因分析

故障原因有以下几种可能：
（1）阀体球面磨损造成微漏。
（2）阀体密封面磨损造成微漏。
（3）执行机构未能完全动作，造成阀门未关严。

3.故障诊断与排除

故障诊断与排除流程如下：
（1）对仪表气气源和燃料气气源进行隔离。
（2）对主燃料气关断阀 V2P931、调节阀 EGF388 进行隔离。

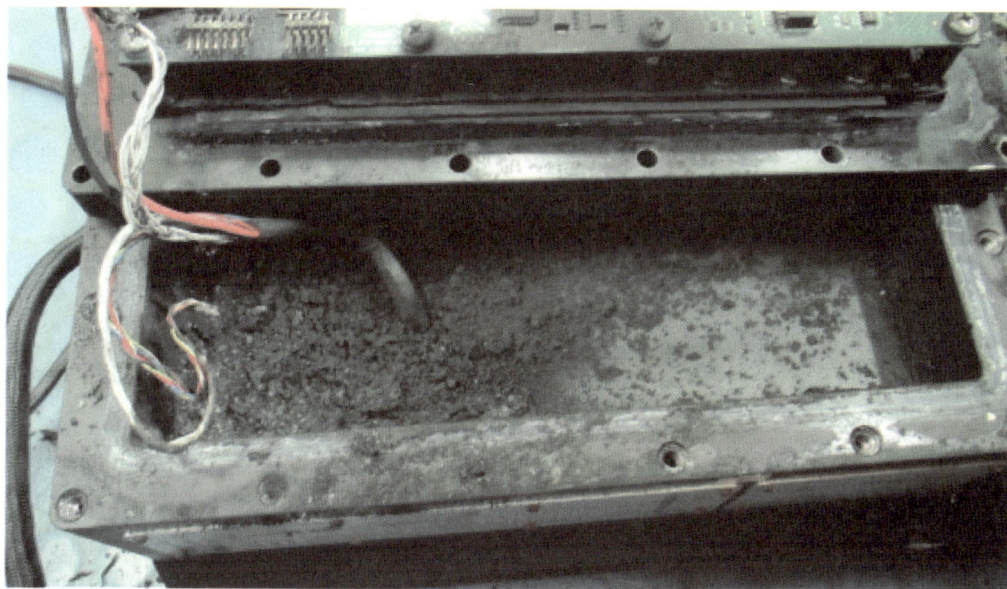

图 6-11　烧损后内部黑色粉末状焦煳残留物

（3）拆除燃料气二次关断阀 V2P932。

（4）对燃料气二次关断阀 V2P932 的执行机构和阀体进行拆解。

（5）对阀体和密封垫片进行清理，发现其垫片有轻微磨损。

（6）对执行机构进行测试，未发现故障。

（7）更换二次关断阀 V2P932 阀体。

（8）回装并进行氮气充压测试。

（9）经过测试，新阀体符合测试标准。

◢ 4.故障实际原因

阀体的密封垫出现磨损，造成阀门微漏。

五、透平火焰丢失、T5 低温报警

◤ 1.故障现象

2016 年 7 月，透平 A 机在空载运行时，经常出现火焰丢失、T5 温度低报警（"FN_Flameout_Low_T5"），造成机组关停（如图 6-12 所示）。

2016 年 7 月，透平 B 机也出现了不定期的"FN_Flameout_Low_T5"温度低停机报警。

图 6-12　FN_Flameout_Low_T5 停机报警信号

2.故障原因分析

故障原因有以下几种可能：

（1）T5 探头所在 RTD 温度模块故障。

（2）燃料气调节阀 EGF344 故障。

（3）IGV 角度开度不符合设计要求。

（4）燃料气组分变化，热值低。

3.故障诊断与排除

故障诊断与排除流程如下：

（1）对机组进行洗车，启机后故障现象依然存在，排除因流体通道堵塞造成机组空载运行不稳定。

（2）更换 T5 探头所在 RTD 的温度模块，故障现象依然存在，排除 T5 探头所在的 RTD 温度模块故障。

（3）对 PCD 导叶轴进行喷防护液活动保养，手动活动后没有卡滞现象；对 IGV 执行器进行标定校验，开度正常。启机后观察发现 PCD 压力和停机前没有大的波动，约为 610 kPa，压力偏低，排除由于 PCD 压力不稳定而导致火焰丢失。

（4）查阅最近的燃料气组分化验报告，确认燃料符合要求，排除因燃料气组分变化导致机组空载运行不稳定。

（5）对主燃料阀 EGF344 进行开度测试，检查阀反馈开度是否与程序输出开度指令一致。在测试中没有发现异常情况。

（6）初步怀疑主燃料最小燃料控制不稳定，尽量避开在阀门的最小开度状态下运行，启机运行观察，故障依然存在。

（7）Solar 厂家建议，对主燃料阀 EGF344 的运行开度做毫秒级检测，通过软件将检测数据转换成 Excel 数据表格，发现主燃料阀在运行期间有突然关闭的现象，这是造成机组熄火的根本原因。在输出控制指令不变的情况下，反馈开度突然变为零，然后自动打开（如表 6-1 中红色框内所示，阀门的开度反馈突然变为 1.5）。

表 6-1　EGF344 燃料阀运行开度检测数据

时间				阀门开度指令		阀门实际开度
17：37：25	472	100.000 000 00	588.555 358 89	17.742 782 59%	17.916 666 03%	192.724 349 98
17：37：25	522	100.022 941 59	588.841 979 98	17.389 749 53%	17.820 512 77%	192.724 349 98
17：37：25	572	100.045 890 81	590.492 858 89	17.066 852 57%	17.820 512 77%	192.724 349 98
17：37：25	622	100.080 299 38	591.712 036 13	16.550 769 81%	16.282 051 09%	192.724 349 98
17：37：25	672	100.034 416 20	590.133 361 82	17.338 644 03%	1.506 410 24%	192.724 349 98
17：37：25	722	99.804 977 42	583.889 953 61	20.966 894 15%	8.974 359 51%	192.724 349 98
17：37：25	772	99.414 939 88	566.720 275 88	26.874 202 73%	19.102 563 86%	192.948 715 21
17：37：25	822	99.093 727 11	556.720 092 77	31.658 340 45%	22.628 204 35%	192.948 715 21
17：37：25	872	98.749 572 75	537.912 414 55	36.407 249 45%	28.910 255 43%	193.173 080 44

(8)将透平 A 机与透平 B 机的主燃料阀更换成新阀,检查测试后,机组运行正常。

▓ 4.故障实际原因

主燃料阀 EGF344 在运行期间有突然关闭的现象,造成燃料供给瞬间中断而丢失火焰。

第四节 ◉ 液体燃料系统常见故障分析

液体燃料系统的常见故障有以下几种:

一、燃机切油失败

▓ 1.故障现象

由于现场燃料气供应不足,透平 A 机自动切油,切油失败,报转速低故障停机。重新启动透平 A 机时,出现盘车超速现象。

▓ 2.故障原因分析

故障原因有以下几种可能:

(1)切油失败故障原因:

①拉杆调节不到位,造成瞬时供油不足;

②柴油高压端滤器脏堵。

(2)盘车超速故障原因:与启动电动机连接的气缸弹簧失效。

▓ 3.故障诊断与排除

故障诊断与排除流程如下:

(1)启动透平 A 机,出现盘车超速故障,正常情况下转速达到 25% 后盘车阶段即结束,故障停机时转速达到 27%,并且机组转速提升过快。分析故障现象后决定现场启动电动机进行检查,最终发现与启动电动机连接的气缸弹簧失效,使其不能有效地控制转速,因此更换新的气缸弹簧,透平正常启动。

(2)透平切气成功后,手动关闭天然气进口阀,报转速低停机,透平自动切油失败。分析故障原因:切油时出现转速低停机,问题应该出在柴油上,可能的原因是柴油量供应不足,造成瞬时转速下降。对燃油进口滤器和高压滤器进行拆卸检查,发现高压滤器脏堵,对高压滤器进行更换,并且缩短柴油控制拉杆长度,加大供油量。

(3)透平启机成功后,再次手动关闭天然气,透平切油成功,故障解决。

▓ 4.故障实际原因

故障实际原因如下:

(1)切油失败故障原因:

①拉杆调节不到位,造成瞬时供油不足;

②柴油高压端滤器脏堵,造成机组供油量不足。

(2)盘车超速故障原因:与启动电动机连接的气缸弹簧失效。

二、燃油吹扫阀 V2P943 故障

■ 1.故障现象

透平 A 机燃油模式启动,切气后吹扫阀 V2P943 卡滞,关闭不严。

■ 2.故障原因分析

故障原因有以下几种可能:

(1)球阀卡滞,可能球阀阀芯表面锈蚀。

(2)执行机构气缸内部弹簧部分锈蚀。

■ 3.故障诊断与排除

故障诊断与排除流程如下:

(1)拆检 V2P943 阀气缸,对其内部进行检查,发现内部弹簧部分有锈蚀。

(2)对锈蚀弹簧除锈后回装。

(3)执行机构外接气源进行测试,开关正常。

(4)拆检 V2P943 阀体,手动开关,卡滞现象明显。

(5)对 V2P943 阀体进行保养,将阀体浸泡在柴油中,往复手动开关阀体多次,卡滞现象消失。

(6)回装 V2P943 阀体与执行机构,外接气源进行测试,V2P943 卡滞现象消失,故障排除。

■ 4.故障实际原因

故障实际原因如下:

(1)V2P943 阀门的执行机构弹簧锈蚀,造成执行机构驱动力减小,阀门无法回位。

(2)V2P943 阀门的阀芯表面锈蚀,造成阀门卡涩,阀门回位阻力增大,阀门无法回位。

第五节 ● 箱体通风系统常见故障分析

箱体通风系统的常见故障为透平间通风系统故障,下面展开介绍。

透平间通风系统故障

■ 1.故障现象

2014 年 6 月 9 日 07:20,透平 B 机报"FL_B596_1_And_2_Fail/透平橇内#1 和#2 通风风机故障",透平自动快速停机,同时平台失电,发生生产三级关断,应急机自动启动;07:35,启动透平A机并带负荷,维修人员对透平 B 机进行故障排查,生产人员开始恢复生产流程;07:50,生产流程全部恢复。透平 B 机故障停机报警如图 6-13 所示。

FSNL	FN_B321_Fail	Pre/Post Lube Oil Pump Failure	6
ALARM	AL_TP380_L	Lube Oil Header Pressure Low	6
FSNL	FN_VFD430_Fault	Starter Motor VFD Fault	6
FSLO	FL_VFD430_Node_F	VFD430 Turbine CNet Node Fault	6
ALARM	AL_BC520_Fail	120 Vdc Battery Charger Failure	6
FSLO	FL_B596_1_And_2_F	Turbine Enclosure Vent Fans 1 and 2 Failure	6
ALARM	AL_B596_1_Fail	Turbine Enclosure Vent Fan 1 Failure	6
ALARM	AL_B596_2_Fail	Turbine Enclosure Vent Fan 2 Failure	6
ALARM	AL_TPD396_2_L	Turbine Enclosure Pressure Low	6

图 6-13　透平间#1 和#2 风机故障

2.故障原因分析

压差开关 S396_1 动作报警原因分析如图 6-14 所示。

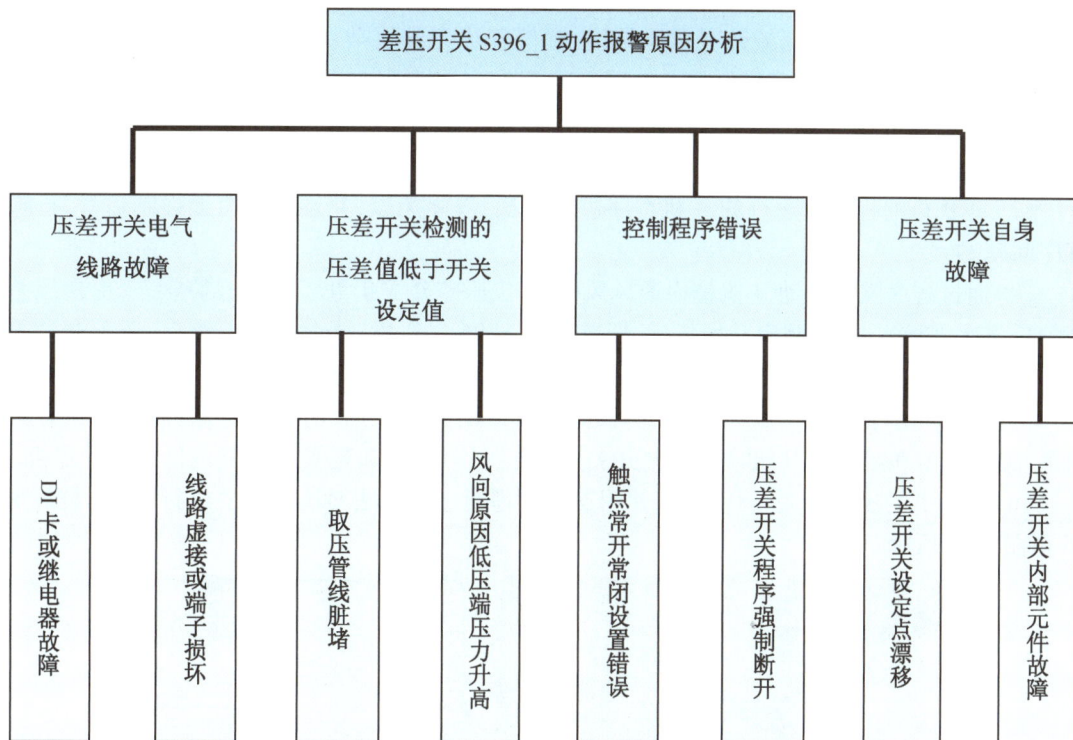

图 6-14　压差开关 S396_1 动作报警原因分析图

压差开关 S396_1 动作报警的主要原因有：

（1）通风系统橇内压差开关 S396_1 动作报警,导致透平保护停机;

（2）透平橇内#1 和#2 通风风机故障,导致通风系统压差开关动作报警,保护停机(压差开关动作值为 1 inchH_2O,即 25.4 mmH_2O,0.254 kPa)。压差值 $\Delta P = P_{橇内} - P_{橇外}$,当 $\Delta P > P_{设定}$（$P_{设定}$为压差开关的设定值）时,压差开关常开触点闭合,回路导通,机组正常运行;当 $\Delta P < P_{设定}$时,压差开关常开触点断开,回路断开,机组保护停机,如图 6-15 所示。

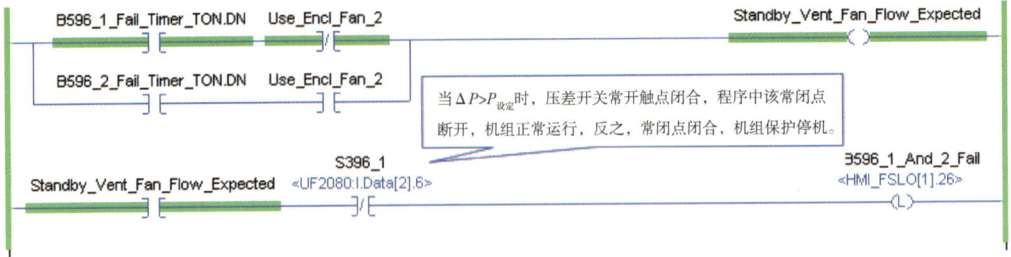

图 6-15　S396_1 压差开关程序

3.故障诊断与排除

故障诊断与排除流程如下：

（1）检查压差开关电气线路，短接现场压差开关，继电器动作正常，DI 卡对应通道指示正常；紧固整条回路接线，无松动现象，排除电气线路问题。

（2）检查并清洁吹扫压差开关取压管线，确保管线无脏堵杂物，排除取压管线脏堵问题；根据现场的风向和风力（当时风向东南，风力九级左右），透平 B 机橇内压差开关的低压对空端（即橇外测压点）处于明显风口处，局部气流聚集引起低压对空端微正压，是导致压差值变低的原因之一。

（3）将 B 机的程序与运行的 A 机程序进行对比，程序无误，并且程序内无强制信号，排除程序问题。

（4）通过程序强制启动 B 机橇内通风风机，B 机压差开关仍处于断开报警状态，更换压差开关后再次进行测试，强制启动风机后，压差开关 S396_1 正常，强制停止风机后，压差开关报警，重复该操作 3 次，确保压差开关正常后，启动透平 B 机。

（5）为进一步验证风向和风力对机组的影响，使用平台公用气，选择合适的压力、位置与角度，模拟风力和风向对 B 机橇内压差开关的低压对空端吹扫，透平 B 机橇内低压保护停机。

（6）对拆下的压差开关进行检查，并用连通原理通过水柱法对压差开关进行标定，如图 6-16 至图 6-18 所示。

图 6-16　30 mmH$_2$O 时压差开关处于断开状态

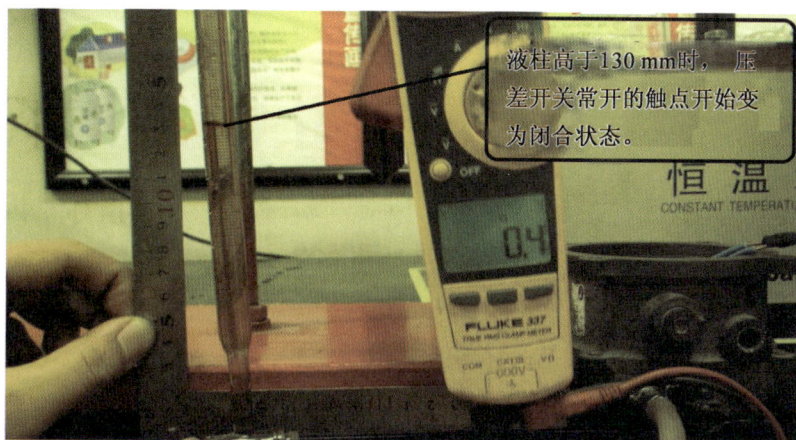

图 6-17 130 mmH₂O 时压差开关变为闭合状态

■ 4.故障实际原因

故障实际原因如下：

(1)橇内压差开关设定点漂移。

(2)当时的风力和风向引起橇内压差值变低。

第六节 ◉ 电气控制系统常见故障分析

电气控制系统的常见故障有以下几种。

一、透平后备超速系统故障

■ 1.故障现象

2014 年 4 月 11 日 15:35,透平 B 机进行 4 000 h 运行后的维护保养,根据厂家维护内容进行后备超速测试。在测试过程中,后备超速系统测试值(Backup Overspeed System Test Value Osm Trip)达到 174.6%后,透平 B 机停机,测试值高于设定值 110%,TT4000 报警提示"AL_OSM_STEST_FAIL/后备超速测试失败"(如图 6-19 所示)。

图 6-19 透平后备超速测试失败截图

图 6-18　压差开关调节功能失效

4 月 18 日,对透平 A 机进行后备超速测试,测试结果与 B 机测试结果完全一致,同样报警后备超速测试失败。

透平 A 机、B 机超速测试结果如图 6-20 至图 6-23 所示。

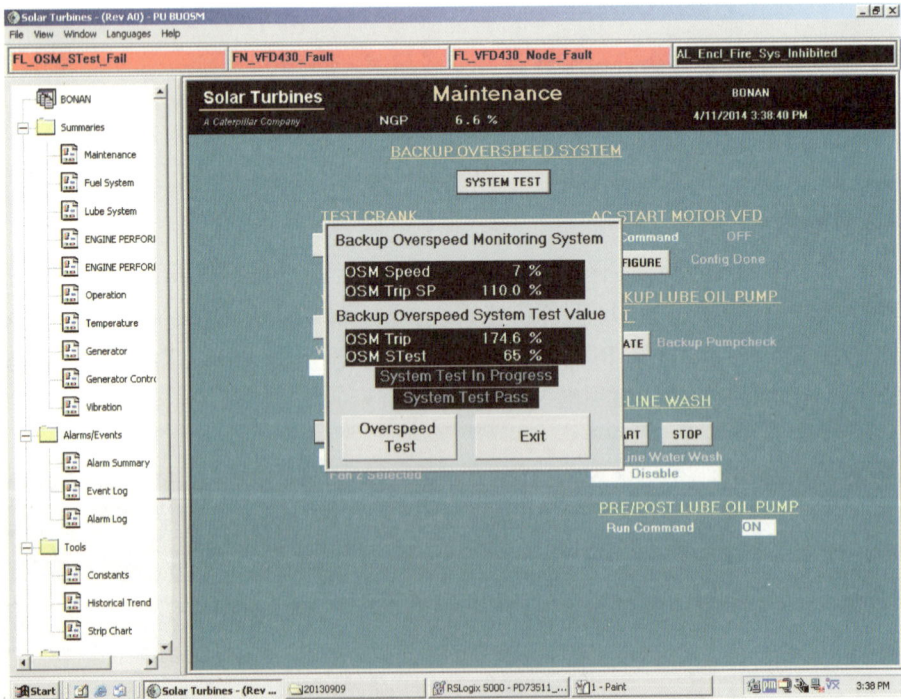

图 6-20　透平 B 机后备超速系统测试结果

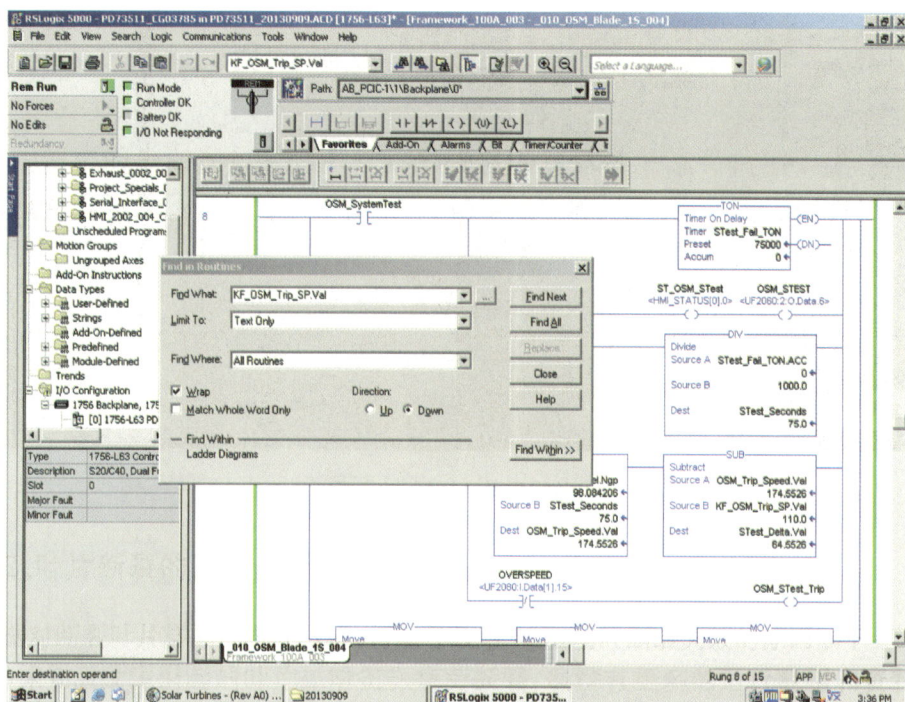

图 6-21　透平 B 机程序后备超速测试结果

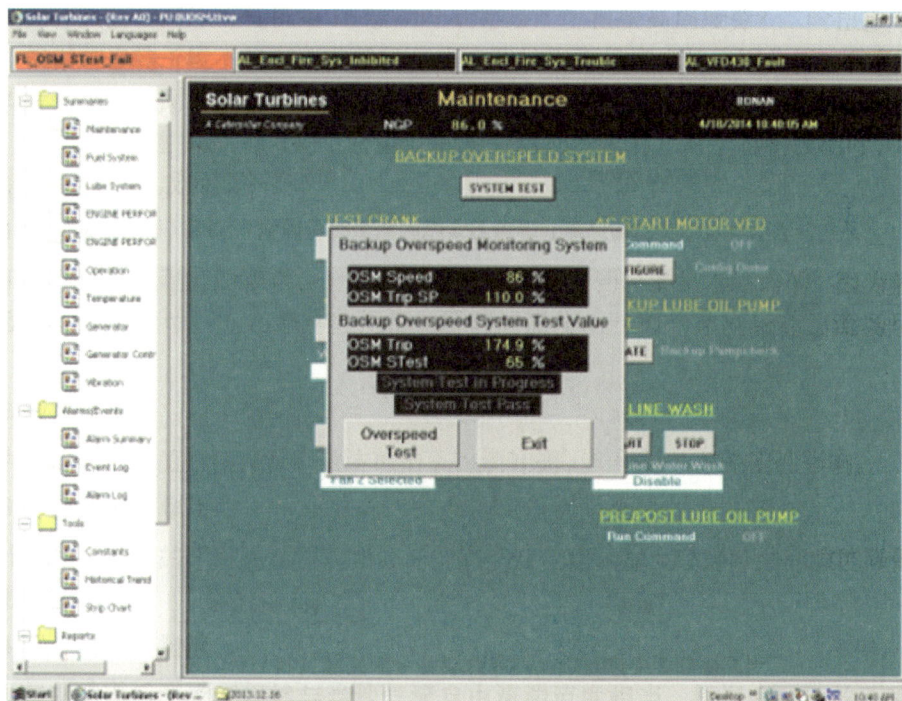

图 6-22　透平 A 机后备超速系统测试结果

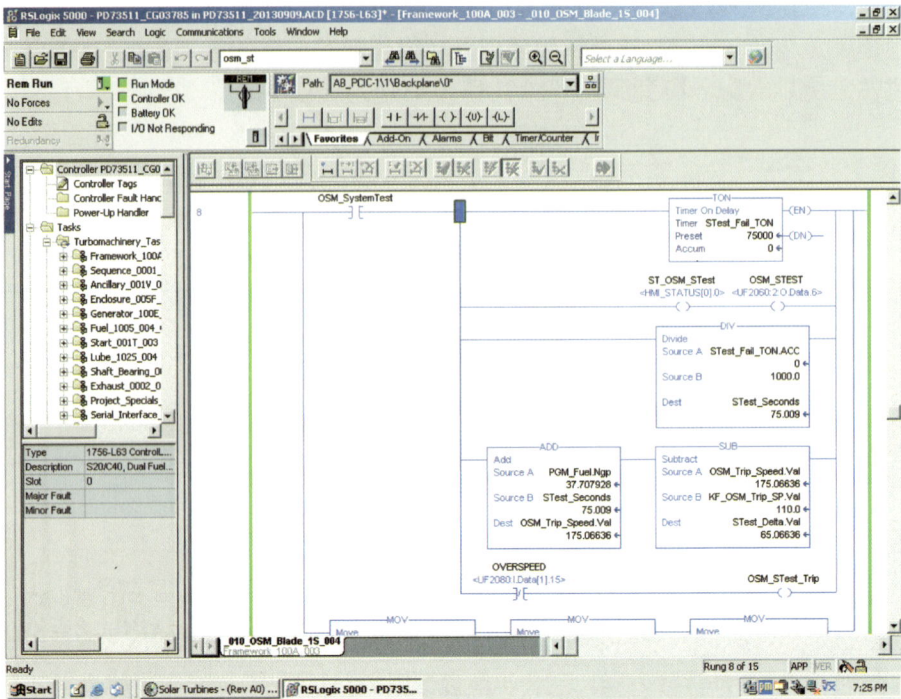

图 6-23　透平 A 机程序后备超速测试结果

▶ 2.故障原因分析

故障原因有以下几种可能：

（1）后备超速保护程序错误。

（2）后备超速模块故障。

（3）后备超速模块开关量输出故障。

（4）后备超速模块模拟量输出故障。

（5）后备超速模块探头故障。

▶ 3.故障诊断与排除

故障诊断与排除流程如下：

（1）与厂家工程师进行沟通，将透平 TRIGGER.LOG 文件与透平 PLC 程序发给厂家检查，确认程序没问题。

（2）更换全新的后备超速模块，然后进行后备超速测试，与更换前对话框的报警百分比一致，均为 175%，确认后备超速模块无故障。

（3）对后备超速模块进行功能测试：

①后备超速模块有三路保护输出，分别是：

a.后备超速模块开关量输出保护报警停机（如图 6-24 所示）；

图 6-24　后备超速模块开关量输出保护逻辑

b.后备超速模块探头开路报警停机（如图 6-25 所示）；

图 6-25　后备超速模块探头开路报警逻辑

c.后备超速模块模拟量输出保护报警停机（如图 6-26 所示）。

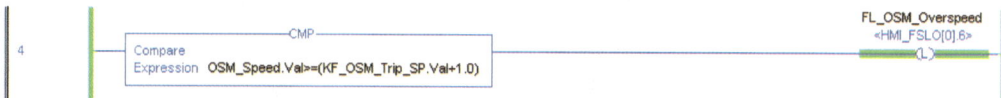

图 6-26　后备超速模块模拟量输出保护逻辑

②手动使用 FLUKE744 发生 8 545 Hz 频率方波，模拟透平 100% 转速，后备超速模块正常指示灯点亮，运行正常。

③手动使用 FLUKE744 发生 9 591 Hz 频率方波，模拟透平 112% 转速，后备超速测试模拟量停机保护报警功能正常，透平正常停机，上位机报警条显示，透平后备超速停机（如图 6-27 所示）。

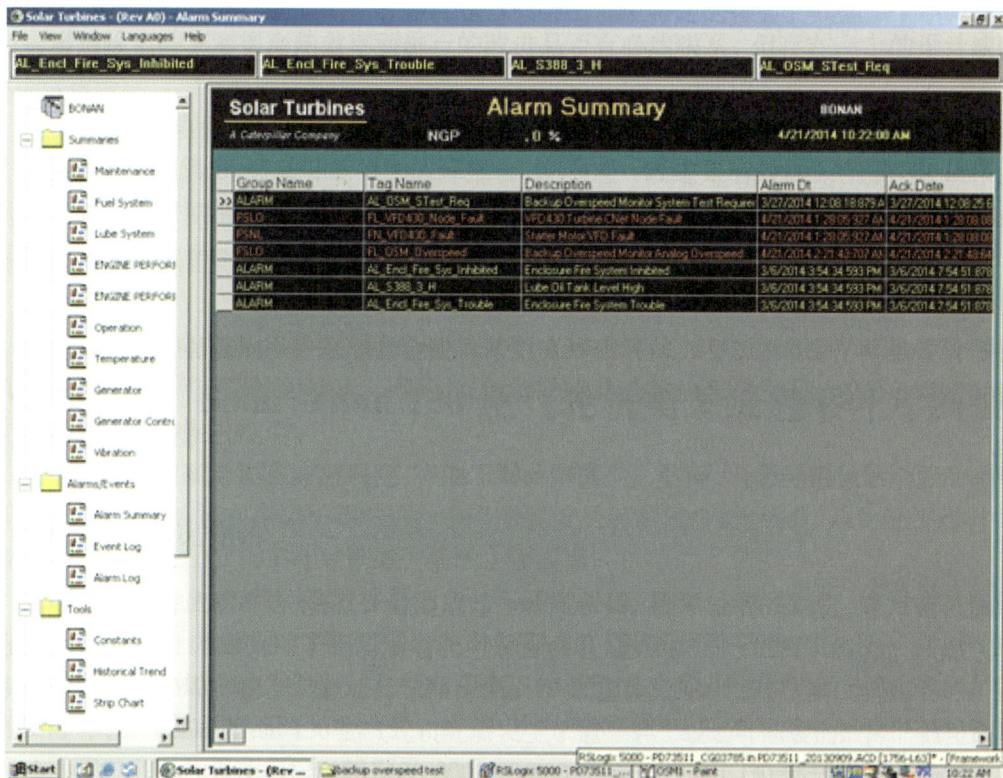

图 6-27　后备超速测试模拟量停机保护报警

（4）测试结果显示，后备超速探头开路报警停机，模拟量输出保护停机功能正常。后备超速模块开关量输出工作异常，不能输出保护信号。

4.故障实际原因

后备超速模块开关量输出工作异常,不能输出保护信号,造成后备超速系统测试无法通过。

二、燃机蓄电池充电器故障

1.故障现象

2012 年 12 月 4 日,透平 B 机启动时报警,显示无法检测到蓄电池电压。

2.故障原因分析

故障原因有以下几种可能:
(1)蓄电池老化,造成蓄电池无法储存电能。
(2)直流系统存在线路短路,造成蓄电池放电。
(3)蓄电池充电机故障,造成蓄电池无法及时补充电能。
(4)蓄电池充电回路故障,造成蓄电池无法及时补充电能。
(5)蓄电池电压检测回路故障,造成控制系统误判。

3.故障诊断与排除

故障诊断与排除流程如下:
(1)将至透平 B 机控制盘的信号线进行短接,控制盘的报警即消除。
(2)拆除短接,报警恢复。
(3)测量检测电路板的蓄电池电压输入端,有 130 V 电压,由此判断电路板故障。
(4)更换透平 B 机充电器的电路板,重新启动透平 B 机,报警消除。

4.故障实际原因

透平充电器内检测电池电压的电路板故障,因此无法检测到蓄电池的电压。

三、控制电源接地故障

1.故障现象

2013 年 4 月,透平 B 压缩机的控制电源出现接地现象。

2.故障原因分析

故障原因有以下几种可能:
(1)现场仪表进水短路。
(2)现场仪表电源接触外壳短路。
(3)电源线路在控制柜接地短路。

3.故障诊断与排除

故障诊断与排除流程如下:
(1)对现场仪表电源进行分段隔离检查,发现压缩机热旁通阀的阀位反馈开关有接地现象,更换接线端子,清洁处理接线后正常。
(2)对控制系统的卡件进行绝缘检查时,发现 UF2110、UF2060、UF2140、UF2180、UF2130

绝缘低,背板金属片有轻微接地,做绝缘处理后正常。

◆ 4.故障实际原因

压缩机热旁通阀的阀位反馈开关存在接地现象。

第七节 ● 启动失败故障分析

常见的启动失败故障有以下几种。

一、透平气体燃料点火失败

◆ 1.故障现象

透平 A 机燃气模式点火失败。

◆ 2.故障原因分析

故障原因有以下几种可能:
(1)燃料气组分不合格。
(2)燃料气供给量不足。
(3)点火器或点火回路故障。

◆ 3.故障诊断与排除

故障诊断与排除流程如下:

(1)在透平 A 机燃气模式点火失败故障初期,分析为平台透平提供的伴生气含水量比较高,造成火炬无法点燃或者浇灭。

(2)经过对现场透平橇内燃气点火管线的改造,增加现场压力表,测试时发现在燃气点火瞬间点火回路单向阀前无任何压力,单向阀经过拆检后确定正常,这与之前分析含水量高的现象不符合。因为即使燃气含水,也不会造成管线内无任何压力。

(3)对透平 A 机燃气点火回路仪表附件进行拆解检查。

(4)对拆解下来的减压阀 PCV930-1 与 PCV930-2 进行离线测试,测试结果为 PCV930-2 减压功能失效,出口压力为 3 kPa,而实际透平 A 机启动点火工况压力需要 35 kPa,判断燃气减压阀故障是导致透平燃气模式点火启动失败的主因。

(5)对全新的减压阀进行离线测试,功能正常,更换点火回路减压阀 PCV930-2,透平 A 机燃气模式启动正常,随后进行 3 次点火试验,均正常。

(6)对更换下来的减压阀进行检修测试,经过检查后发现,减压阀内部被异物堵塞,无法实现正常调压功能,清除异物后,功能测试正常。

◆ 4.故障实际原因

燃料气减压阀 PCV930-2 内部被异物堵塞,无法实现其调压功能,造成点火失败。

二、透平液体燃料点火失败

1.故障现象

使用柴油模式启动透平机组时,警报点火失败故障。

2.故障原因分析

故障原因有以下几种可能:

(1)供油压力不足,造成点火失败。

(2)点火空气电磁阀 L348-2 阀芯卡阻,造成电磁阀不能正常打开。

3.故障诊断与排除

故障诊断与排除流程如下:

(1)透平 A 机多次点火失败,在 MCC 观察到柴油压力正常,T5 温度略有上升,现场点火辅助仪表气路压力表显示为零,判断可能是点火辅助的仪表气路的供气量不足造成的。

(2)连接笔记本,对电磁阀 L350-1 和点火气路电磁阀 L348-2 进行强制供电,分别打开 L350-1 和 L348-2 处的卡套,检查是否有气流。

(3)经检查,发现 L350-1 处有气流,且压力正常;L348-2 处没有气流。

(4)拆开接线盒,对 L348-2 电磁阀的供电进行检查,电磁阀的电压正常;取消 L348-2 强制供电,拆下电磁阀的接线,对电磁阀的线圈电阻进行检查,电磁阀线圈正常。

(5)连接接线后,恢复 L348-2 强制供电,轻轻敲击电磁阀 L348-2 阀体,L348-2 处有气流出现,判断可能是电磁阀的阀芯卡阻造成电磁阀不能正常打开。

(6)取消 L350-1 和 L348-2 强制供电,对电磁阀 L348-2 进行拆卸后解体,发现电磁阀的阀芯和阀套内有铁锈,用除锈剂清洗阀芯和阀芯套,并对阀芯和阀芯套进行润滑,组装好电磁阀后,进行回装。

(7)对电磁阀 L350-1 和点火气路电磁阀 L348-2 进行强制供电,点火辅助气路压力表显示正常。

(8)取消 L350-1 和 L348-2 强制供电,重新启动透平,T5 高温报警,分别对点火辅助仪表气路压力和燃料拉杆进行调整后,透平启动成功。

4.故障实际原因

点火仪表气路上的电磁阀 L348-2 阀芯卡阻,造成电磁阀不能正常打开。

三、透平气体燃料模式下加速失败

1.故障现象

2017 年 2 月 6 日,透平 B 机出现燃气模式点火成功后爬坡失败,熄火保护开关动作,透平紧急停机。切换成柴油模式启动透平,透平启动成功,运行正常。

2.故障原因分析

故障原因有以下几种可能:

(1)燃料热值低,造成爬坡缓慢甚至失败。

（2）熄火保护开关故障，造成误动作。

（3）V2P931 燃气一次关断阀故障。

（4）EGF344 燃料气调节阀故障。

（5）压气机进气不足，导致热悬挂。

3.故障诊断与排除

故障诊断与排除流程如下：

（1）鉴于 2017 年 1 月 3 日曾出现过类似故障，所以怀疑故障原因可能为冬季燃料气含水量高，且温度低，使 V2P931 燃气一次阀卡滞，导致爬坡失败，遂将机组切换为柴油模式启动。

（2）机组在柴油模式下启动成功，机组运行正常，故排除熄火保护开关故障。

（3）机组在柴油模式下运行 5 min 后，切换至燃气模式运行，出现机组转速波动，怀疑燃料气供给不稳定。

（4）透平燃气回路中有两个仪表阀门，分别为 V2P931 燃气一次阀和 EGF344 燃料气调节阀，故障可能发生在透平的这两个阀门上。

（5）连接 PLC 程序，手动测试透平 V2P931 燃气一次关断阀，发现阀门气缸排气孔泄漏仪表气，确认故障点为一次关断阀驱动器漏气。

（6）更换有故障的一次关断阀驱动器气缸，重新以燃气模式启机成功，透平运行正常。

（7）手动停机，对透平橇内仪表附件进行检查，检查结果正常，再次启机，机组运行正常，机组带负荷正常。

（8）对分解拆卸下来的一次关断阀驱动器气缸进行拆检维修，确认其 O 形密封圈失效，更换 O 形密封圈。

4.故障实际原因

透平 V2P931 燃气一次关断阀驱动器气缸内 O 形密封圈失效，造成 V2P931 一次关断阀开度不够，燃气供给量不足，导致透平爬坡失败。

第八节 ● 轴承振动监测系统故障分析

轴承振动监测系统的常见故障为燃机 PT 端振动高，下面展开介绍。

燃机 PT 端振动高

1.故障现象

湿气压缩透平 C 机在带载情况下 PT 端振动值为 14 mm/s，达到报警值，GP 和 HPC 端基本正常。

2.故障原因分析

故障原因有以下几种可能：

（1）机组轴系对中不合格，转子同心度不合格。

（2）PT振动探头故障，振动探头可能存在以下问题：

①振动探头损坏；

②振动检测回路故障；

③振动探头松动。

（3）PT转子动平衡不合格。

（4）联轴器动平衡不合格。

3.故障诊断与排除

故障诊断与排除流程如下：

（1）故障检查方式：排除法。

（2）故障排查原则：按排查工作量由小到大的原则，对故障可能原因逐个进行排除。

（3）拆解PT端振动探头，检查确认PT端振动探头无故障，且探头安装紧固可靠。

（4）检查PT端振动探头回路，确认回路无故障。

（5）拆除联轴器，检查PT轴系对中数据，确认轴系对中合格。

（6）在拆装联轴器时发现，联轴器螺栓磨损较为严重。查阅机组检修、维护记录，发现该联轴器螺栓已使用2个A级检修周期，且经过多次拆装。初步怀疑联轴器螺栓的磨损已破坏了联轴器的动平衡。

（7）由于库房没有备用的联轴器螺栓，因此决定对联轴器进行动平衡调整：

①第一次加装配重螺丝后，机组启机后显示PT端振动值增大。由此可以判断PT端振动值高是由联轴器转子动平衡不合格造成的。

②调整配重螺丝的安装位置后，机组启机后显示PT端振动值依然偏大。

（8）根据振动值和相位，重新计算配重螺丝的数量和安装位置。调整配重螺丝的数量和安装位置后，机组启机后显示PT端振动值降至2.9 mm/s，符合机组设计要求。

4.故障实际原因

经检查确认，故障的真实原因是PT端联轴器动平衡不合格。联轴器动平衡不合格的可能原因为联轴器螺栓磨损严重进而破坏了联轴器的动平衡。

建议尽快采购一套联轴器螺栓，以便下次检修时用于替换现有的联轴器螺栓，并最终确认联轴器动平衡被破坏是否是由联轴器螺栓磨损造成的。

第九节 ● T5温度监测系统故障分析

T5温度监测系统常见故障为透平T5热电偶故障，下面展开介绍。

透平T5热电偶故障

1.故障现象

2014年2月12日，透平B机报警"T5 temperature fail"，经观察发现第四个热电偶温度异常（T5平均值为408 ℃，TC4的显示数值为285 ℃），影响机组T5温度监测。

2.故障原因分析

故障原因有以下几种可能：

(1)第四个 T5 热电偶自身故障。

(2)第四个 T5 热电偶线路故障。

3.故障诊断与排除

故障诊断与排除流程如下：

(1)检查第四个 T5 热电偶的线路,经确认线路接线无故障。

(2)断开控制盘内对应热电偶的端子。

(3)拆除第四个故障 T5 热电偶。

(4)安装新的 T5 热电偶。

(5)测试线路绝缘值后闭合控制盘内对应热电偶的端子。

(6)启机后观察更换的热电偶的温度检测值正常,故障排除。

4.故障实际原因

第四个 T5 热电偶自身故障。

第十节 ● Solar Centaur 40 燃气轮机故障处理总结

通过对上述故障的整理和再分析,各常见故障的原因已基本得到确认,为了更直观地了解各种常见故障的原因属性,现将各故障整理汇总成表,如表 6-2 所示。

表 6-2　各故障原因汇总表

序号	故障原因	隐患是否可预判/预防
1	透平充电器内检测电池电压的电路板故障,无法检测到蓄电池的电压	是
2	压缩机热旁通阀的阀位反馈开关有接地	是
3	后备润滑油泵启动单元主接触器触点粘连,导致后备润滑油泵一直运行	是
4	透平 A 机、B 机在并联运转过程中,B 机燃气调节阀 EGF344 电源模块损坏	否
5	转子绕组匝间短路,造成发电机磁场不均,引发发电机转子运行不平衡,产生强烈振动	是
6	冷却风扇启动电容参数错误	是
7	冷却风扇控制变压器故障	否
8	控制变压器故障,使散热风扇长时间超负荷运行而发生绕组被烧坏	是
9	变频器散热风扇故障,导致变压器原边被烧毁	是
10	透平 A 机滑油冷却风机电机轴承抱死	是

续表

序号	故障原因	隐患是否可 预判/预防
11	#1 变压器高压侧进线电缆与变压器连接杆距离太近,且电缆绝缘层出现老化现象,在长时间运行过程中,由于变压器发热,电缆绝缘击穿,引起发电机的温度干扰	是
12	透平 C 机直流滑油泵电机使用年限过长,内部线路老化严重,电机带负荷能力差	是
13	V2P943 阀门的执行机构弹簧锈蚀,造成执行机构驱动力减小,阀门无法回位	是
14	V2P943 阀门的阀芯表面锈蚀,造成阀门卡涩,阀门回位阻力增大,阀门无法回位	是
15	透平滑油管线温控阀组 VMF921 内的压力控制阀 PCV901 不能有效调节压力	是
16	伺服电机与阀体之间的连接件损坏,造成阀门无法动作	是
17	主滑油泵伺服油路上的泄压阀阀芯密封面磨损内漏,造成伺服油路压力低于正常值(145 psi),作动器动作困难,机组加速慢	是
18	拉杆调节不到位,造成瞬时供油不足	否
19	柴油高压端滤器脏堵,造成瞬时供油不足	是
20	与启动电动机连接的气缸弹簧失效	是
21	温控阀阀芯故障,阀芯动作异常,达不到正常的实际位置,造成管汇中过量的滑油经过阀芯泄放至滑油箱,导致滑油系统压力过低	是
22	直流滑油泵电机卡滞及直流滑油泵电机控制箱内热继电器故障,导致电机无法正常运转	是
23	阀体的密封垫出现磨损,造成阀门微漏	是
24	联轴器螺栓磨损严重,破坏了联轴器的动平衡	是
25	BZ26-2 平台透平 B 液位开关线路损坏,造成故障报警停机	是
26	BZ28-1 平台透平 A 浮子液位开关内部磁簧开关故障,液位开关始终处于断开状态,造成故障报警	否
27	第四个 T5 热电偶自身故障	否
28	后备超速模块开关量输出工作异常,不能输出保护信号,造成后备超速系统测试无法通过	否
29	EGF344 燃料气调节阀的伺服电机内部的电路板及线路烧损	否
30	主燃料阀 EGF344 在运行期间有突然关闭的现象,造成瞬间燃料供给中断而丢失火焰	否
31	橇内压差开关设定点漂移,调节功能失效,造成透平 B 机停机	是
32	当时的风力和风向引起橇内压差值变低,造成透平 B 机停机	是
33	燃料气减压阀 PCV930-2 内部被异物堵塞,无法实现其调压功能,造成点火失败	是
34	点火空气电磁阀 L348-2 阀芯卡阻,造成电磁阀不能正常打开	是
35	透平 V2P931 燃气一次关断阀驱动器气缸内 O 形密封圈失效,造成 V2P931 一次关断阀开度不够,燃气供给量不足,导致透平爬坡失败	是
36	CGCM 模块故障	否
37	励磁端振动探头信号控制器故障	否

续表

序号	故障原因	隐患是否可预判/预防
38	振动转换 I/O 卡件发生故障,振动传递模块信号偶尔无法读取,造成间歇性通信失败,引起关断	否
39	冬季室外温度低,透平燃料气含水量高、温度低,透平橇内温度低,一次关断阀可能发生卡滞情况,综合原因造成透平气动模式启动爬坡失败	是
40	透平 B 机的燃料气配气管线尺寸偏小,配气后燃料气的热值依然偏低,造成透平 B 机爬坡失败	是
41	燃气轮机压缩机在启动过程中对燃料气组分要求较高,透平 B 机之前使用的 #2 井的井口气热值较低,能够满足透平 B 机的正常运行,但无法满足透平 B 机的启机要求	是
可预判/预防的故障次数/次		30 次
可预判/预防的故障占比		73.17%

说明:

(1)表中标注可预判/预防的故障是其故障点在日常巡检、日常维护、定期维护时能检查到且能发现故障端倪的故障;

(2)表中标注不可预判/预防的故障是指其故障点是隐蔽在某个设备中,且在日常巡检、日常维护、定期维护时无法检查到的故障,且该故障设备尚未达到或未接近其使用寿命。

从表中可以看出,在此次收集到的故障案例中,有高达 73.17% 的故障是可以在日常巡检、日常维护、定期维护中发现故障隐患的,通过提前预防可以将故障隐患消除在萌芽中。当然,这 73.17% 故障的预判难度大小不一,要想完全消除这些故障不仅需要认真的工作态度,更需要拥有相当高的燃气轮机维护、保养、维修管理水平和技术水平。

┃第七章┃ 燃气轮机重大故障案例

第一节 ● Solar Titan 130 燃气轮机压气机叶片断裂

一、机组情况介绍

该故障燃气轮机是美国 Solar 公司生产的 Solar Titan 130 型双轴燃气轮机,用于驱动压缩机。该燃气轮机的额定功率为 15 MW,额定转速为 11 220 r/min,14 级轴流压缩机,2 级燃气涡轮,2 级动力涡轮。该机组的日常运行负荷为 6 ~ 11 MW。故障发生时,该机组的负荷为 10.47 MW。截至故障发生,该机组累计运行了 22 835 h,累计启动 93 次。

二、故障描述

该燃气轮机压缩机组在 8 000 h 保养后投入运行,在连续运行约 130 h 后机组突然发生故障停机(停机时间为 22:36:27)。相关报警信息如表 7-1 所示。

表 7-1 燃气轮机报警信息

时间	报警代码	报警内容
22:36:27	FN_Flameout_High_Fuel_Flow	燃料流量高,发动机熄火
22:36:27	FN_VE1021_HH	#2 轴承 Y 方向振动高
22:36:27	FN_VE1020_HH	#2 轴承 X 方向振动高
22:36:29	FN_VE1031_HH	#3 轴承 Y 方向振动高
22:36:29	FN_VE1030_HH	#3 轴承 X 方向振动高
22:36:29	FN_VE1010_HH	#1 轴承 Y 方向振动高
22:36:29	FN_VE1011_HH	#1 轴承 X 方向振动高
22:36:30	FN_VE1004_HH	齿轮箱振动高

经查阅燃机运行历史数据,故障停机前、后该燃机#1、#2、#3 轴承的振动值如表 7-2 所示。

表 7-2 故障停机前、后轴承的振动数据

时间	振动值/μm					
	$1X$	$1Y$	$2X$	$2Y$	$3X$	$3Y$
22：36：20	11.938	9.144	18.542	14.986	15.240	13.976
22：36：30	177.292	193.294	284.988	293.878	197.612	232.410

由表可知,燃机#1、#2、#3轴承突发振动,#1轴承的两个振动值分别由原来的11.938 μm、9.144 μm突增至177.292 μm、193.294 μm;#2轴承的两个振动值分别由原来的18.542 μm、14.986 μm突增至284.988 μm、293.878 μm;#3轴承的两个振动值分别由原来的15.240 μm、13.976 μm突增至197.612 μm、232.410 μm。

三、燃气轮机的损坏情况

故障发生后,检修人员对该燃气轮机机组进行检查,发现:

▮ 1.燃机压气机可转导叶驱动机构发生扭曲变形

经外观检查,该燃机的压气机第0级、第1级、第2级、第3级可转导叶驱动机构均有变形。第0级25个可转导叶执行机构全部发生严重扭曲变形,第1级可转导叶执行机构有3个发生扭曲变形,第2级可转导叶执行机构有5个发生扭曲变形,第3级可转导叶执行机构有3个发生扭曲变形。

▮ 2.压气机内部叶片发生断裂和破损

经孔探检查,该燃机压气机内部第1级动叶有1副叶片从根部发生断裂并掉落,除进气导叶和第0级动叶完好外,压气机内部其他导叶均发生不同程度的损坏(如图7-1所示)。

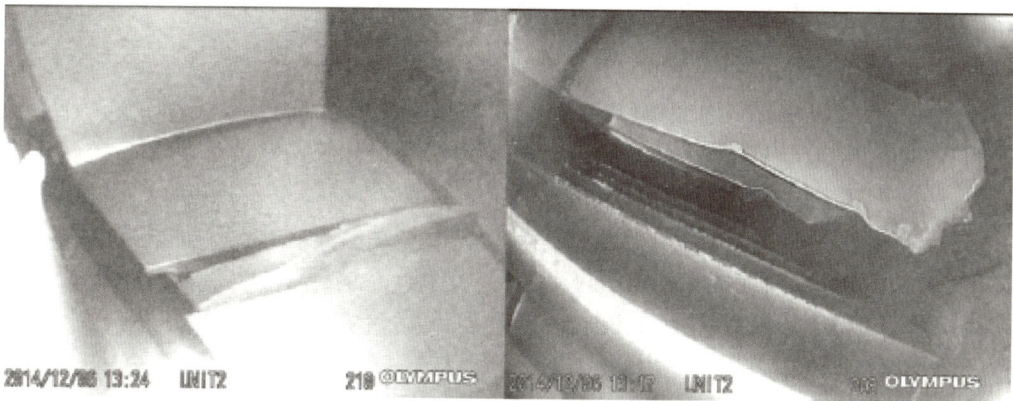

图 7-1 孔探检查压气机内部损坏情况

四、脱落叶片断口特征及分析

为查证压气机叶片断裂的原因,该机组被运回大修工厂进行拆解。

▮ 1.拆解外观检查

在大修工厂经拆解和外观检查,该燃机压气机进气可转导叶(IGV)叶片完好,第0级动叶

完好,第 0 级可转导叶叶片进气端完好,第 1 级动叶有 1 个叶片从根部断裂脱落,其他动叶和可转导叶均有不同程度的损坏。由于 IGV 和第 0 级动叶完好,排除了异物从压气机入口进入压气机内部造成压气机叶片断裂的可能。

2.压气机叶片断口宏观特征

叶片的断口颜色呈黑色,叶片的裂纹从叶片受压侧与楔形榫头的接触面开始,位置略低于在叶片后缘附近的过渡半径(如图 7-2 所示),从残留的金属破裂面看,叶片的断裂是一个延展性破坏,裂纹特征为贝壳状裂纹。初步分析该压气机第 1 级动叶叶片断裂的原因为:

(1)压气机叶片制造存在缺陷;

(2)压气机设计存在缺陷。

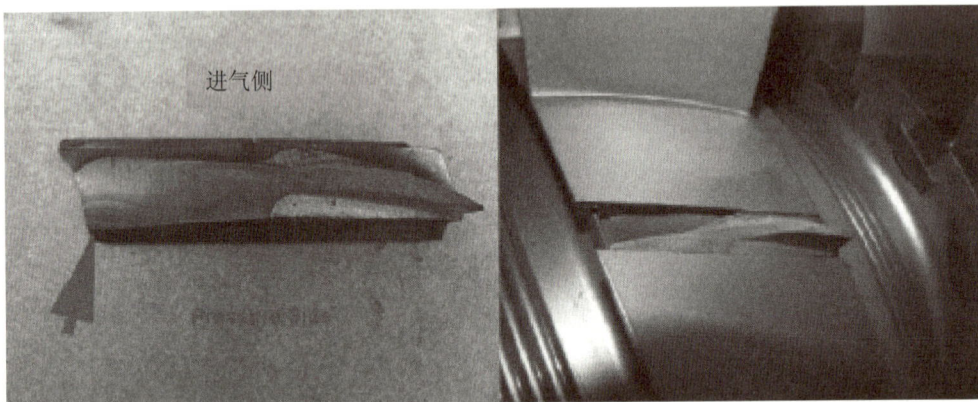

图 7-2　压气机第 1 级动叶断口图

五、故障原因分析

由于宏观上无法准确分析出叶片断裂的具体原因,Solar 厂家将整个压气机的动叶和已脱落的叶片送到实验室进行动态模拟和材料晶相分析。经实验室分析,该燃气轮机压气机第 1 级动叶断裂的原因为:

(1)故障起因于燃气轮机压气机第 1 级动叶叶片。

(2)断裂叶片的裂纹从叶片受压侧与楔形榫头的接触面开始,位置略低于在叶片后缘附近的过渡半径,裂纹从楔形榫头开始沿着半径方向扩展,裂纹扩展到与叶片交接部位,运行中的叶片承受不了较高的应力,迫使裂纹进一步扩展,最终致使叶片断裂脱落。

(3)已断裂的压气机叶片由不锈钢锻造而成,与楔形榫头共成一个整体,叶片表面涂有固体润滑剂,在制造工艺和硬度方面没有问题。

(4)第 1 级压气机动叶断裂属于磨蚀疲劳。

六、预防和处理措施

经与 Solar 厂家沟通,双方一致认定该燃机压气机叶片断裂的性质为磨蚀疲劳,与用户对该燃气轮机的使用、维护和保养无关。

由于该故障是由 Solar 公司的设计缺陷造成的,Solar 公司负责承担本次故障的直接经济损失,并承诺免费更换其他机组的压气机的叶片。

Solar 公司已经通过优化设计方案和加工、制造工艺,提高了该压气机叶片的磨蚀疲劳强度,并且从 2013 年 6 月开始,新生产和大修的 Solar Titan 130 型双轴燃气轮机的压气机动叶均使用了改善后的产品。

第二节 ● LM2500+燃气轮机高压压气机第 16 级动叶断裂

一、机组情况介绍

LM2500+燃气轮机是 GE 公司生产的 PGT25+/PCL800 燃气轮机压缩机组的动力部分,是 GE 公司在 LM2500 的基础上优化设计的一款 30 MW 级的燃气轮机,比 LM2500 拥有更大的功率和更高的热效率。LM2500+在 LM2500 的基础上做了以下改进:

◣ 1.增加零级压气机叶片

在 LM2500 的第 1 级叶片前增加了零级压气机动叶和零级入口可调静叶,形成新的 17 级轴流压气机,燃气发生器的长度增加了 345.44 mm。

◣ 2.改变压气机叶型

在 CF6-80C2 叶型的基础上,重新设计了压气机第 1 级动叶,设计了使压气机第 1 级动叶更高效、更结实的宽弦叶片,去除了 LM2500 压气机第 1 级动叶中部的阻尼突肩。

第 2 级、第 3 级压气机动叶也采用了 CF6-80C2/LM6000 的叶型设计。

第 0 级到第 11 级静叶也采用了 CF6-80C2/LM6000 的叶型设计。

新增加的第 0 级静叶到第 6 级静叶均为可调静叶。

优化设计后的压气机使燃气轮机的部分负荷性能得以改善,拓宽了压气机喘振的喘振边界线;使空气流量增加了 23%,达到 85.8 kg/s,压比从 18.8 增加到 23.1。

◣ 3.修改燃气发生器涡轮

LM2500+燃气轮机修改二级涡轮的动叶的叶型以适应更大的空气流量。除第 2 级涡轮动叶外,其他叶片都升级为性能更好的材料,其中第 1 级动叶和静叶都采用单晶叶片。此外,LM2500+燃气轮机还修改了热力密封设计,使用了 CF6-SOE 的密封装置。

二、故障描述

运行维护人员在执行 4 000 h 的例行维护时,通过孔探检查发现该燃气轮机的第 16 级压气机动叶全部出现了严重的断裂损坏(如图 7-3 所示)。断裂形式基本可以分为:

(1)叶片顶部径向开裂;

(2)径向开裂,并在 1/2 处断裂;

(3)叶片排气边横向开裂。

图7-3 压气机第16级动叶孔探检查照片

在发现LM2500+高压压气机的第16级动叶发生全部断裂事故后,对该燃气轮机进行了拆解检查和原因分析。

（1）根据叶片断口的显微组织,没有发现材料的滑移变形,如图7-4所示。

图7-4 叶片断口的显微组织

（2）根据叶片翼尖的显微照片,没有发现叶尖与壳体内壁密封之间有摩擦现象,如图7-5所示。

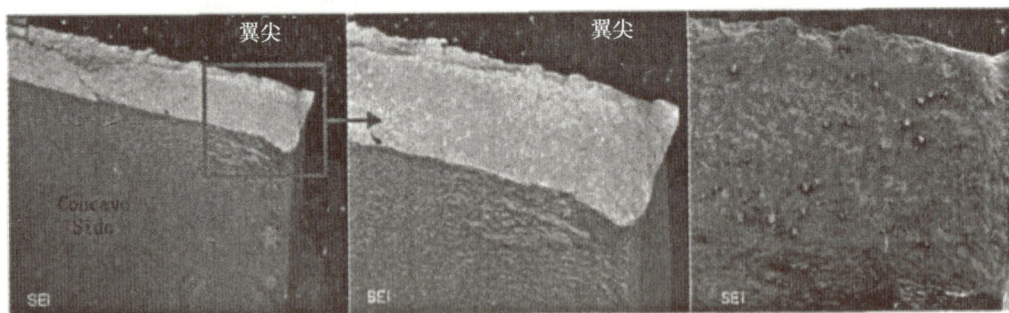

图7-5 叶片翼尖显微组织

（3）材料的金相显微组织检测和硬度检测结果均符合ASTM8.5的要求,可以认为叶片不存在材料质量缺陷,如图7-6所示。

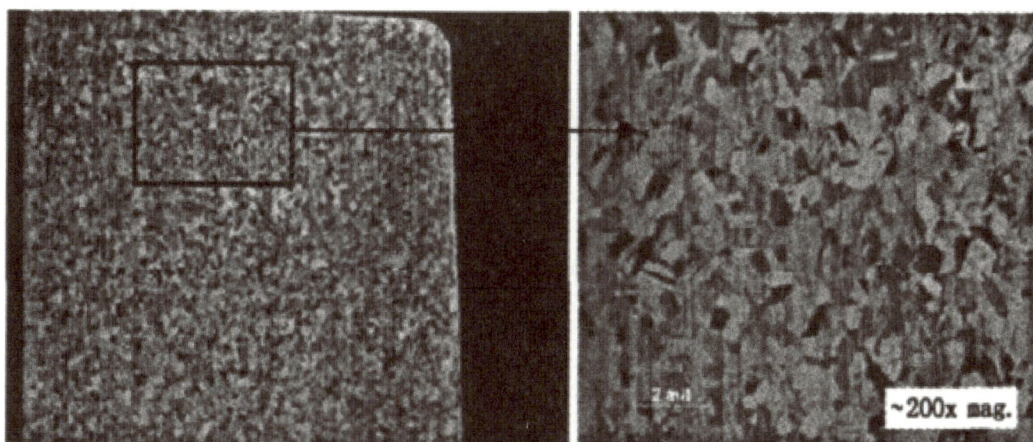

图 7-6 材料金相显微组织

三、叶片断裂的原因分析

根据对断裂叶片样品的金相分析,得知导致第 16 级动叶断裂失效的原因如下:

(1)未知激励源引起的叶片二阶扭振疲劳断裂,但没有更多的运行数据和资料复现激励源。

(2)现场在燃气轮机未运行期间可能存在振动激励源。

究竟为什么会在高压压气机第 16 级动叶处容易产生扭振高周疲劳? 二阶扭振与哪些因素有关? 根据透平转子段不稳定流模型(Doorly,1991)对不稳定流的成因分析,不难发现动叶扭振高周疲劳与叶片间的不稳定流存在直接关系。动叶传热和气动应力受流动不稳定性的影响明显。流动不稳定性是由动叶对交替静叶的相对运动产生的。对于第 1 级动叶,Doorly 总结的不稳定性的主要成因如下:

1.尾流叶道

由于静叶后缘处尾流的存在,上游静叶栅出口气流在轴向上是不均匀的。因为静叶栅的相对运动,下游动叶片不断切割这些尾流,所有尾流使动叶栅的速度场和湍流场呈周期性变化。

2.激波叶道

跨声速静叶的气流产生激波,激波冲击下游动叶栅,产生另一不稳定性影响。

3.势流的相互作用

静叶栅和动叶栅的相对运动引起势流场的周期性变化。加大动静叶栅间隙能降低这一类成因的影响。

4.附件的高能湍流

通过静叶通道后湍流度仍然与当地气流自由流湍流度相当。根据 Doorly 的不稳定流成因理论,引起燃气轮机压气机或透平中不稳定流的主要因素之一是上游叶片尾流的传播。尾流使自由流产生周期变化的不稳定速度、温度和湍流强度。由尾流引起的速度降低还可能产生朝向或离开叶片表面的对流。尾流使吸力面上不稳定的层流向湍流边界层的转捩提前发生，存在不稳定流影响的传热特性清楚地表明边界层转捩变化。图7-7是流经动叶栅的不稳定性尾流传播的概念图。阴影部分表示上游叶片引起的不稳定性区域。

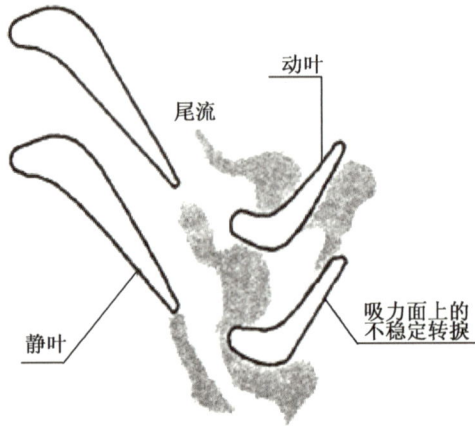

图7-7　流经动叶栅的不稳定尾流传播的概念图

LM2500+高压压气机第16级动叶断裂与燃气发生器的气动特性不无关系。为了提升输出功率和热效率，不得不增加压气机的空气流量（增加了零级压气机叶片后，LM2500+在全功率情况下气流增加了20%）。另外，采用了宽弦叶片后，第15级静叶和第16级动叶之间的间隙减小，静、动叶栅之间的相对运动使势流场的周期变化增强，这将更容易导致第16级动叶的高周扭振的发生，最终导致叶片尾端翼部的疲劳断裂。

四、故障预防和处理措施

1.预防措施

预防措施如下：

(1)首先应严格遵守LM2500+燃气发生器的运行规程。

(2)尽可能避免在60%以下的低负荷下运行，因为低负荷会使压气机叶片通道上的不稳定流增加，气流转捩提前，缩短压气机叶片的使用寿命，对压气机损害极大。

(3)避免在较冷环境(5e以下)频繁启动发动机，因为冷态下反复启动会使压气机叶片上的气动应力增加和应变能的分布不均，从而导致叶片断裂。

(4)运行中应加强对燃气发生器安装支撑可靠性、稳定性的检查和维护，避免外部振动激励的输入和振动叠加。

(5)机组运行中应密切注意燃气发生器振动检测数值的变化。

2.处理措施

通过对上述故障原因的分析，决定采取以下故障处理措施：

(1)修剪尾部翼端，可以使第16级动叶上的应变能重新分布，从叶尖将高应变区移动位置(如图7-8所示)，将减小35%左右的应变能量。

(2)在第15级增加一个额外的静叶，可以改变叶片上的气动特性，将减少30%的第16级动叶上的气动应力。

事实上，本次给出的修理方法和GE公司的2001-SB161&162服务报告完全一致。显而

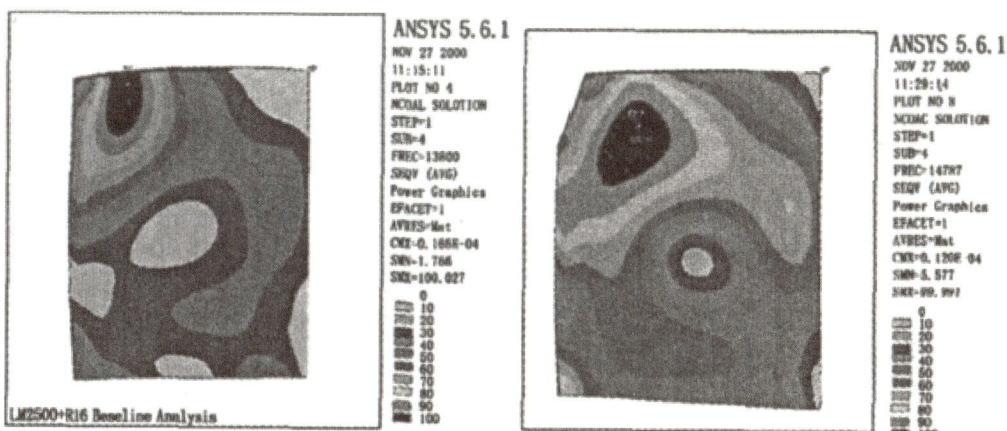

图 7-8　第 16 级动叶的应变能

易见，LM2500＋高压压气机第 16 级动叶容易在尾部翼端发生断裂事故不是偶然的。自 2001 年以来，这一问题在全球也时有发生，处理措施都一样。由此可知，LM2500＋高压压气机第 16 级动叶易发生断裂故障，其或多或少存在设计缺陷或问题。无论这一问题的频繁发生与为增加输出功率和提高热效率而进行的改进是否有必然联系，但存在一定的设计缺陷是事实。

GE 的分析报告称：自 2001 年以来，修剪第 16 级动叶尾部边缘和增加第 15 级静叶数量后，再也没有收到第 16 级动叶断裂的故障报告，说明这一改进是有效的。但是 GE 从来没有提到这种修理对发动机性能的影响。尽管这个影响比较难以定量测量，但事实上修剪叶片后对其输出功率和效率的影响是必然的。

第三节 ● Solar Titan 130 燃气轮机第 1 级透平叶片断裂

一、机组情况介绍

在中国南海海域某平台上，有 2 台美国 Solar Titan 130 型单轴燃气轮机，燃气轮机的序列号分别为 0411L 和 0412L，用于驱动发电机为平台供电，通常在部分负荷下运行。该燃气轮机的额定功率为 15 MW，额定转速为 11 220 r/min，14 级轴流压缩机，3 级燃气涡轮。

2014 年，2 台 Solar Titan 130 燃气轮机先后发生了透平第 1 级动叶断裂的故障。截至故障发生前，2 台燃气轮机的累计运行时间为 20 000～30 000 h（Solar Titan 130 燃气轮机透平第 1 级动叶的设计大修寿命为 30 000 h），而且这些断裂的透平第 1 级动叶在该运行周期之前未使用过。

由于此次 2 台燃气轮机先后出现了透平第 1 级动叶断裂的故障，此前其他的 Titan 130 燃气轮机也出现过类似的透平第 1 级动叶断裂的故障，因此认定该故障并非个例。为了确保机组日后的运行安全，需要找到故障的根源，并予以彻底解决。为此，中海油与 Solar 公司组建了故障分析专家团队，对该故障原因做深入的分析。

二、叶片故障情况描述

为了彻底查出叶片断裂的故障原因,专家团队共同认定 0411L 燃气轮机的#5 叶片和 0412L 燃气轮机的#17、#29、#41 叶片能反映这 2 台燃气轮机的故障本质,因此选择了这 4 片故障叶片作为故障原因分析的样品。

叶片的故障检测遵循由外及里、先无损后破坏的原则进行,先后采取了目视检查、立体显微镜检查、扫描电子显微镜检查、金相检查、X 射线能力色散谱检查、X 射线荧光光谱检查等措施,对叶片的涂层、基材做了全面的检查。

1.目视和立体显微镜检查

(1)0411L 燃机

#5 叶片从叶柄处在上锯齿型叶根上方轴向断裂。断面显示,深色区域是较陈旧的裂纹,出现在叶片的压力面上;较浅的颜色区域是最后的断裂区域,位于叶片的背压面上。在叶片的榫槽上有一道裂纹,位于榫槽的进气端的压力面侧(如图 7-9 所示)。

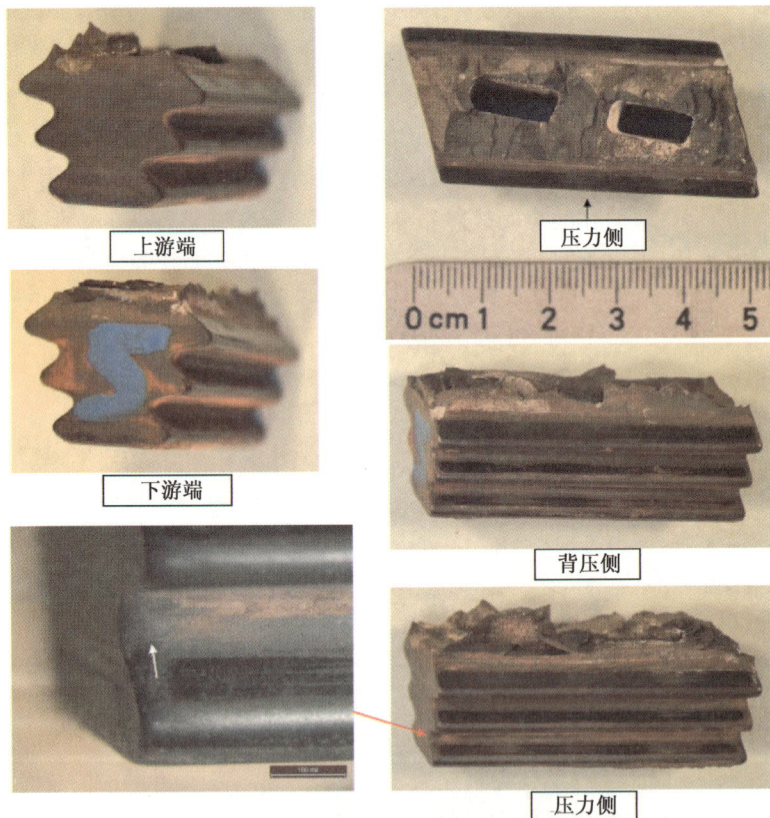

上游端

下游端

压力侧

背压侧

压力侧

图 7-9　0411L 燃机#5 叶片损坏照片

#6 叶片的压力面遭受了明显的冲击损伤。在叶柄加强筋的根部出现了一道沿轴向的裂纹(#5 叶片在相同的位置上也出现了裂纹)。叶柄表面,尤其是在叶根凸台的下部有明显的橙色、褐色和白色沉积物堆积(如图 7-10 所示)。

图 7-10　0411L 燃机#6 叶片损坏照片

#10 叶片的叶柄和根部的裂纹出现的位置与叶片#6 相似（如图 7-11 所示）。

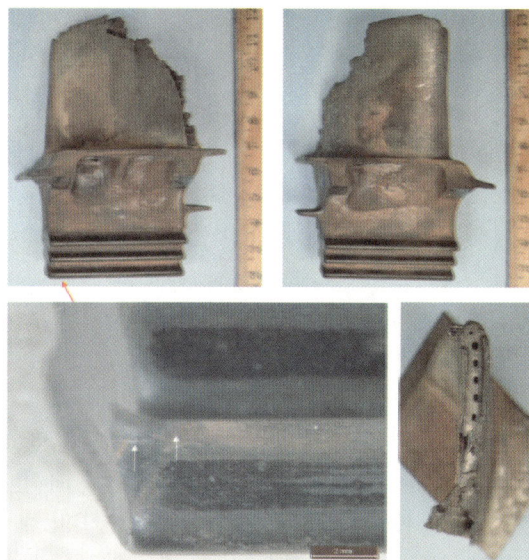

图 7-11　0411L 燃机#10 叶片损坏照片

#42 叶片的叶柄上出现了多重裂纹,叶根榫槽进气侧的压力面上也出现了裂纹(如图 7-12 所示)。

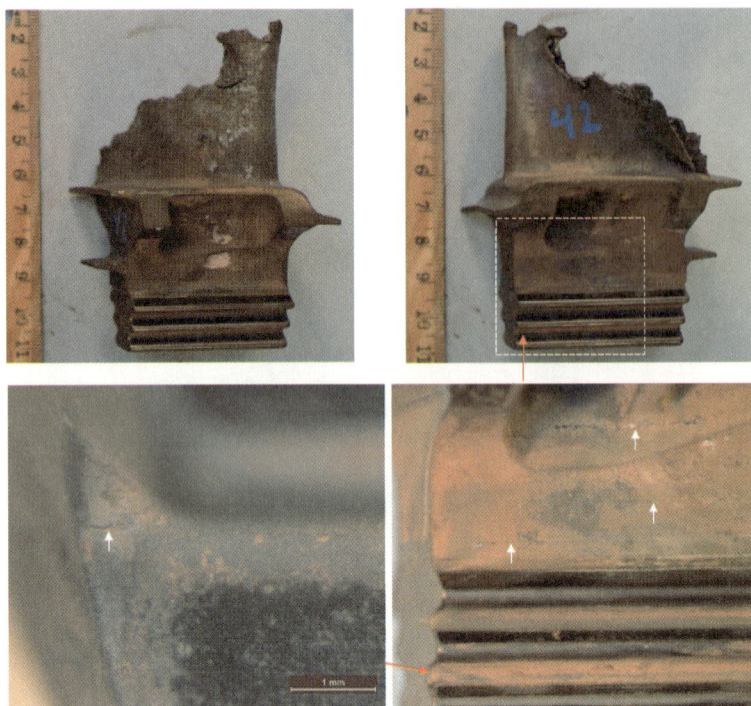

图 7-12 0411L 燃机#42 叶片损坏照片

综合各叶片的目视检查情况,汇总得出 0411L 燃机的透平第 1 级动叶存在以下故障现象:

①#5 叶片在叶柄(颈)底部(榫槽上方)断裂;

②#6、#10、#42 叶片排气边烧损严重;

③透平叶片压力面有明显的冲击损伤;

④叶片存在扭曲变形,且扭曲变形的方向与燃机转子的旋转方向一致;

⑤透平叶片的叶顶未见明显磨损,透平机匣的第 1 级动叶叶顶气封未见明显的磨损,蜂窝密封的结构保持完好;

⑥在透平叶片压力面上出现了不同程度的黑色沉积物和白色透明状沉积物堆积的现象;

⑦在透平叶片冷却空气排放孔的周围出现了黑色沉积物(结焦)、白色沉积物,透平叶片冷却空气排放孔未阻塞;

⑧叶根凸台下部出现了比较严重的白色透明状沉积物堆积现象;

⑨透平第 1 级动叶叶根径向、轴向密封齿出现轻微磨损。

(2)0412L 燃机

#19 叶片在叶身中部偏上位置发生断裂,断口距离叶顶大约 38 mm。叶片断裂导致叶片冷却空气流道彻底暴露。叶片背压面没有显著的氧化和冲击腐蚀,也没有明显地受到异物冲击的迹象。在#19 叶片最底部的榫槽内发现一道裂纹,裂纹位于叶片进气边的压力面上,裂纹相对比较细,在裂纹附近没有发现明显的根部表面腐蚀(如图 7-13 所示)。

#29 叶片断裂的位置与#19 叶片相似。2 个叶片的断裂特点也是相似的(如图 7-14 所示)。

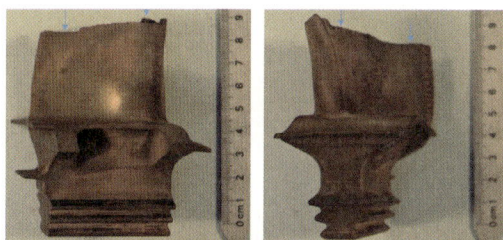

图 7-13　0412L 燃机#19 叶片损坏照片

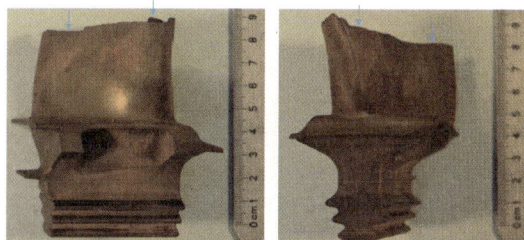

图 7-14　0412L 燃机#29 叶片损坏照片

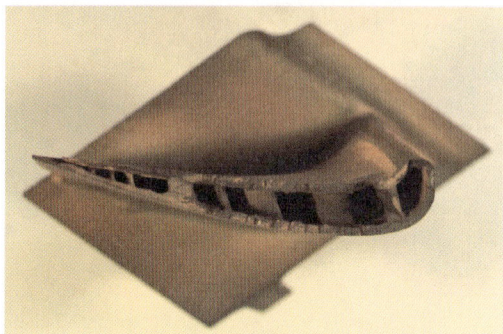

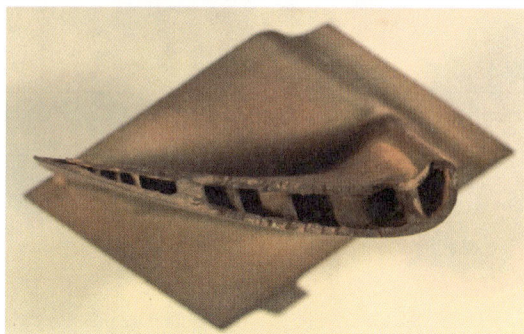

由图 7-15 和图 7-16 可以看出，#17 和#41 叶片在距离叶顶约 17 mm 处各有一道横向的穿透性裂纹，沿着裂纹断续出现腐蚀现象。

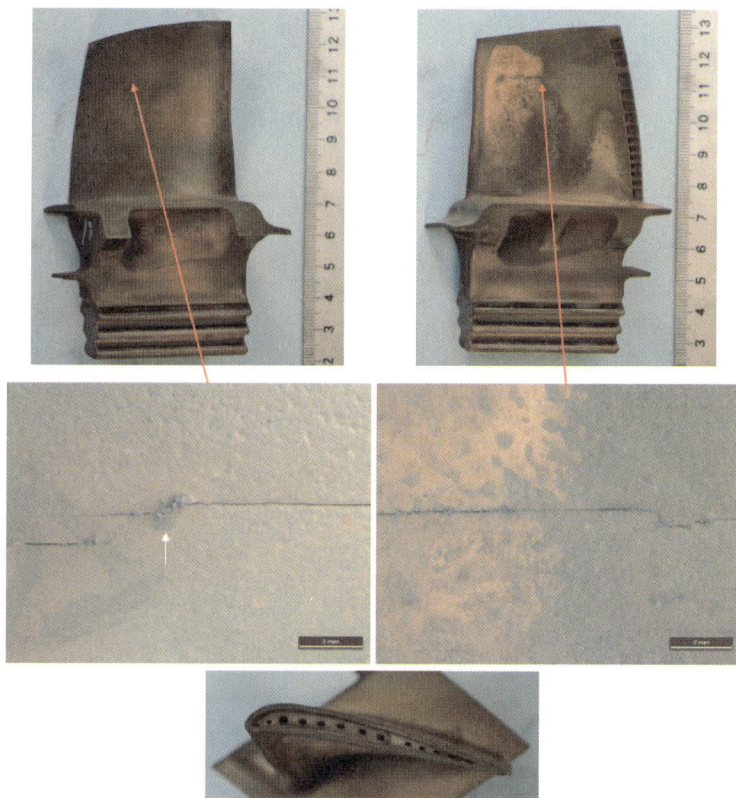

图 7-15　0412L 燃机#17 叶片损坏照片

图 7-16　0412L 燃机#41 叶片损坏照片

综合各叶片的目视检查情况,汇总得出 0412L 燃机的透平第 1 级动叶存在以下故障现象:

①#19 叶片和#29 叶片在距离叶顶约 38 mm 处发生断裂,其他所有的第 1 级透平叶片都在相近的位置出现裂纹,且裂纹的方向与叶片#19、#29 叶片断裂的方向一致;

②透平第 1 级叶片的压力面有明显的冲击损伤,但损伤的程度小于 0411L 燃机的透平第 1 级动叶;

③透平叶片的叶顶未见明显磨损,透平机匣的第 1 级动叶叶顶气封未见明显的磨损,蜂窝密封的结构保持完好;

④透平叶片压力面上有明显的黑色沉积物和白色透明状沉积物;

⑤透平叶片冷却空气排放孔的周围出现较多的黑色沉积物(结焦)和白色沉积物,且比 0411L 燃机严重,透平叶片冷却空气排放孔未见阻塞;

⑥透平第 1 级动叶叶根的径向、轴向密封齿出现轻微磨损。

◆ 2.断口的立体显微镜检查

(1)0411L 燃机

图 7-17 是#5 叶片断面的立体显微视图。断口黑色区域为断裂积累区,是断口裂纹不断加深的区域,该区域表面相对光滑、颜色较深、沟槽相对较深,因为断口长时间处于高温燃气的冲刷下。断口颜色较浅的区域为瞬断区,是由于断口裂纹不断加深导致叶片抗拉截面积逐渐变小至临界值而发生突然断裂,该区域表面颜色较浅,表面颗粒较为细密,因为尚未经受高温燃气长时间冲刷。由断面的立体显微视图可以计算出瞬断区的面积约为整个断口截面积的 30%。

由图 7-17 可以看出,断裂积累区位于叶片的压力侧,该侧温度较高,主要承受叶片工作时产生的离心力和扭力产生的拉应力的合力;瞬断区位于叶片的背压侧,该侧温度较低,主要承受叶片工作时由离心力产生的拉应力和由扭力产生的压应力的合力。由此可知,断裂积累区材料所承受的拉应力大于瞬断区。

根据上述分析,并结合目视和立体显微镜检查结果可知,叶片断裂的过程是:叶根压力侧在高温、大应力的作用下出现裂纹,裂纹逐步向叶根背压侧扩展,直至达到叶片断裂的临界值,叶片突然断裂。

图 7-17 #5 叶片断面的立体显微视图

对#10 叶片在裂纹处被切开之后做立体显微检查。图 7-18 是#10 叶片的根部裂纹的立体显微镜视图。如图 7-18 中白色箭头所示,2 个分开的弧形扩散裂纹是裂纹的起始点,一个靠近叶根前缘,另一个距离叶片尾缘约 6 mm 处,且裂纹呈水纹状扩散(如图 7-18 中黄色箭头所指)。在裂纹起始位点未见缺损或交替裂纹出现。

图 7-18 #10 叶片的根部裂纹的立体显微镜视图

对#42 叶片在沿弦长中部裂纹处被切开之后做立体显微检查。图 7-19 是#42 叶片的叶柄沿弦长中部的裂纹的立体显微镜视图。裂纹显示的特征与其他叶片的叶柄和榫根处的裂纹相似。

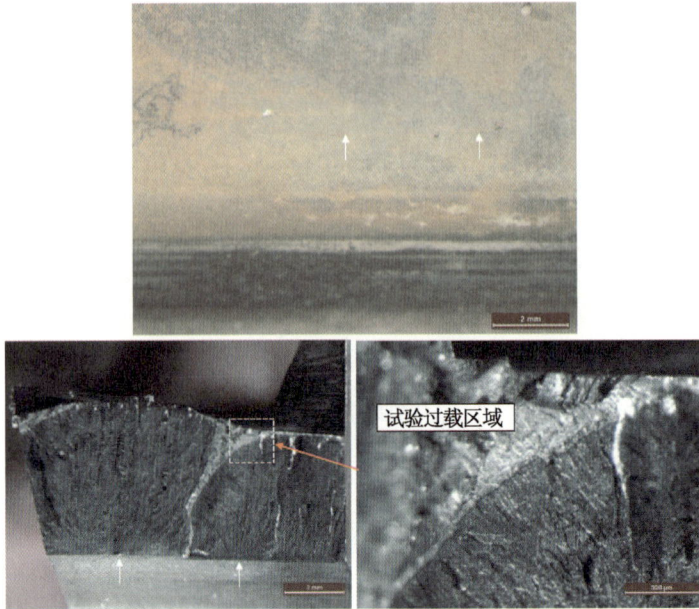

图 7-19　#42 叶片的叶柄裂纹的立体显微镜视图

（2）0412L 燃机

图 7-20 是#29 叶片断裂表面的立体显微镜视图。叶片断口呈荆棘状,且局部裂纹呈海滩波纹状。裂纹呈海滩波纹状说明裂纹形成于弦长中部区域,并沿着前缘和后缘生长。荆棘状的断口说明裂纹发生的起点有多个。断裂表面的黑色污点是由于腐蚀而产生的,反映了裂纹在内部生长的过程。此外,叶片内部冷却空气通道的表面上有明显的腐蚀产物和沉积物累积。

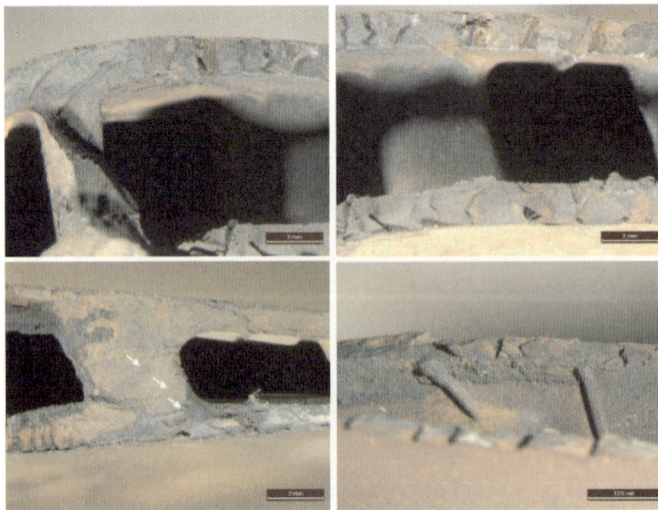

图 7-20　#29 叶片断裂表面的立体显微镜视图

对#19叶片在裂纹处被切开之后做立体显微检查。图7-21是#19叶片的根部裂纹的立体显微镜视图,呈现多重弧形扩散裂纹,并且在裂纹表面已形成了一种黑色氧化物。

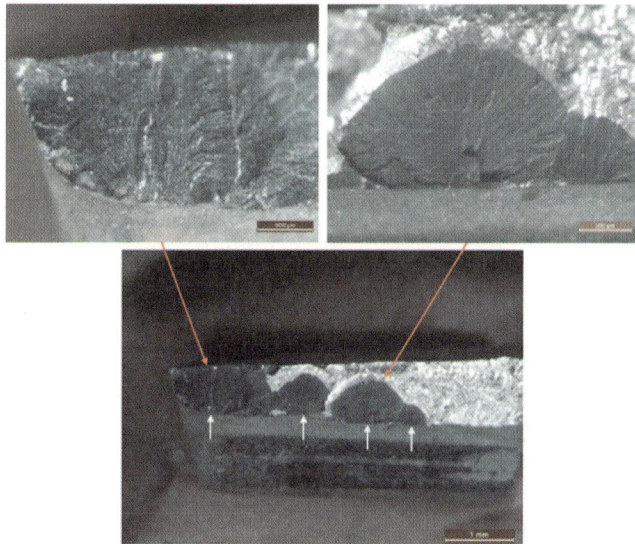

图7-21　#19叶片的根部裂纹的立体显微镜视图

3.断口扫描电子显微镜检查

(1)0411L燃机

图7-22是#5叶片根部断口特征的电子显微镜视图。利用扫描电子显微镜(SEM),可以看到断口表面明显氧化。旧裂纹由于长期处于高温气体冲刷的环境下,呈现出被侵蚀的外貌,露出γ相沉积物。与瞬断区外缘相邻的裂缝周边呈现出平行的脊状条纹,可能是疲劳裂纹。背压侧的瞬断裂纹显示出该断裂属于韧性断裂(韧窝断裂)。

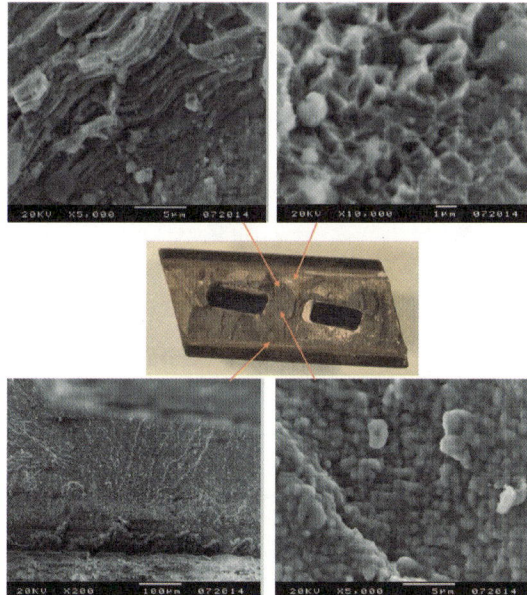

图7-22　#5叶片根部断口的电子显微镜视图

图 7-23 和图 7-24 分别是#10 和#42 叶片的断面特征的扫描电子显微镜视图。通过对叶片 42#断口的观察发现,该断裂可能属于疲劳断裂。

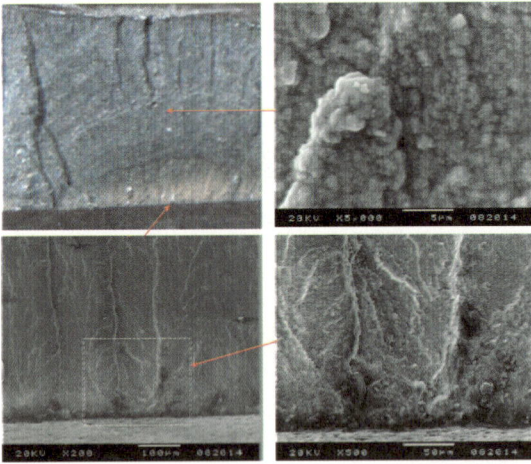

图 7-23　#10 叶片断面特征的扫描电子显微镜视图

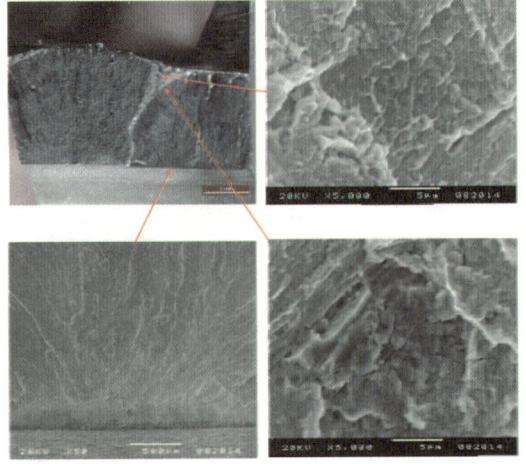

图 7-24　#42 叶片断面特征的扫描电子显微镜视图

(2)0412L 燃机

图 7-25 是#19 叶片根部裂纹的扫描电子显微镜图像。裂纹表面被氧化侵蚀,微弱地显示出基础合金的沉积物结构。在故障裂纹和由实验室切割产生的裂纹之间的过渡区,有平行的脊状带,可能是由材料疲劳导致的。

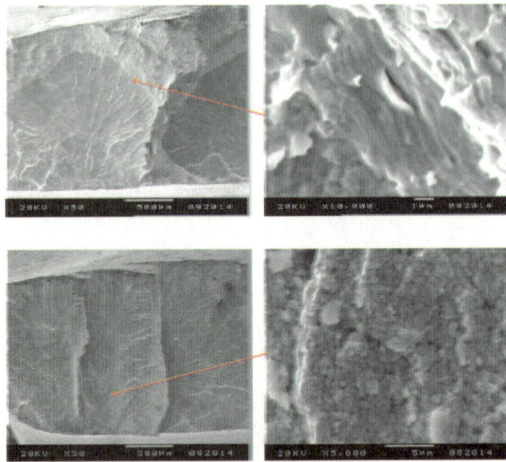

图 7-25　#19 叶片根部裂纹的电子显微镜视图

◤4.扫描电子显微镜和金相检查

(1)0411L 燃机

如图 7-26 所示为叶片的切割位置,根据 ASTM E3 的标准进行装夹和打磨。#5、#6 和#42 叶片被切割后用于光学和扫描电子显微镜检查。

图 7-27 是#5 叶片切割部分的光学显微镜视图。经检查发现,叶柄有铝化物涂层,而榫齿形根部没有涂层。裂纹已穿透了铝化物涂层,部分裂纹仅穿透了铝化物涂层,部分裂纹已深入

基础合金。在压力侧附近断面的氧化物覆盖面更广。通过称重,未发现叶片存在基础合金损耗。

#6叶片　　　　　#42叶片

#5叶片

图 7-26　透平动叶的切割位置

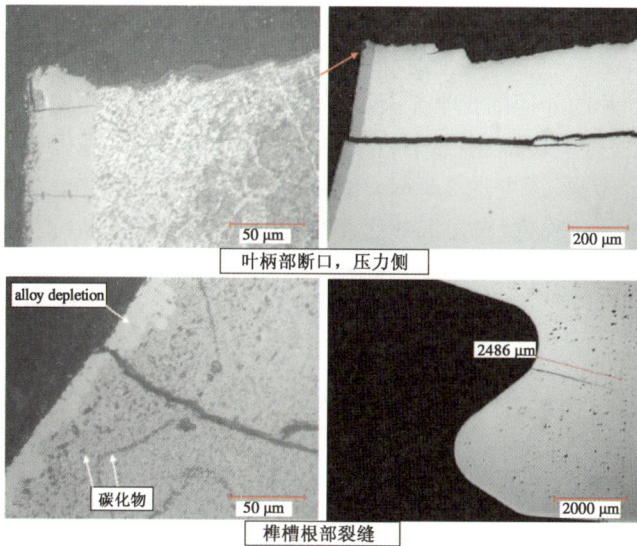

叶柄部断口,压力侧

alloy depletion

碳化物

榫槽根部裂缝

图 7-27　#5 叶片切割部分的光学显微镜视图

叶片#5 也是在榫根最低的凹槽处出现裂纹,裂纹深度大约为 2.5 mm。裂纹从外观上看与其他榫根的裂纹相似:裂纹宽度较小,几乎呈直线延伸,有较小分支裂纹。根部表面也附着了一层碳化物(厚度约为 0.15 mm),并渗入基础合金(渗入深度小于 0.05 mm)。

图 7-28 是#6 叶片的沉淀物结构。叶片根部的 γ 相主要析出物的数量和形状与叶片型面上的相似。

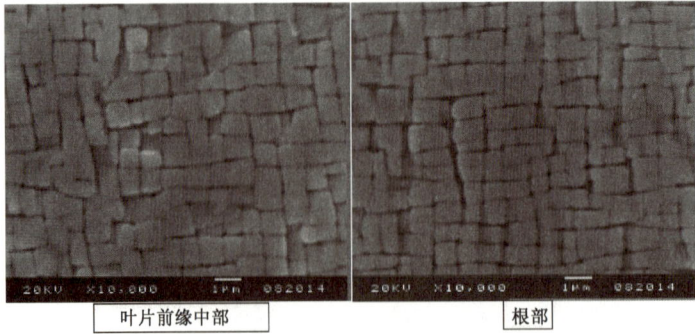

图 7-28　#6 叶片的沉淀物结构

图 7-29 是#6 叶片的弧形内表面冲击腐蚀照片。与燃机 0412L 的叶片相比,该叶片的弧形内表面的冲击腐蚀相对较小。

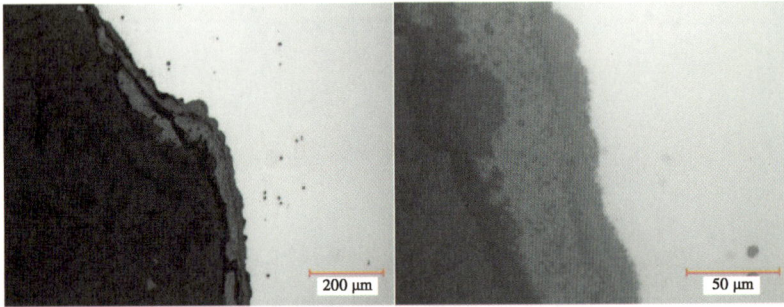

图 7-29　#6 叶片的弧形内表面冲击腐蚀照片

图 7-30 是#42 叶片的叶柄的光学显微镜视图。叶柄表面有铝化物涂层。裂缝没有显著的氧化、腐蚀损伤。经检查发现,很多细小的涂层裂纹深入至涂层与基础合金的界面。另有部分裂纹已深入到基础合金里,深度达 2.8 mm,裂纹的扩散路径与其他叶片的相似,检查发现,裂纹表面有腐蚀结垢。通过称重,未发现叶片存在基础合金损耗,推断可能是高温热腐蚀导致。

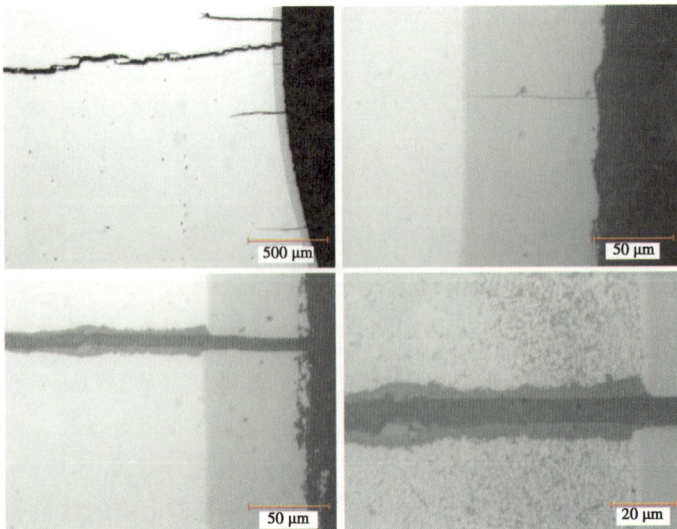

图 7-30　#42 叶片的叶柄的光学显微镜视图

　　图 7-31 是#42 叶片根部的光学显微镜照片。经检查发现,裂纹位于叶片榫根最底部的凹槽里。裂纹呈直线延伸,有较小的分支。裂纹中的氧化层比 0412L 燃机#17 叶片的氧化层厚。经检查发现,根部表面基础合金出现损耗(厚度小于 0.025 mm)。叶片根部表面存在轻微的热腐蚀,可以忽略。经检查发现,叶片根部表面出现渗碳,渗碳层厚度约为 0.18 mm。

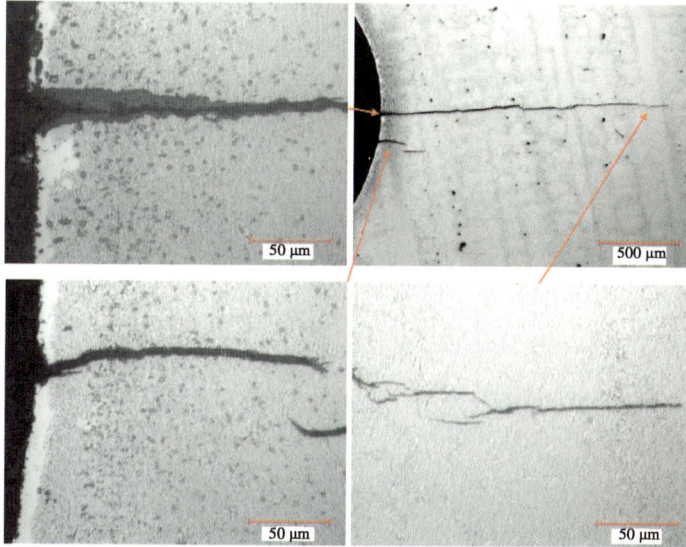

图 7-31　#42 叶片根部的光学显微镜照片

　　图 7-32 是#42 叶片的弧形表面状态。经检查发现,涂层存在热腐蚀侵蚀点,已渗透到涂层的扩散区,现腐蚀点的周围存在硫化物颗粒。

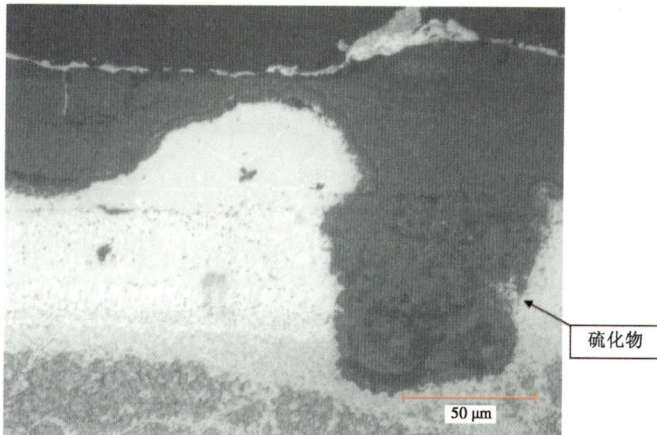

图 7-32　#42 叶片的弧形表面状态

　　(2)0412L 燃机

　　图 7-33 是#17 叶片的金相检查切割示意图。将切割下来的试件打磨后,在扫描电子显微镜和光学显微镜下进行检查。

　　图 7-34 是#17 叶片弧形面的光学显微镜照片。铸造叶片的内部结构(叶尖空腔壁,导流板)的下表面存在典型的因高温热腐蚀而产生的层状结构。轴向裂纹也出现在这些位置。裂

纹通常呈直线延伸,裂纹表面有明显地受到热腐蚀的痕迹。叶片内表面的其余部位没有明显的热腐蚀痕迹。

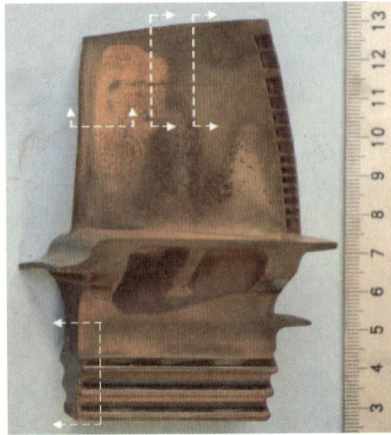

图 7-33 #17 叶片的金相检查切割示意图

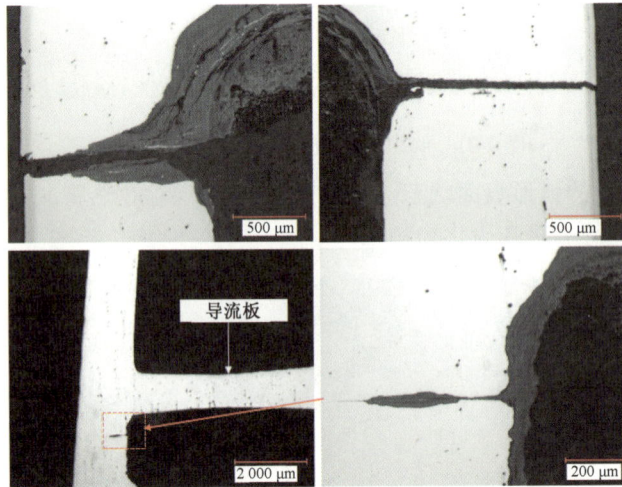

图 7-34 #17 叶片弧形面的光学显微镜照片

图 7-35 是#17 叶片的叶柄和根部表面的光学显微镜照片。叶柄处有铝化物涂层,涂层只覆盖了叶片的榫根。涂层部位出现了几道裂纹,裂纹未扩散到涂层以外的叶柄处。叶柄表面存在轻微的热腐蚀,可以忽略。

叶片榫槽的槽谷和槽峰之间出现了裂纹。裂纹通常呈直线延伸,并有微小的分支裂纹。叶片根部裂纹的氧化/腐蚀程度较小,与叶片根部环境温度较低有关。与叶身的基础合金相比,叶根部位出现的碳化物的容积率较大。

图 7-36 是#17 叶片的外部弧形面的背压侧和叶顶表面的光学显微镜照片。背压侧的弧形面上存在腐蚀点,这些腐蚀点已渗透到涂层的扩散区,且腐蚀点周围有硫化物微粒。在叶尖上也发现了硫化物,叶尖有一层激光熔敷层。

图 7-37 是#17 叶片的基础合金微观结构的扫描电子显微镜照片。微观结构由 γ' 沉淀物

构成。叶片弧形面上的沉积物结构和叶根的结构相似。

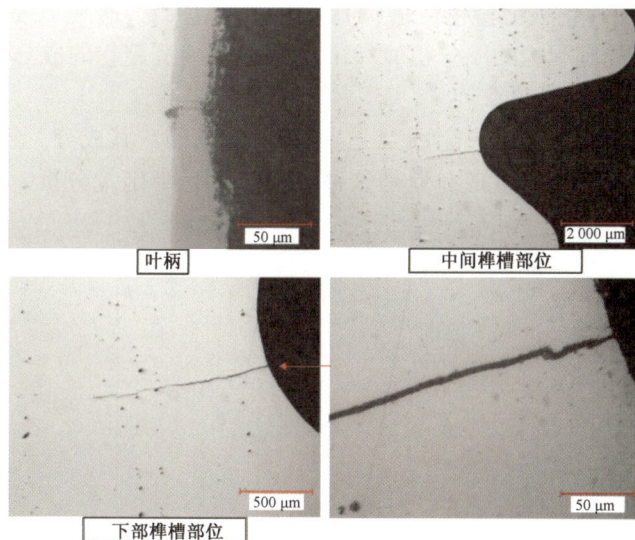

图 7-35 #17 叶片的叶柄和根部表面的光学显微镜照片

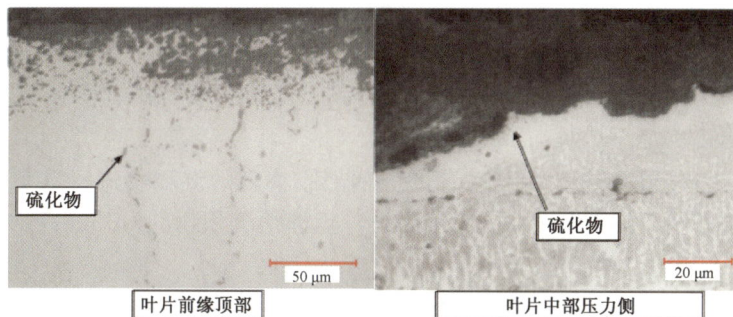

图 7-36 #17 叶片的外部弧形面的背压侧和叶顶表面的光学显微镜照片

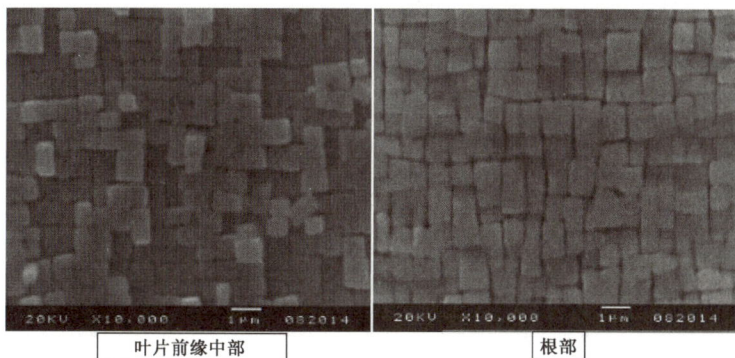

图 7-37 #17 叶片的基础合金微观结构的扫描电子显微镜照片

5.化学分析

（1）0411L 燃机

对从透平第 1 级轮盘榫根和#10 叶片的叶柄部收集到的沉积物进行 X 射线能量色散谱

(EDS),分析结果如图 7-38 所示(左图为第 1 级轮盘榫槽沉积物的 EDS,右图为#10 叶片的叶柄沉积物的 EDS)。从 X 射线能量色散谱(EDS)的检查结果看,透平 1 级轮盘榫槽的沉淀物的成分与燃机 0412L 的沉积物的成分相似;#10 叶片的叶柄沉淀物的成分与轮盘的沉积物的成分相似,都含有大量的钠元素。

对每个叶片的基础金属进行 X 射线荧光光谱分析,以确定其成分。经检查发现,叶片由 CMSX-4(一种单晶超级合金)组成。但是这种分析技术是半定量分析,因此只适用于识别合金。

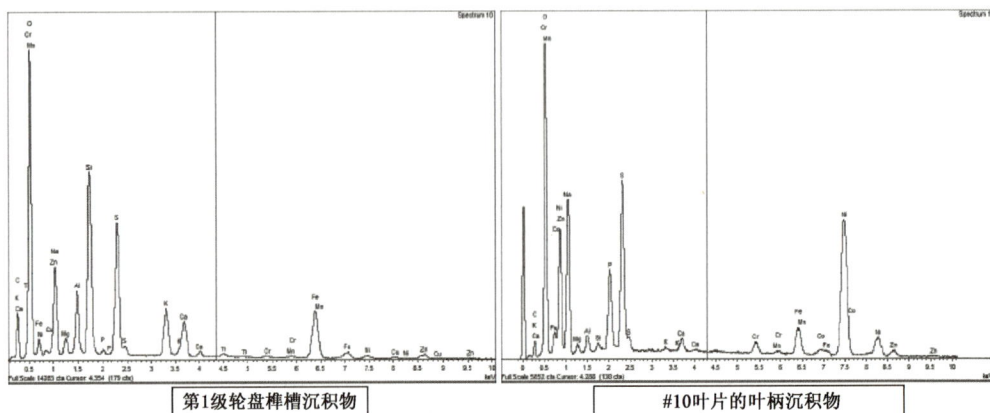

| 第1级轮盘榫槽沉积物 | #10叶片的叶柄沉积物 |

图 7-38　0411L 透平第 1 级轮盘榫槽沉积物和#10 叶片的叶柄沉积物的 EDS

(2)0412L 燃机

对从透平第 1 级轮盘榫根和#10 叶片的叶柄部收集到的沉积物进行 X 射线能量色散谱(EDS),分析结果如图 7-39 所示(左图为第 1 级轮盘榫槽沉积物的 EDS,右图为#10 叶柄沉积物的 EDS)。

从 X 射线能量色散谱(EDS)的检查结果看,沉积物富含铁、硅、铝和硫,并有微量的钙、锌、钾、镁、磷、铬和镍。由于钠的特征 X 射线能量太靠近锌的射线能量,不易分辨,因此有可能存在微量的钠。

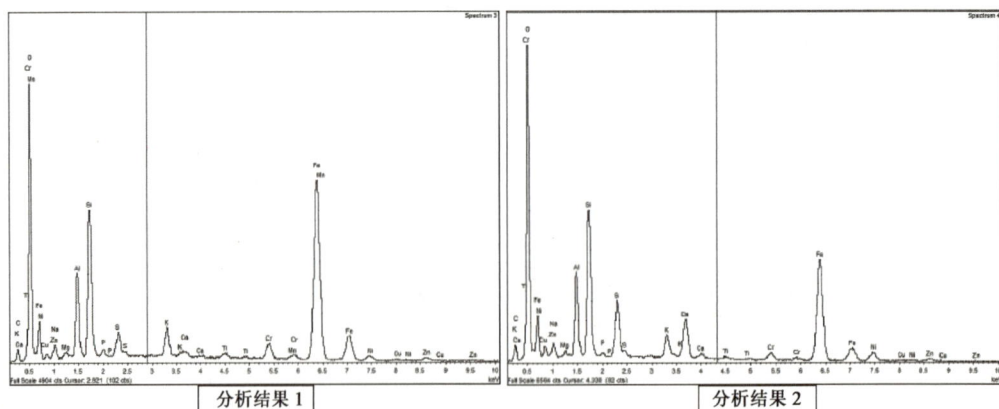

| 分析结果 1 | 分析结果 2 |

图 7-39　0412L 透平第 1 级轮盘榫槽沉积物和#10 叶片的叶柄沉积物的 EDS 光谱

三、故障分析

◆ 1. 0411L 燃机

（1）损坏机理

燃机 0411L 的第 1 级叶片的断裂只发生在叶柄和叶片榫根的凹槽上。经检查,叶身的裂纹仅出现在叶片的压力面上。导致#5 叶片失效的裂纹可能与叶片组其他叶片的叶柄和根部的裂化具有相似的模式。

叶柄和榫根裂纹的金属断面显微镜检查揭示了裂纹的共同特征,这些特征属于典型的高周疲劳(HCF)。例如,弧形扩散裂纹、裂纹扩展的形式(海滩波纹)、低位移(紧密)裂纹和一个相对的平面拓扑结构,都与高周疲劳裂化的特征一致。

典型的透平叶片的高周疲劳裂化只出现于高交变应力的特定位置。在透平叶片的高周疲劳失效中,交变应力最常见的来源是叶片共振。共振是由接近部件固有频率的循环载荷引起的,振动模式由高交变应力的具体位置决定(在没有明显的缺陷或先已存在的裂纹的情况下),高周疲劳裂纹将会在高交变应力的位置形成。

主要由交变应力导致的高周疲劳裂纹通常只会出现在特定的位置。其他多个不同位置的高周疲劳裂纹可能是由其他因素导致的。

（2）热腐蚀

裂纹中的高温热腐蚀鳞片说明,对于叶柄的一些裂纹,热腐蚀似乎起了一定的作用。然而在一些裂纹中,特别是两台燃机叶片根部的裂纹中,出现了一定程度的氧化结垢,该氧化结垢通常是在清洁空气和燃料的燃烧过程运行中产生的。因此,基本可以排除燃料和空气污染导致叶片根部和叶柄裂化的可能性。

（3）涂层裂化

虽然涂层能够有效地保护基础合金使其避免受到热腐蚀,但涂层的裂化可能导致污染物渗透基础合金,并促使裂纹的蔓延。因此,叶柄的硅铝化合物涂层的裂化,可能会对叶柄裂纹的扩展起到一定的促进作用。

涂层裂纹的出现会提高应力强度,有助于裂纹的萌生。然而,考虑到铝化物涂层的厚度相对较薄,以及铝化物涂层在透平部件运行中出现裂纹是经常发生的,因此,认为透平部件的涂层裂纹不是燃机 0411L 透平叶片断裂失效的主要因素。

相对于基础合金,铝化物涂层在低温条件下硬度较高,但属于脆性涂层。在没有冲击损伤的前提下,导致铝化物涂层出现裂纹最常见的原因是在燃机循环下产生的应力。

铝化物涂层的延展性可以通过在较高温度下的扩散来改善。叶片型面上铝化物的扩散区相对较薄,其延展性可能得到一些改善。然而,叶根部位的铝化物涂层的延展性得不到类似的改善,因此,通常在叶根部位没有涂层。

（4）应力

高周疲劳是平均(静态)应力和交变应力的函数。承受相对低的平均应力的位置可以经受更高的交变应力。

建议对叶片进行建模,以确定平均应力和交变应力,进而确定裂缝位置是否对应于高应力的位置。这也将有助于确定应力与其他影响因素(如腐蚀)的关系,有助于确定减轻腐蚀是否会对叶片的寿命产生重大影响。

（5）制造缺陷

没有发现明显的可能导致裂化形成的材料缺陷。在叶根表面发现了渗碳层（厚度小于0.15 mm）和合金损耗（厚度小于0.002 5 mm），这很可能是由于叶片基材与遮掩材料（涂覆过程中为了避免叶片根部渗铝而使用的隔离材料）相互作用而产生的。虽然这种情况可能对疲劳的耐久性产生影响，但遮掩材料在其他涡轮叶片根部的应用很成功。虽然这种情况可能不是导致叶根裂纹的主要因素，但也是可能的因素，应该通过使用替代的掩蔽材料来避免。

◢ 2. 0412L 燃机

（1）裂化机理

燃机0412L内部有明显的热腐蚀，导致两片第1级叶片在叶身处断裂。裂纹起源于弧弦中部的弧形面的内表面，在分隔内部尖端间隙的叶缘下面。叶片组中剩下的所有叶片的裂纹发生在相同的位置，说明损伤具有相似的本质。燃机0411L的第1级叶片压力面没有热腐蚀，表明通过该发动机的压缩机引入的污染物较少。应对两台燃机空气和燃料的过滤系统的差异进行检查。

叶片榫根的压力面的凹槽里也出现了裂纹。这些裂纹特性与燃机0411L相似。

裂纹发生于叶片弧形内表面上的位置，有明显的热腐蚀点。这些裂纹源于内表面，也从有明显的热腐蚀的区域开始开裂。经检查，这些裂纹与热腐蚀有很强的关联性，因为没有明显热腐蚀的区域均没有出现裂纹。

断面的热腐蚀程度阻碍了对断裂起始位置的断裂模式的识别。通常，热腐蚀污染物的出现将最大限度地加剧裂纹的扩大，导致裂纹生长速率加快和断裂的积累时间缩短。在热腐蚀蚀坑的位置，叶片的壁厚会变薄，从而增加叶片的局部应力。

（2）热腐蚀

沉积物覆盖的地方通常是叶片表面热腐蚀最严重的地方。由于缺少沉积物排放孔，叶顶部位的冷却空气腔内容易出现沉积物和沉积物的堆积。然而，沉积物也会聚集在叶片内部冷却空腔内壁的其他位置（如叶片内部的空气导流板），说明沉积物并非导致叶片出现裂纹的主要因素，因此，即使增设了叶片排尘孔，也无法避免裂纹的形成，但是叶片排尘孔可能会减缓叶片裂纹的扩大，延长叶片的使用寿命。

内表面较厚的层状物和较深的腐蚀坑具有低温热腐蚀的特征。叶片温度较高的位置（如叶片前缘、叶片压力面、叶尖等）附着有硫化物，显示出高温热腐蚀的特征。

热腐蚀是由于污染物中含盐而引起的，盐阻止了叶片的合金表面氧化层的形成（通常在高温环境下，叶片合金表面会形成一层氧化层，这些氧化层能阻止或延缓合金的进一步氧化，进而达到保护叶片合金的作用），导致合金出现快速氧化消耗。

沉积物的化学分析表明，两个发动机的叶片轮盘（第1级叶片的冷却空气入口）上的沉积物中存在大量的硫。此外，燃机0411L的柄部上的沉积物含有大量的钠。硫酸钠是导致燃气轮机高温部件出现热腐蚀的最常见的因素。

透平一级轮盘上的污染物以及透平第1级叶片冷却腔道的内表面的热腐蚀现象，表明硫酸钠是通过燃气轮机的压气机引入的。这些硫酸钠可能是来自燃气轮机以外的燃烧物，如火炬燃烧产生的烟尘和燃气轮机排出尾气中的烟尘。

（3）基础合金的状态和性能

第 1 级叶片的基础合金（CMSX-4）含铬量相对较低（7%），是已知的抗热腐蚀能力较弱的材料。大多数单晶超级合金含铬量较低，这对燃气轮机等高温机械来说是一个不利因素，但是燃气轮机的高温运行环境需要利用这些合金较高的抗蠕变强度性能。

经检查，叶片弧形面的基础合金老化程度很低，可以忽略不计，表明基础合金的温度较低。这一现象与燃气轮机 0412L 通常在部分载荷下运行是一致的。叶片可能还剩余较长的蠕变寿命。就该燃气轮机透平叶片材质的选择来说，叶片在抗蠕变强度方面存在过度设计的问题，在抗热腐蚀能力方面则存在设计不足的问题。

🟩 3. 0411L 和 0412L 燃气轮机的比较

虽然这两台燃气轮机在同一个平台上运行，且运行时长相近，叶片材质、设计一致，但是，经检查，这两台燃气轮机存在不同的老化程度。

0412L 燃气轮机的内部出现了显著的热腐蚀，导致透平第 1 级动叶断裂失效。0411L 燃气轮机的第 1 级叶片冷却腔内没有出现热腐蚀，表明通过该燃气轮机的压气机引入的污染物较少。所以，应该对两台燃气轮机的进气系统的差异进行检查。

四、结论和建议

0411L 燃气轮机在叶根榫齿凹槽和柄部区域出现了较深的高周疲劳（HCF）裂纹。热腐蚀加速了部分裂纹的生长，因此认为减少或杜绝热腐蚀污染物并不能避免透平第 1 级动叶再次出现裂纹。

0412L 燃气轮机的透平第 1 级动叶断裂失效是由热腐蚀引起的叶片疲劳导致的，该裂纹始于叶片的内表面。同时，还发现第 1 级透平动叶根部存在高周疲劳裂纹，叶片根部没有明显的热腐蚀迹象，表明单独解决热腐蚀问题可能不足以避免透平第 1 级动叶再次出现断裂。

为了进一步了解导致透平第 1 级动叶断裂的原因，建议对叶片的设计进行评估，包括应力（静态和交变）分析，以及部分负荷运行对应力（瞬态和稳态）、振动和温度的影响。叶片的几何结构非常复杂，可能难以确定温度和应力的精确值，但对叶片设计进行评估可以为改进叶片的设计、延长叶片的使用寿命提供帮助。

这两台燃气轮机的叶片内表面的热腐蚀程度存在显著差异，应该进一步查找导致这些差异的原因。建议从这两台燃气轮机的进气过滤系统的差异和相对于平台上其他燃烧源的位置差异进行查找。

所有在本次检查中拆出的透平第 1 级动叶在重新使用之前，都应对其冷却腔内表面进行热腐蚀损伤检查，而且应该对其中一组具有代表性的叶片进行破坏性试验。

第八章
总结与建议

第一节 ● 总结

在编制《海上平台燃气轮机故障汇编》的过程中,总共收集了 Solar 公司生产的 4 个型号的燃气轮机的故障案例 212 台次,并从中筛选了 90 台次故障案例进行分析。故障案例几乎包含了 Solar 燃气轮机从启动到停机全过程中所有常见的故障,所涉及的故障点覆盖了 Solar 燃气轮机所有系统的机械、电气、仪表、控制四个专业,故障案例的选择具有代表性和全面性。

为了提高中海油海上平台燃气轮机的运行水平、降低燃气轮机的故障率、提高燃气轮机使用的经济性,我们对案例的故障原因进行了整理和归类,如表 8-1 所示。

表 8-1　故障原因汇总表

序号	故障点	次数/次	故障原因	预防措施	预防难度
1	**控制、仪表元器件**	55	25.94%(占比)		
1.1	控制模块、板卡故障	30	到寿、散热差、端子腐蚀	定期检定,寿命监测,环境控制	难
1.2	传感器故障	15	到寿、装配、外物损伤	定期检定,寿命监测,环境控制	难
1.3	仪表类开关故障	4	到寿、湿度、温度、腐蚀	定期检定,寿命监测,环境控制	难
1.4	信号传输元器件	3	到寿、湿度、温度、腐蚀	定期检定,寿命监测,环境控制	难
1.5	信号干扰	2	干扰源、屏蔽层损坏	定期检查屏蔽及干扰源,加强屏蔽层保护	较难
1.6	计量类仪器	1	到寿、温度、湿度、介质脏	定期检定,寿命监测,环境控制	一般
2	**电气类故障**	45	21.23%(占比)		
2.1	线圈类故障	9	到寿、温度、湿度、腐蚀	定期检查,寿命监测,环境控制	较难
2.2	电子元器件故障	7	到寿、温度、湿度、腐蚀	定期检查,寿命监测,环境控制	较难

续表

序号	故障点	次数/次	故障原因	预防措施	预防难度
2.3	线路绝缘类故障	15	老化、温度、磨损	施工精细,加强对线路绝缘情况的日常检查	一般
2.4	接线类故障	14	腐蚀、振动、施工质量	施工精细,加强对线路接头情况的日常检查	一般
3	**机械类故障**	84	39.62%(占比)		
3.1	密封类故障	21	到寿、老化、施工质量	定期检查,寿命监测,装配精细	一般
3.2	阀芯卡阻	13	到寿、介质脏污、装配质量	定期检查,定期对介质取样检查,装配精细	一般
3.3	滤网脏堵	8	介质脏污、长时间未更换	定期检查,定期对介质取样检查	易
3.4	管道脏堵	4	介质脏污、长时间未清理	定期检查,定期对介质取样检查	一般
3.5	接口泄漏	4	装配质量、机组振动	装配精细,定期检查	易
3.6	对中不合格	3	对中质量、振动、装配质量	对中精细,装配精细,定期检查	易
3.7	传动皮带松	3	皮带老化、皮带轮间距缩小	装配精细,定期检查更换	易
3.8	阀门连杆断裂/卡阻	7	设备老化、干涉磨损	寿命监测,装配精细,定期检查	易
3.9	液压/气动执行机构故障	6	设备老化、密封损坏、介质脏污	寿命监测,装配精细,介质品质监督	较难
3.10	燃机支撑弹簧断裂	1	设备老化、机组振动、材质质量	加强日常检查	难
3.11	辅助设备轴承故障	4	设计问题、装配质量、设备到寿	精细装配,加强日常维护和检查,优化设计	易
3.12	螺栓磨损/脱落	2	装配质量、振动、干涉	装配精细,加强对运动设备的日常检查	易
3.13	引压管积液	3	潮湿、低温、设计不合理	优化设计	一般
3.14	启动离合器故障	1	装配质量、设备老化	寿命监测,装配精细	较难
3.15	调节阀内部故障	4	设备老化、介质脏污	寿命监测,定期检查介质品质	难
4	**操作类故障**	13	6.13%(占比)		
4.1	设定值错误	5	工作不仔细	加强员工质量教育,制定质量检查制度,加强质量监督	易
4.2	零部件选型错误	3	工作不仔细	加强员工质量教育,制定质量检查制度,加强质量监督	易

续表

序号	故障点	次数/次	故障原因	预防措施	预防难度
4.3	工序漏检	1	工作不仔细	加强员工质量教育、制定质量检查制度、加强质量监督	易
4.4	零部件漏装	1	工作不仔细	加强员工质量教育、制定质量检查制度、加强质量监督	易
4.5	接线错误	1			易
4.6	加热器未投运	1			易
4.7	施工金属屑未清理	1			易
5	**环境问题导致的故障**	10	4.72%（占比）		
5.1	大风导致的故障	2	设计不合理	优化设计	较难
5.2	雨水/潮湿导致的故障	3	设计不合理	优化设计	较难
5.3	环境温度导致的故障	3		根据环境温度变化做出预案	较难
5.4	热腐蚀	1	环境空气质量差	优化进气过滤系统设计	难
5.5	压气机叶片脏污	1	空气质量差、空气过滤质量差	优化进气过滤系统设计	难
6	**设计不合理导致的故障**	2	0.94%（占比）	优化设计	较难
7	**燃料品质导致的故障**	3	1.42%（占比）	加强燃料品质监督	较难
故障总计		212			

表 8-1 列出了各故障点的故障可能原因及其预防措施、预防的难易程度。根据表 8-1，可以统计出此次收集的故障预防不同难易程度的故障次数，其中难以预防的故障次数为 59 次（占比 27.83%），较难预防的故障次数为 38 次（占比 17.92%），预防难度一般的故障次数为 71 次（占比 33.49%），容易预防的故障次数为 44 次（占比 20.75%）。假设在燃气轮机应用过程中能降低甚至杜绝预防难度一般和容易的故障出现，则可以减少 115 次故障发生（占比 54.25%）。同时，较难及难以预防的故障次数也可以通过管理和技术手段实现小幅度减少。由此可见，目前海上平台燃气轮机的故障预防的挖潜空间较大，大部分故障可以通过管理和技术手段加以预防。

为了降低燃气轮机的故障率，中海油的工程师在每次的故障处理报告中也提出了相应的故障预防措施，在此，我们对故障预防措施进行了汇总和整理，其结果如表 8-2 所示。

表 8-2 故障预防措施汇总表

序号	预防措施
1	**针对电子元器件**
1.1	做好防尘、防潮、防腐蚀工作，减少电路板电气元器件短路的机会
1.2	加强电气设备触点的日常检查与维护，避免触点提前老化
1.3	注意防振，不要用力晃动线路板，减少电气元器件开焊甚至线路板断裂的情况
1.4	做好电路板的使用时间记录，以便对到寿命的电路板及时更换

续表

序号	预防措施
1.5	在更换电子元器件时,必须要仔细核对其参数是否符合使用要求
2	**针对电气、控制线路**
2.1	加强线路的日常检查,及时发现并排除线路的故障隐患
2.2	定期对线路做绝缘检测,避免短路现象发生
2.3	加强对接线端子的日常检查、维护,保持接线端子清洁,避免出现接线端子松动、短路
2.4	对于信号线路,需要加强其屏蔽设施的检查,避免出现信号干扰
2.5	对于高温设备附近的电缆,应做好隔离措施,避免出现高温导致电缆加速老化
3	**针对仪表元器件**
3.1	加强仪表设备的日常检查,及时发现并排除仪表设备的故障隐患
3.2	做好仪表设备的日常维护,做好防尘、防潮工作,保持仪表设备清洁
3.3	对于测量元器件,需定期对其进行重新标定
3.4	对于仪表元器件的密封件应定期检查、更换
4	**针对阀门**
4.1	加强阀门日常维护和定期保养,确保阀门工作状态良好
4.2	定期对阀门进行解体检查,以便提前发现阀门的内部隐患
4.3	对于长时间停用的阀门,启用前应进行解体检查,避免因内部锈蚀而导致故障发生
4.4	日常巡检时,加强对阀门的漏点检查
5	**针对电机**
5.1	定期对电机做绝缘检查,避免发生短路故障
5.2	定期对电机轴承做润滑检查,避免轴承出现非到寿故障
5.3	日常巡检时,加强对电机的振动检测,以便及时发现电机振动超标
5.4	定期检查电机的电源回路,避免因电源故障导致电机损坏
5.5	定期检查电机的控制回路,避免因控制故障而导致电机损坏
5.6	定期检查电机内部的清洁度,避免因电机内部污染导致电机绝缘下降,甚至短路
5.7	对于使用年限较久的电机,增加大检查频次,缩短检查间隔,尽量避免电机超寿使用
5.8	对于大型电机,应定期检查其冷却系统,避免电机出现超温运行
6	**针对泵**
6.1	定期对泵的轴承做润滑检查,避免轴承出现非到寿故障
6.2	日常巡检时,加强对泵的振动检测,以便及时发现泵振动超标
7	**针对管路**
7.1	加强日常巡检,以便及时发现管路漏点
7.2	定期检查管路上的滤器,避免出现滤器脏堵

续表

序号	预防措施
7.3	定期检查管路的清洁度,避免管路中的异物造成其他设备的通道堵塞
8	**针对高速旋转设备**
8.1	日常巡检时,加强对其进行振动监测
8.2	维护时,需对会影响其动平衡的零部件进行仔细检查,避免不合格零部件破坏其动平衡
9	**建立各设备更换和使用记录,建立设备到寿分阶段预警机制**
10	**做好备件储备,以便故障设备能得到及时更换**
11	**制定燃料定期检测制度和燃料来源变化检测制度,避免燃料组分发生变化导致停机**

平台之间的交通和通信条件较陆地电厂之间差,平台之间针对燃气轮机在运行中出现的故障的技术交流相对较少,导致部分同类的可预防性故障在不同的平台上多次出现。

平台远离陆地,物料、人员的运输难度大,且作业空间狭小,作业安全风险大,因此,在设备的安全隐患未能得到确认的情况下,平台轻易不会对未发生故障的设备进行预防性的隐患处理,除非隐患已明显显露出来。

通过对比故障案例与 Solar 公司的燃气轮机维护手册,我们可以发现,部分设备故障发生的时间间隔短于 Solar 公司给出的定检周期。这说明 Solar 公司对部分设备在海洋环境下的使用寿命未能做出合理的预测,这与 Solar 公司作为设备供应商未能充分掌握设备的实际使用情况有关。

中海油作为大批量燃气轮机的使用单位,拥有丰富的燃气轮机运行维护经验,能接触到第一手的燃气轮机应用故障资料,这些资料对于提高燃气轮机使用、维护水平,优化燃气轮机设计、部件选型极为宝贵。

第二节 ● 建议

从目前中海油海上平台燃气轮机运行和维护团队对每次故障的处理情况来看,团队的成员几乎每次都能及时完成故障诊断和排除工作(燃气轮机生产厂商未授权现场处理的故障问题除外),说明中海油的燃气轮机运行、维护团队拥有丰富的实际操作经验且技术功底深厚。之所以还会出现这么多的故障,与海上平台的生产任务繁重、气候环境恶劣有很大的关系。

因此,为了降低中海油海上平台燃气轮机的故障率,我们根据故障整理汇总的结果,提出以下几点建议:

一、转变观念,加强沟通

首先,转变观念。必须明确故障的发生是必然现象,设备出现故障并非不可告人的事情,最重要的是通过故障诊断与排除来找到故障发生的根源。对于可避免的故障,在后续工作中做好预防,减少可预防性故障的发生次数;对于不可避免的故障,争取在后续工作中降低该故障的发生频率。

其次,加强沟通。处理设备故障的经验是一笔宝贵的财富,各平台应该将自身设备出现的故障及诊断过程、排除措施及时通告给兄弟平台,以便兄弟平台能提前做好故障预防或及时消除故障隐患,避免发生同类故障和造成更大的经济损失。

二、目标考核,机制合理

目标任务考核机制是一种能够提高员工责任意识的良好手段,但是,由于燃气轮机动力装置是一种复杂的、高技术含量的装置,其出现故障的原因多种多样,因此,简单的数据考核将会给员工带来很大的压力。员工为了实现考核目标、避免承担责任,容易出现盲目遵守设备厂家的技术文件的现象,这严重束缚了员工的科学观。

因此,制定合理的考核目标和细化考核标准对于减轻员工的精神压力、活跃员工的思想有着极其重要的作用。例如,停机次数考核指标、停机时间考核指标应该根据停机原因做出具体细分,对于诸如首次出现的不可预测的故障或因燃气轮机叶片材质、转子动平衡不合格等非运行、维护人员责任导致的故障次数及其处理时间就不应该计入考核。

但是,对于因员工玩忽职守导致的责任事故应该严厉处罚,以强调责任的重要性。

三、以奖为主,以罚为辅

员工的责任心很重要,但是员工的主观能动性更有益于提高设备的运行和维护水平。因此,应该积极鼓励员工比、学、赶、超。

首先,制定合理的激励制度。激励制度不仅应关注员工的重大贡献,对于员工的合理化建议及技术成果也应该积极采纳,并根据员工的贡献给予奖励;同时还应体现在细微之处,因为机组的故障原因往往就是一个电缆接头的松动或者是一颗螺丝没拧紧,应该记录员工的日常工作中的点滴贡献,让员工感受到点滴贡献都是重要的,鼓励员工提高对细节的关注度。

其次,制定完善的方案,建立评审制度。为员工提出的合理化建议及技术成果把好质量关,为员工的方案和建议的优化提供帮助,确保每一项被采纳的方案和建议是切实可行的。

四、建立燃气轮机档案库

从此次海上平台燃气轮机故障记录及燃气轮机相关的资料收集过程中可以发现,故障记录及燃气轮机相关资料尚未实现统一管理,各平台的故障诊断和排除记录尚处于平台各自管理的状态。资料收集工作量大,且收集不全。

建立海上平台燃气轮机档案库的目的是更好地实现技术交流和共享。档案库应以网络数据库的形式建立,并对不同岗位、职级的人员开放不同等级的上传、查阅、下载权限,在确保信息保密的前提下,充分实现信息共享。

海上平台燃气轮机档案库录入的资料和信息应该包括:燃气轮机动力装置的设备厂家技术资料;装置设计、安装、调试资料;装置技术改造资料;设备运行、维护、检修记录;备品、备件需求计划;备品、备件库存记录等其他与燃气轮机设备相关的资料和信息。

海上平台燃气轮机档案库不仅应该具备资料、信息的存储和查阅的功能,还应该具有一些重要数据的预警功能。例如,备件库存不足预警、设备使用到寿预警、设备定检预警等。

建设海上平台燃气轮机档案库的工程量比较大,可以分项、分阶段逐步建设,可以在建设过程中逐步完善,并通过实际应用检验其价值。

五、加强数据统计工作

加强数据统计工作对于燃气轮机的运行、维护同样具有重要的意义。统计数能够从整体上反映出事物数量特征,能够观察出事物的本质和发展规律,为做出正确的判断提供支撑。在燃气轮机运行、维护工作中,我们需要关注的数据主要有(不包括机组已有的统计数据):

(1)设备、零部件的数据统计,应包括:运行时数、故障时间间隔、采购周期。

(2)机组的故障数据统计,应包括:平台号、机组编号、故障所属系统、故障设备名称(编号)、故障时间、故障原因、上次发生故障的时间、两次故障的时间间隔等。

(3)机组的经济数据统计,应包括:设备采购费用、设计安装调试费用、发电量、燃料消耗量、备品备件的采购费用、检修费用、故障停机时长、单位发电量成本等。

数据统计工作能够让我们对设备故障的发生做出更准确的预判,编制出更为合理的备件需求和采购计划,对不同厂家、不同型号的燃气轮机对海上平台工作环境的适应能力及其整体经济性做出更为准确的评估。

六、完善、优化局部结构及运行维护规程

每台燃气轮机的运行维护规程都是基于对该机组的原有认识而编制的,虽然有一定的前瞻性,但是并不能完全体现出该机组在特定环境下的个体特性。在机组的实际运行维护过程中,其个体特性和环境特性将会逐渐体现出来。例如,同一个型号的机组同一个位置的引压管设计是一样的,但是在不同的温度、湿度、风向、风力的环境下,有的机组就会出现引压管积液的现象;不同的外部燃烧源及其烟气成分和风向的作用,可能使个别机组吸入的污染物不同,导致其热端部件使用寿命不同;同一个型号的机组在不同的温度、湿度和盐度环境下,其零部件的使用寿命也会有所不同。

因此,在燃气轮机的实际应用过程中,应根据其个体特性和环境特性对其运行维护规程进行优化,以期提高其运行维护质量。

运行维护规程的优化主要包括:零部件定检时间间隔、辅助系统参数、设备防护措施、设备局部设计等。

参考文献

[1] 吉桂明,刘长和. 燃气轮机的技术和应用:现状和展望[J]. 热能动力工程,2000(04):339-343,347-442.

[2] 翁史烈,翁一武,苏明. 燃气轮机分布式供能系统的特点和应用[J]. 航空发动机,2006(01):9-12.

[3] 卓晨杰. 燃气轮机在电力系统的应用及其经济性分析[J]. 电力技术经济,2001(05):56-58.

[4] 李作琨,王大勇,莫文涛,等. 燃气轮机在海洋石油平台上的应用[J]. 中国修船,2008(04):55-58.

[5] 孙培锋,蒋志强. 燃气轮机在热电联产工程中的应用状况分析[J]. 能源研究与信息,2013,29(01):6-10.

[6] 邢桂坤. 燃气轮机在石油化工领域的应用[J]. 化工设备与管道,2004(06):50-52,4.

[7] 徐铁军. 燃气轮机在我国天然气管道行业的应用现状[J]. 燃气轮机技术,2012,25(01):12-16.

[8] 曹连芃. 图说燃气涡轮发动机的原理与结构.

[9] 翁史烈,王永泓,宋华芬,等. 现代燃气轮机装置[M]. 上海:上海交通大学出版社,2015.

[10] 邓明. 航空燃气涡轮发动机原理与构造[M]. 北京:国防工业出版社,2008.

[11] 高慧. PGT25+燃气轮机高压压气机16级动叶断裂原因及预防措施[J]. 燃气轮机技术,2010,23(03):58-61.

[12] 田明泉,杨和平. 某型燃气轮机振动故障分析与处理[J]. 科技资讯,2011(03):94-95,97.

[13] 李钊. 发动机压气机叶片断裂故障分析[J]. 失效分析与预防,2017,12(02):112-115.

[14] 赵德孜. 海洋环境下燃气轮机涡轮叶片的热腐蚀与防护[J]. 装备环境工程,2011,8(05):100-103.

[15] 崔雄华,朱宝田,刘树涛,等. 某燃气轮机压气机Ⅰ级叶片断裂失效分析[J]. 失效分析与预防,2006(03):22-26.

[16] 王明泉,欧海. 某增压站燃气轮机压气机叶片断裂故障原因分析[J]. 化工管理,2017(18):195-196.

[17] 邓勇,汪树建. 燃气轮机发电机组突发性振动及排除[J]. 燃气轮机技术,1999(04):

3-5.

[18] 张旭晨. 燃机在我国近海油田的应用与对燃机的要求[J]. 热能动力工程,1993 (04):186-190,223.

[19] 张强,李卫团,王斌,等. 燃气−蒸汽联合循环电站在海上油气田开发中的应用[J]. 油气田地面工程,2017,36(01):57-60.

[20] 方洪祖. 海上采油平台用燃气轮机的选择[J]. 动力工程,1983(02):20-23,69-70.

[21] 张敏,王亚楠. 浅谈余热直燃型溴化锂吸收式机组在海上平台的应用[J]. 商情, 2013(05):274.